文言文选读

张中行 张铁铮
李耀宗 潘仲茗 编注

第一册

三联书店

Copyright © 2023 by SDX Joint Publishing Company.
All Rights Reserved.

本作品版权由生活·读书·新知三联书店所有。
未经许可，不得翻印。

图书在版编目（CIP）数据

文言文选读.第一册/张中行等编注.—北京：
生活·读书·新知三联书店，2023.9
ISBN 978 - 7 - 108 - 07561 - 1

Ⅰ.①文… Ⅱ.①张… Ⅲ.①文言文－阅读教学－中学－教学参考资料 Ⅳ.① G634.333

中国版本图书馆 CIP 数据核字 (2022) 第 228247 号

责任编辑	万　春	
装帧设计	薛　宇	
责任印制	卢　岳	

出版发行　生活·讀書·新知 三联书店
　　　　　（北京市东城区美术馆东街 22 号 100010）
网　　址　www.sdxjpc.com
经　　销　新华书店
印　　刷　河北品睿印刷有限公司
版　　次　2023 年 9 月北京第 1 版
　　　　　2023 年 9 月北京第 1 次印刷
开　　本　880 毫米 × 1230 毫米 1/32 印张 10
字　　数　192 千字
印　　数　0,001 - 5,000 册
定　　价　49.00 元

（印装查询：01064002715；邮购查询：01084010542）

出版说明

学习文言文是汉语学习的一部分，是我们深入学习汉语的需要。古代汉语、近代汉语、现代汉语是一脉相承的。文言与白话之间的千丝万缕的联系，决定了没有古代汉语的知识，就无法深入理解现代汉语。

学习文言文也是更好地传承中华优秀传统文化的需要。因为，文言文具有超越时代、超越方言的特性，它记载了两千多年中华民族的灿烂文化，是了解我们民族悠久历史文化的主要工具之一。因此，在基础教育阶段，学好文言文意义重大。

学习文言文必须从基础教育开始。但古代的著作，写成于特定的历史时期，囿于作者的特殊性格与特殊时代背景，就其思想内容来说，有精华也有糟粕，就其表现形式来说，有美文也有拙笔。要品评其优劣以择其精华，必须有一个细致的研读、分析、理解的过程。而在基础教育阶段，学生还没有这种分辨能力，需要有学养深厚、懂教育的学者将优秀的作品选编出来给他们读。

张中行先生不仅是学者、散文家，亦是一位致力于中学语文教育的语文学家。20世纪80年代，他应中学生提升文言文阅读能力的需求，领衔并邀请了张铁铮、李耀宗、潘仲茗三位语文教育专家一起选编、注释了《文言文选读》（三册）。他还请大学者、资深语文编辑王泗原、王微、隋树森三位先生做审阅。

学习文言文，光掌握方法是不够的，更需要切实的训练，这是语文教育工作者们的共识。张中行先生认为："学会语言的重要方法是'熟'，因而读的字数偏少不如偏多。""有关文言词、句特点方面的知识，适当地在注解中反复说明，以求读者结合具体词、句，能够逐渐熟悉。""熟"和"反复"恰恰抓住了语言学习的不二法门：通过反复与之"见面"，而熟悉之，并最终掌握之。这也是本套书选编、注解的宗旨。

此次出版，我们基本保留了原版内容全貌，只对少许内容按实际情况做了修订。比如，初版内容注解中记录的行政区划名称，现有一些由县改为市或者区，甚至有一些改了名字，此次出版都做了相应更改。还有，我们对书中的注音进行了整理，尤其对多音字，根据工具书对不同义项的不同读音进行了核查。此外，我们对个别难字、生僻字补充了注音。

这套《文言文选读》的编写者们学养深厚，对选文的注释通达准确，注解的文字平易而有古风，使人阅读时深受濡染。四十多年后的今天，这套书已成为提升初高中生文言文阅读能力的经典著作。更显弥足珍贵的是，一代文化学者能够躬身为中学生一字一句地编注基础文言读本，这种精神随着时间的流逝将散发出更加温煦的光芒。

生活·读书·新知三联书店编辑部
2023 年 7 月

编者的话

这部《文言文选读》是为了辅助中学语文课的文言教学，培养学生初步阅读文言的能力，供中学生课外阅读而编注的。也可供程度相当于中学生而初学文言的人研读，以及中小学语文教师教学中参考。

全书包括三册，每册选文六十篇。第一册较浅近，程度适合于初中。第二册略提高，程度适合于高中。估计中学生中有一部分，将来想学文科，还会有一些，虽然不学文科，却想多读一些古典作品，此外，中学生以外用这部书学习文言而想取得阅读一般古籍（非特别艰深的）的能力的读者，都会希望多读一些程度再提高些的作品。第三册是适应这种需要而编注的。因为程度再提高，它就可以容纳许多名篇，一些重要作家、重要典籍，个别的文体，以补第一、二册的不足。

全书的安排：第一、二、三册由浅入深，例如第一册的选文，文字较浅易，记叙的，尤其故事性的比较多，以后文字略深，议论性的增多。各册选文都按时代先后编排（个别篇目也有按体裁编排的）。一篇包括几则，有时候按深浅或内容性质编排。一篇文章，题目之下先列"解说"，为的是读之前先对文章有个大概的了解。以下是本文，标点、分段、段后有段落大意。难词难句有注解，为了便于检阅，照语文课本体例，排在本文同页的下方。最后是"研读参考"。

选文的原则：

（1）思想感情要健康，至少要无害。个别问题（如有迷信成分）在"解说"中说明。

（2）文字要平实、流畅。过于艰深的（如《尚书》）不选，过于别扭的（如唐朝樊宗师的文章）不选，文白夹杂的（如语录）不选。

（3）酌量照顾传统名篇、重要作家、重要典籍、常用文体，以期读者读后能够多有所得。

（4）为了开阔眼界、增加兴趣，选材面求适当广一些，如也收笔记、日记、诗话、词话等。

（5）学会语言的重要方法是"熟"，因而读的字数偏少不如偏多。浅近的或故事性的文章，篇幅长些的也选；篇幅嫌短的，集同性质的几则为一篇。

（6）入选的文章，不同版本文字不同的，因为目的不在校订，斟酌选用一种，不加说明。

文题之下的"解说"，是想简要地介绍一下与这篇文章有关的知识：选自什么书，以及此书的情况；文章的内容和写法有什么值得注意之点；作者的略历。

"段落大意"简明地指出上面一段（有时不止一个自然段）的中心意思，并尽可能说说与前后文的关联，目的是帮助读者加深理解内容和写法。

注解：

（1）因为希望学生专靠自学能够理解，所以注解（尤其第一册）求详：估计学生会感到困难的，或者会误解的，都注。第二、三册适当减少。

（2）注解的用语，第一、二册尽量求浅显、简明；第三册酌量用一些浅近的文言，以期读者能够更快地熟悉文言。

（3）为了培养独立阅读的能力，注单词片语可以理解的，尽量避免串讲。

（4）必要时也引经据典，但不做过多的考证和论辩。

（5）为了减少记忆和诵读的负担，有些字，文言中某种用法过去要用另一种读法（如"王天下"的"王"读 wàng），现在不用另一种读法也不影响理解的，只在字后注"旧读什么"，可以不照旧读法念。

（6）有关文言词、句特点方面的知识，适当地在注解中反复说明，以求读者结合具体词、句，能够逐渐熟悉。

（7）文言常用的词，注解不多重复；不常用的不避重复。

为了帮助读者深入理解选文，积累文言知识，每篇后安排"研读参考"一项，就本篇文字的主要特点（语法、修辞、篇章、内容等方面）提出三两点，或介绍知识，或启发思考，或提出问题，供读者参考。

本书的目的是培养初步阅读文言的能力，而能否达到这个目的，还要看读者怎样使用这部书。读文章，先要"确切理解"，然后是"读熟"。读时先要慢，体会词句的意义、情调，以及上下句的关联，声音有快有慢，有抑有扬；渐熟后可以略快。这样连续读三两次，自己觉得顺口了，放下。但不能从此不再过问，最好是过几天再读三两遍，不时温习。特别喜欢的，能够背下来更好。至于一年读多少篇合适，那要看自己的兴趣和时间，难于统一规定，总的原则是多比少好。

没有学中学语文课的读者，最好把中学语文课本中的文言文找来一道学习，因为不少大家熟悉的名篇，中学语文课本已经选了，本书没有选。

本书承启功先生题书名，王泗原、王微、隋树森三位同志审阅，特此志谢。

编者学力有限，书中难免缺点和错误，希望读者多多指正。

编者

一九八一年十月

目 录

一 子书故事四则 1
　南郭处士 .... 韩非子 2
　窃铁 .... 列子 2
　齐人有一妻一妾 .... 孟子 3
　河伯 .... 庄子 4
二 非攻 .... 墨子 6
三 寡人之于国也 .... 孟子 10
四 察传 .... 吕氏春秋 14
五 《礼记》选 .... 礼记 18
　曾子易箦 19
　延陵季子葬子 20
　黔敖为食于路 21
六 冯谖客孟尝君 .... 战国策 22
七 诏令二篇 .... 刘邦 28
　入关告谕 29
　求贤诏 30

八 《韩诗外传》选 .... 韩婴 32
　　原宪居鲁 33
　　魏文侯问 34
九 优孟传 .... 司马迁 36
一〇 《列女传》选 .... 刘向 41
　　楚子发母 42
　　晋范氏母 43
　　赵将括母 44
一一 杨王孙传 .... 班固 46
一二 遗疏二篇 51
　　疾困与吴主笺 .... 周瑜 52
　　自表后主 .... 诸葛亮 53
一三 古笑话四则 .... 邯郸淳等 56
　　执竿入城 57
　　楚人隐形 57
　　狗枥狭鼻 58
　　浣溪沙孔子 59
一四 《搜神记》选 .... 干宝 60
　　干将、莫邪 61
　　宋定伯 62
一五 范式传 .... 范晔 65
一六 《世说新语》选 .... 刘义庆 71
　　荀巨伯 72

	庾公乘的卢马		73
	陈太丘与友期		73
	王戎不取道旁李		74
一七	江水	郦道元	75
一八	景兴尼寺	杨衒之	80
一九	涉务	颜之推	85
二〇	赠序二篇	韩愈	91
	送董邵南序		92
	送区册序		93
二一	与微之书	白居易	96
二二	钴鉧潭西小丘记	柳宗元	101
二三	柳氏	孟棨	105
二四	书何易于	孙樵	111
二五	短论二篇		116
	俭不至说	来鹄	117
	英雄之言	罗隐	118
二六	唐河店妪传	王禹偁	120
二七	与高司谏书	欧阳修	124
二八	真州东园记	欧阳修	132
二九	送石昌言使北引	苏洵	136
三〇	患盗论	刘敞	140
三一	训俭示康	司马光	145
三二	方山子传	苏轼	152

三三	记游二篇 ················· 苏轼	156
	记游定惠院 ·················	156
	游沙湖 ·····················	158
三四	答李几仲书 ··············· 黄庭坚	160
三五	《唐语林》选 ················· 王谠	165
	乐工罗程 ·····················	166
	陆少保 ·······················	167
	徐大理 ·······················	167
	狄梁公 ·······················	168
三六	唐明皇出走 ··············· 资治通鉴	170
三七	诗话四则 ················· 洪迈等	177
	诗词改字 ·····················	178
	推敲 ·························	179
	文章如作家书 ·················	180
	语贵自然 ·····················	180
三八	笔记三则 ··················· 陆游	182
	田登作郡 ·····················	183
	今人解杜诗 ···················	183
	北方民家 ·····················	184
三九	题跋三则 ··················· 朱熹	186
	跋唐人暮雨牧牛图 ·············	187
	跋武侯像赞 ···················	188
	题袁机仲所校《参同契》后 ·····	189

四〇	辨惑四则 ············· 王若虚 191
	不可盲从 ················ 192
	管宁、华歆 ·············· 193
	晋王述 ·················· 194
	文字多少 ················ 194
四一	杜环小传 ············· 宋濂 196
四二	《郁离子》选 ········· 刘基 202
	工之侨献琴 ·············· 203
	贾人渡河 ················ 204
	粤人食芝 ················ 205
四三	南宫生传 ············· 高启 206
四四	客谈二事 ··········· 方孝孺 213
	越巫 ···················· 214
	吴士 ···················· 215
四五	猫说 ················· 薛瑄 219
四六	项脊轩志 ··········· 归有光 222
四七	西湖游记三则 ······· 袁宏道 227
	西湖一 ·················· 228
	西湖二 ·················· 230
	灵隐 ···················· 231
四八	岱志 ················· 张岱 235
四九	竹 ··················· 李渔 240

五〇	与人书	顾炎武	244
五一	劳山道士	蒲松龄	247
五二	云翠仙	蒲松龄	253
五三	范县署中寄舍弟墨第四书	郑燮	262
五四	书鲁亮侪事	袁枚	267
五五	笔记小说三则	纪昀	274
	刘东堂言		275
	奴子傅显		276
	戴东原言		276
五六	《鸣机夜课图》记	蒋士铨	279
五七	弈喻	钱大昕	288
五八	《遣戍伊犁日记》选	洪亮吉	291
五九	说钓	吴敏树	297
六〇	随笔二则	俞樾	301
	九溪十八涧		302
	张贞竹		304

一　子书故事四则

【解说】本篇中"南郭处士"选自《韩非子·内储说上》,"窃铁"选自《列子·说符》,"齐人有一妻一妾"选自《孟子·离娄下》,"河伯"选自《庄子·秋水》,题目都是编者加的。子书,这里指古代秦以前诸子(许多有学问、有著作发表自己主张的人)著的书,如《管子》《列子》《墨子》《庄子》《孟子》《荀子》《韩非子》等。《韩非子》五十五篇,大部分是韩非作的,思想属于法家。《列子》八篇,传说是列御寇作的,现在的传本是晋朝人辑录的,思想属于道家。《孟子》七篇(每篇分上下),是孟轲(kē)和他的学生等合作的,思想属于儒家。《庄子》三十三篇,是庄周和他的学生等合作的,思想属于道家。

秦以前的子书,都是发表作者自己关于修身、处世、治国等方面的主张的。一般来说,思想新颖、深刻,议论深入浅出,逻辑性很强。因为要浅明易解,有说服力,所以常常引用故事来比喻。这里选的四则故事就是引来讲道理的(作者原意同我们现在的取义或者不尽相合)。叙述都简洁、生动,可作为写作的模范。

作者韩非(约前280—前233),战国时期韩国人,受到秦始皇的赏识,到秦国做官,被害,死在秦国。列御寇,战国时期郑国人，时代比庄子略早。孟轲（前372—前289），字子舆，战国时期邹国人。孔子之后儒家的大师。庄周（前369—前286），战国时期宋国人。老子之后道家的大师。

南郭处士① 韩非子

齐宣王使人吹竽②，必三百人③。南郭处士请为王吹竽，宣王说之④，廪食以数百人⑤。宣王死，湣王立⑥，好一一听之⑦，处士逃。

没有真才实学而作伪取巧，结果必败露出丑。成语"滥竽充数"就是从这个故事来的。

窃 铁⑧ 列子

人有亡铁者⑨，意其邻之子⑩。视其行步⑪，窃铁也；颜色，窃铁也；言语，窃铁也；作动态度⑫，无为而不窃铁

---

①〔南郭处（chǔ）士〕假托的人名。处士，有才学而不做官的人。②〔齐宣王〕战国时齐国国君，姓田，名辟疆。〔竽（yú）〕乐器，形状像笙。③〔必三百人〕一定让三百人一起吹。④〔说（yuè）〕同"悦"，喜欢。〔之〕指南郭处士来吹竽。⑤〔廪（lǐn）食以数百人〕用几百人的口粮供养吹竽的人。廪，米仓。⑥〔湣（mǐn）王〕齐宣王的儿子，姓田，名地。〔立〕做国君。⑦〔好（hào）〕喜爱。〔一一听之〕一个一个地听他们（吹）。⑧〔窃铁（fū）〕偷斧子。铁，又读 fǔ，通"斧"。⑨〔人有亡铁者〕有一个丢斧子的人。亡，丢失。⑩〔意〕心里以为，猜想。⑪〔其〕指其邻之子。⑫〔作动〕行动。

也①。俄而掘其谷而得其铁②。他日复见其邻人之子③，动作态度，无似窃铁者④。

从主观意念出发，就会戴上有色眼镜，颠倒黑白。

齐人有一妻一妾⑤　孟子

齐人有一妻一妾而处室者⑥，其良人出⑦，则必餍酒肉而后反⑧。其妻问所与饮食者⑨，则尽富贵也⑩。其妻告其妾曰："良人出，则必餍酒肉而后反；问其与饮食者，尽富贵也。而未尝有显者来⑪。吾将瞯良人之所之也⑫。"

蚤起⑬，施从良人之所之⑭，遍国中无与立谈者⑮。卒之东郭墦间，之祭者，乞其余⑯；不足，又顾而之他⑰：此其为餍足之道也⑱。

---

①〔无为而不窃铁也〕没有哪一点表现不像偷斧子的。为，做，指种种表现。　②〔俄而〕少顷，过了一会儿。〔谷〕山间低地。　③〔他日〕以后的日子。　④〔无似〕没有一样像。　⑤〔齐人〕（战国时候）齐国人。〔妾〕小老婆。　⑥〔处（chǔ）室〕居室度日。室，住屋，家。　⑦〔良人〕古时妻子称呼丈夫。　⑧〔餍（yàn）〕饱食。〔反〕同"返"，回来。　⑨〔所与饮食者〕跟他（一起）吃喝的人。　⑩〔富贵〕富贵的人，有钱有势的人。　⑪〔显者〕显要的人，达官贵人。　⑫〔瞯（jiàn）〕偷看。〔之所之〕前一"之"字，助词。所之，所到的地方。之，动词，往。　⑬〔蚤〕同"早"。　⑭〔施（yí）从〕从侧面跟着。施，斜。　⑮〔遍国中无与立谈者〕走遍了城中，没有人和他谈话。国中，指城市。立，站在那儿。　⑯〔卒之东郭墦（fán）间，之祭者，乞其余〕最后到东城外向祭墓的人乞讨剩余的酒食。卒，终，最后。郭，外城。墦，坟。　⑰〔顾〕四面看，东张西望。〔之〕往。〔他〕其他祭者。　⑱〔其〕指齐人。〔道〕方法。

其妻归，告其妾曰："良人者，所仰望而终身也①，今若此②！"与其妾讪其良人③，而相泣于中庭④。而良人未之知也⑤，施施从外来⑥，骄其妻妾⑦。

　　为追求虚荣而作伪、吹牛，结果是自吃其苦。

河　伯⑧　庄子

　　秋水时至⑨，百川灌河⑩。泾流之大⑪，两涘渚崖之间⑫，不辩牛马⑬。于是焉河伯欣然自喜⑭，以天下之美为尽在己⑮。顺流而东行，至于北海⑯；东面而视⑰，不见水端⑱。于是焉河伯始旋其面目⑲，望洋向若而叹曰⑳："野语有之曰㉑：'闻道百，以为莫己若'㉒者，我之谓也㉓。且夫我尝

---

①〔仰望〕希求，依靠。〔终身〕终生，过一辈子。②〔若此〕如此，像这样子。③〔讪(shàn)〕讥笑，嘲骂。④〔中庭〕庭中，庭院里。⑤〔未之知〕未知。之，指上述情况。文言否定句宾语是代词的时候，动宾要倒过来说。⑥〔施(shī)施〕大摇大摆地（形容喜悦自得）。⑦〔骄其妻妾〕向妻妾夸耀。⑧〔河伯〕河神，相传名冯(féng)夷。⑨〔时至〕按时而来，随着季节上涨。⑩〔百川〕许多条河流。百，很多的（汉语常用成数表示多）。〔河〕黄河。⑪〔泾(jīng)流〕直流的水。泾，通。⑫〔涘(sì)〕水边，岸。〔渚(zhǔ)〕水中的小块陆地。〔崖〕边。⑬〔不辩牛马〕分不清是牛是马（形容河道极宽）。辩，同"辨"。⑭〔焉〕语气助词。〔欣然〕高兴的样子。⑮〔以天下之美为尽在己〕以为自己至高无上。以，以为。⑯〔北海〕（河东端）北部的大海。⑰〔东面〕脸朝东。⑱〔端〕尽头。⑲〔旋〕掉转。⑳〔望洋〕仰视的样子。〔若〕海神名。㉑〔野语〕俗话。㉒〔闻道百，以为莫己若〕稍有所知，就以为了不得。道，道理，方法。百，旧读bò，同"若"押韵。莫己若，莫若己。这里也是否定句，宾语是代词，动宾要颠倒。㉓〔我之谓〕谓我，说我。用助词"之"把宾语（我）提前，是文言的一种倒装句法。

闻少仲尼之闻①,而轻伯夷之义者②,始吾弗信③,今我睹子之难穷也④,吾非至于子之门,则殆矣⑤,吾长见笑于大方之家⑥。"

　　个人的知识有限,骄傲自满就不能进步,就难免"贻笑大方"(这个成语就是从这个故事来的)。

【研读参考】一、一种道理,可以用议论的话直接说出来,也可以引用故事间接说,使读者自己去领悟。读过本篇,你觉得后一种写法有什么好处?为了便于比较,也可以选出一两则,用第一种写法改写一下。

　　二、"吾非至于子之门,则殆矣",这种感受对求学很有好处,值得深入体会。

　　三、文言里一词多义是常见的现象。以本篇中的"子"为例,说说这种情况。

---

① 〔且夫〕而且,况且。夫,语气助词。〔尝〕曾经。〔少仲尼之闻〕觉得孔子的学问(见闻)不多。少,意动用法,意思是"觉得……少""以为……少"。仲尼,孔子,名丘,字仲尼,春秋时鲁国人。　②〔轻伯夷之义〕以伯夷的义为不足道。轻,也是意动用法。伯夷,商朝末年诸侯孤竹君的儿子。他认为武王伐纣不义(不正当),商朝灭亡以后,自己就饿死在首阳山(在今山西永济)。③〔弗(fú)〕不。④〔睹〕看。〔子〕你,指海神若。〔难穷〕没有边际。穷,尽。⑤〔殆〕危险。⑥〔长〕长久。〔见笑〕被耻笑。〔大方之家〕指修养很高的人。大方,大道。

二 非攻 墨子

【解说】本篇选自《墨子》。《非攻》分上、中、下三篇，这里选的是上篇。《墨子》现存五十三篇，大部分是墨子的弟子们记录下来的。墨家是战国时期墨子创的重要学派，生活比较接近民众，注重实行。文章多数比较浅显，论点鲜明，富于逻辑性，有较强的说服力。非攻，指反对进攻别的国家。战国时期，各国争城夺地，战事连续不断，有些规模很大，死伤很多，破坏得很厉害，因而社会混乱，人民困苦不堪。为了社会安定，人民能够生活，墨家提出兼爱、非攻、节用等主张。"非攻"是他们为拯救社会而提出的一个重要办法。

本篇是古代一篇出色的议论文。写法的特点是：一、不正面提出自己的论点有什么好处，而是指出相反的论点怎样荒谬。这样，相反的论点既然不能成立，自己的主张之为正确自然不言而喻。二、逻辑性强，以日常生活中习见的事理为例，证明"亏人自利"是犯罪，然后反复说明，层层深入，使读者感到确是理明而义正，不能不心服口服。三、用语浅显而恳切，虽然是严正的议论文，却使人感到很亲切。

墨子（约前468—前376），名翟（dí），鲁国人（也有说是宋国人)。战国时期的重要思想家。为了实现他的主张,他不计较个人的安危、利害,曾经到宋、卫、楚、齐等国去游说。

今有一人,入人园圃①,窃其桃李,众闻则非之②,上为政者得则罚之③。此何也?以亏人自利也④。至攘人犬豕鸡豚者⑤,其不义又甚入人园圃窃桃李⑥。是何故也⑦?以亏人愈多。苟亏人愈多⑧,其不仁兹甚⑨,罪益厚⑩。至入人栏厩⑪,取人马牛者,其不义又甚攘人犬豕鸡豚。此何故也?以其亏人愈多。苟亏人愈多,其不仁兹甚,罪益厚。至杀不辜人也⑫,扡其衣裘⑬、取戈剑者,其不义又甚入人栏厩取人马牛。此何故也?以其亏人愈多。苟亏人愈多,其不仁兹甚矣,罪益厚。当此⑭,天下之君子皆知而非之⑮,谓之不义。今至大为不义攻国⑯,则弗知非⑰,从而誉之⑱,谓之义。此可谓知义与不义之别乎?

通过层层比喻和推论,证明侵略别国是大不义;并指出天下君子只知反对小不义,不知反对大不义。

---

①〔园圃(pǔ)〕园,果园。圃,菜园。 ②〔非之〕说他不对。 ③〔上为政者〕上面执政的人。〔得〕捉住。 ④〔以〕因为。 ⑤〔攘(rǎng)〕偷盗。〔豕(shǐ)〕猪。〔豚(tún)〕小猪。 ⑥〔不义〕不正当。 ⑦〔是〕代词,此,这。文言里"是"多用作代词。 ⑧〔苟〕假使。 ⑨〔兹〕同"滋",更加。 ⑩〔益〕更。〔厚〕重。 ⑪〔栏厩(jiù)〕养家畜的地方。 ⑫〔不辜(gū)〕无罪。 ⑬〔扡〕同"拖",剥下来。〔裘(qiú)〕毛皮衣服。 ⑭〔当此〕遇到这种情形。 ⑮〔天下〕古人地理知识不多,称周朝统治的地区(包括各诸侯国)为天下。〔君子〕上层明理的人。 ⑯〔攻国〕攻打别国。 ⑰〔弗(fú)〕不。 ⑱〔从而誉之〕就着(这件事情)来称赞他。

写法是从容易懂的事说起，以小喻大。

杀一人谓之不义，必有一死罪矣。若以此说往①，杀十人，十重不义②，必有十死罪矣；杀百人，百重不义，必有百死罪矣。当此，天下之君子皆知而非之，谓之不义。今至大为不义攻国，则弗知非，从而誉之，谓之义。情不知其不义也③，故书其言以遗后世④；若知其不义也，夫奚说书其不义以遗后世哉⑤？

更进一步，专举杀人之事为例，证明侵略别国杀人最多，是更大的不义；可是天下君子却不知反对，反而赞美它。

今有人于此，少见黑曰黑，多见黑曰白，则必以此人为不知黑白之辩矣⑥；少尝苦曰苦，多尝苦曰甘⑦，则必以此人为不知甘苦之辩矣。今小为非，则知而非之；大为非攻国，则不知非，从而誉之，谓之义。此可谓知义与不义之辩乎？是以知天下之君子也⑧，辩义与不义之乱也⑨。

用分不清黑白、甘苦作比喻，驳斥赞成攻国者的荒谬。

【研读参考】一、发表议论，提出主张，可以用抽象的话讲道理。

---

①〔若以此说往〕如果用这个说法类推下去。往，向前行。②〔重（chóng）〕倍。③〔情〕实在。④〔其言〕指君子的错误言论。〔遗〕留给。⑤〔夫〕用在句首的语气词。〔奚说〕怎么解说，有什么理由。⑥〔辩〕同"辨"，分别。⑦〔甘〕甜。⑧〔是以知〕以是知，因此可以知道。⑨〔辩义与不义之乱也〕在分辨"义"与"不义"上，思想是混乱的。

也可以少用抽象的话，而多用故事来比喻，多引事例来证明。古代诸子讲道理，常常用后一种办法，所以显得浅显而生动，这值得注意。

二、"今小为非，则知而非之。"古汉语中有些词，用法比较灵活。试以"非"为例，说说这种情况。

三 寡人之于国也 _{孟子}

【解说】本篇选自《孟子·梁惠王上》,题目是编者加的。《孟子》包括《梁惠王》《公孙丑》《滕文公》《离娄》《万章》《告子》《尽心》共七篇(每篇分上下),是《论语》(记孔子言行的书)之后,宣扬儒家思想的最重要的著作。宋朝把《礼记》里的《大学》《中庸》两篇提出来,和《论语》《孟子》合在一起,称之为"四书"。"四书"是封建时代读书人的必读书。

　　本篇是《梁惠王》上篇的一部分,记孟子答梁惠王问的一些谈话。由梁惠王提出疑问写起,以下记孟子的议论,先是驳斥梁惠王"尽心焉耳矣"的主观想法,然后提出正面主张,最后指出梁惠王的统治不只是说不上尽心,而且是享乐害民。议论说理透彻,比喻形象,很有说服力。

　　孟子是孔子的私淑弟子,信仰孔子的学说,一生以推行儒家的政治理想为己任。当时正是各诸侯国互相兼并的时代,战争连年,社会混乱,人民生活很苦。所以孟子主张行仁政,推行王道政治,并且说:"民为贵,社稷次之,君为轻。"他的主张当然行不通。晚年他与弟子一起著了《孟子》七篇。

梁惠王曰①："寡人之于国也②，尽心焉耳矣③。河内凶④，则移其民于河东⑤，移其粟于河内⑥；河东凶亦然⑦。察邻国之政，无如寡人之用心者⑧。邻国之民不加少⑨，寡人之民不加多，何也⑩？"

　　梁惠王提出疑问：自己对百姓尽到心了，为什么百姓不增多呢？

孟子对曰："王好战⑪，请以战喻。填然鼓之⑫，兵刃既接⑬，弃甲曳兵而走⑭。或百步而后止⑮，或五十步而后止。以五十步笑百步，则何如⑯？"

曰："不可。直不百步耳⑰，是亦走也⑱！"

曰："王如知此，则无望民之多于邻国也⑲。"

　　孟子用五十步笑百步作比喻，指出梁惠王的"爱民"措施比别的国王好不了多少。

----

① 〔梁惠王〕战国时魏国的惠王，姬姓，名䓖（yīng）。魏国的都城在大梁（今河南开封市西北），所以魏国又称梁国，魏惠王又称梁惠王。 ② 〔寡人〕古代国君自己的谦称，意思是寡（少）德之人。 ③ 〔尽心焉耳矣〕（总算）尽了心啦。 ④ 〔河内〕黄河北岸一带。〔凶〕谷物收成不好，荒年。 ⑤ 〔河东〕黄河以东，今山西西南部。 ⑥ 〔粟〕小米，指谷类。 ⑦ 〔亦然〕也是这样。 ⑧ 〔无如〕没有像……。 ⑨ 〔加少〕更减少。加，更。古代人口少，所以人口增加是好现象。 ⑩ 〔何也〕为什么呢？ ⑪ 〔好（hào）战〕喜欢打仗。战国时期各国互相兼并。 ⑫ 〔填然〕形容鼓声咚咚。〔鼓之〕击鼓。鼓，动词。之，没有意义的衬字。下文"树之"的"之"用法相同。 ⑬ 〔兵〕兵器，武器。古代"兵"多指兵器。 ⑭ 〔甲〕铠（kǎi）甲，古代的战衣，上面缀有金属片，可以保护身体。〔曳（yè）拖着。〔走〕跑，这里指逃跑。 ⑮ 〔或百步而后止〕有人（跑了）一百步然后停下来。 ⑯ 〔何如〕如何，怎么样。 ⑰ 〔直不百步耳〕只是没有（跑）百步罢了。直，只。 ⑱ 〔是〕这。 ⑲ 〔无〕通"毋"，不要。

"不违农时①,谷不可胜食也②;数罟不入洿池③,鱼鳖不可胜食也;斧斤以时入山林④,材木不可胜用也。谷与鱼鳖不可胜食,材木不可胜用,是使民养生丧死无憾也⑤。养生丧死无憾,王道之始也⑥。"

孟子认为合理地发展生产是实行仁政的开端。

"五亩之宅⑦,树之以桑⑧,五十者可以衣帛矣⑨。鸡豚狗彘之畜⑩,无失其时⑪,七十者可以食肉矣。百亩之田,勿夺其时,数口之家可以无饥矣。谨庠序之教⑫,申之以孝悌之义⑬,颁白者不负戴于道路矣⑭。七十者衣帛食肉,黎民不饥不寒⑮,然而不王者⑯,未之有也!"

孟子提出进一步教养百姓,使民心归顺的仁政主张。

---

①〔不违农时〕不耽误农业生产的季节,指农忙时不让百姓服役。②〔谷不可胜(shēng)食〕粮食吃不完。胜,尽。③〔数(cù)罟(gǔ)不入洿(wū)池〕密网不进池塘(以免破坏鱼的生长和繁殖)。洿,低凹的地方,也指池塘。④〔斤〕斧。〔以时〕按一定的时候(草木凋落,生长季节过后)。⑤〔养生〕供养活着的人。〔丧死〕为死了的人办丧事。〔憾〕遗憾。⑥〔王道〕以仁义治天下,这是儒家的政治主张。⑦〔五亩〕合现在一亩多。⑧〔树〕种植。⑨〔五十者〕五十岁的人。〔衣(旧读yì)帛〕穿丝织品。衣,这里是动词。⑩〔豚(tún)〕小猪。〔狗〕古人习惯吃狗肉。〔彘(zhì)〕猪。〔畜(xù)〕饲养。⑪〔无失其时〕不要错过繁殖的时机。⑫〔谨庠(xiáng)序之教〕认真地(对待)学校的教育。庠、序,泛指学校。⑬〔申之以孝悌(tì)之义〕把孝悌的道理反复地讲给百姓。申,反复陈述。孝,尊敬父母;悌,敬爱兄长。⑭〔颁白〕同"斑白",头发花白。〔负〕背(bēi)东西。〔戴〕用头顶东西。⑮〔黎民〕百姓。黎,众。也有人认为"黎"应解作"黑"。黎民,就是黑头发的人,借指少壮的人。⑯〔王(旧读wàng)〕称王,使天下百姓归顺。

"狗彘食人食而不知检①，涂有饿莩而不知发②；人死，则曰：'非我也，岁也③。'是何异于刺人而杀之，曰：'非我也，兵也。'王无罪岁④，斯天下之民至焉⑤。"

批评国王和贵族不顾百姓，从反面证明自己主张的正确。

【研读参考】一、古代子书大多是记载某人或某一家的思想的，性质相当于后来的议论文。但是后代的议论文，绝大多数是单纯发表议论，而古代的子书，有不少是用记事体发表议论。《孟子》就是这样，例如本篇，孟子的议论就包含在同梁惠王的谈话里。这样写，我们读了会感到更真实、更亲切。

二、在古代诸子书里，《孟子》的文章气势雄浑，活泼流畅，是学习文言的好范本，可以多读一些。

三、《孟子》中的比喻常常是很精妙的，举本篇为例说一说。

---

① 〔食人食〕吃人吃的东西。前一个"食"是动词，后一个"食"是名词。〔检〕约束，制止。 ② 〔涂〕同"途"，路上。〔饿莩（piǎo）〕饿死的人。莩，通"殍"，饿死或饿死的人。〔发〕指打开仓库，赈济百姓。 ③ 〔岁〕年成。 ④ 〔罪岁〕以岁为有罪，归罪于年成。 ⑤ 〔斯〕此，这样。〔至〕到，指归顺。

四　察传　吕氏春秋

【解说】本篇选自《吕氏春秋·慎行论》。《吕氏春秋》二十六卷，一百六十篇，是秦始皇时期，相国吕不韦聚集他的有学问的门客，共同编写的。内容丰富，思想不专主一家，但大体上以儒、道思想为主。文章继承以前诸子的传统，意义深刻而语言简练，多举事例，朴实而生动。全书各部分的安排，以及各篇的论述，都经过比较周密的考虑，因而成就比较高。传说书编成以后，曾经公布于咸阳市门，说有能更改一个字的，就赏给千金，结果没有人能改。

　　本篇是一篇短小精悍的议论文，着重说明一点：对于道听途说的传言，要根据情理来考察，然后决定信或不信。文中讲的道理，举的事例，都有很强的说服力。

　　吕不韦（？—前235），战国末年濮（pú）阳（今河南濮阳）人。经商发了财，搞政治活动，做了秦国的大官。

　　夫传言不可以不察①，数传而白为黑②，黑为白。故狗

---

① 〔夫〕用在句首的语气词，有"说起来"的意味。〔传言〕传闻的话。
② 〔数（shuò）传〕（经过）几次传说。

似玃①,玃似母猴,母猴似人,人之与狗则远矣②。此愚者之所以大过也③。闻而审④,则为福矣;闻而不审,不若无闻矣⑤。齐桓公闻管子于鲍叔⑥,楚庄闻孙叔敖于沈尹筮⑦,审之也,故国霸诸侯也⑧。吴王闻越王勾践于太宰嚭⑨,智伯闻赵襄子于张武⑩,不审也,故国亡身死也。凡闻言必熟论⑪,其于人必验之以理⑫。

传言容易错,所以要仔细考察。并泛举史实为证,说明考察的重要性。

鲁哀公问于孔子曰⑬:"乐正夔一足⑭,信乎⑮?"孔子曰:"昔者舜欲以乐传教于天下⑯,乃令重黎举夔于草莽之

---

①〔玃(jué)〕大猴。 ②〔远〕差得很多。 ③〔大过〕犯大错误。 ④〔审〕考察。 ⑤〔不若无闻矣〕不如不听到为好。 ⑥〔齐桓公闻管子于鲍叔〕齐桓公,春秋时齐国的国君。管子,管仲,春秋时代大政治家。鲍叔,鲍叔牙,管仲的朋友。管仲辅佐齐桓公建立霸业,是鲍叔牙推荐的。 ⑦〔楚庄闻孙叔敖于沈尹筮(shì)〕楚庄,楚庄王,春秋时楚国的国君。沈尹筮,楚国大夫,他推荐孙叔敖,辅佐楚庄王建立了霸业。 ⑧〔国霸诸侯〕国家在诸侯中称霸。 ⑨〔吴王闻越王勾践于太宰嚭(pǐ)〕吴王,名夫差(chāi),春秋时吴国的国君。越王,名勾践,春秋时越国的国君。太宰嚭,吴国的太宰(官名)伯嚭。越王勾践被吴王夫差打败,太宰嚭受勾践的贿赂,劝说夫差允许讲和,后来勾践发愤图强,反而灭了吴国。 ⑩〔智伯闻赵襄子于张武〕智伯、赵襄子,都是春秋时晋国大夫。张武,智伯的家臣。智伯听张武的话,没有认清赵襄子,结果被灭掉。 ⑪〔熟论〕仔细评议。 ⑫〔其于人〕闻言于人,听到别人的话。〔验〕检查。 ⑬〔鲁哀公〕春秋时鲁国的国君。 ⑭〔乐(yuè)正夔(kuí)〕乐正(乐官名)名夔,虞舜时人。〔一足〕一只脚。 ⑮〔信〕真实。 ⑯〔昔者〕从前。〔以乐传教〕用音乐来传播教化。

中而进之①，舜以为乐正。夔于是正六律②，和五声③，以通八风④，而天下大服⑤。重黎又欲益求人⑥，舜曰：'夫乐，天地之精也⑦，得失之节也⑧，故唯圣人为能和乐之本也⑨。夔能和之，以平天下⑩，若夔者一而足矣⑪。'故曰'夔一足'，非'一足'也。"

宋之丁氏家无井⑫，而出溉汲⑬，常一人居外⑭。及其家穿井⑮，告人曰："吾穿井得一人。"有闻而传之者曰："丁氏穿井得一人。"国人道之⑯，闻之于宋君⑰。宋君令人问之于丁氏，丁氏对曰："得一人之使⑱，非得一人于井中也。"求闻之若此，不若无闻也。

子夏之晋过卫⑲，有读史记者曰⑳："晋师三豕涉河㉑。"

---

① 〔重黎〕重，羲氏，黎，和氏，都是尧时掌天地四时的官。〔举〕选拔。〔草莽之中〕民间。莽，密生的草。〔进〕送入朝廷。 ② 〔正〕定。〔六律〕我国古代十二种音律中的黄钟、太簇、姑洗、蕤（ruí）宾、夷则、无射（yì）。 ③ 〔和〕协调。〔五声〕古代音乐中的五种音阶：宫、商、角、徵（zhǐ）、羽。 ④ 〔通〕交流。〔八风〕八方（东、东南等）的风。 ⑤ 〔大服〕人民拥护，社会安定。 ⑥ 〔益求人〕多找些像夔那样的人。益，更加。 ⑦ 〔天地之精〕世上最美妙的东西。 ⑧ 〔得失之节〕（国家、个人）成功和失败的关键。节，制约。 ⑨ 〔和乐之本〕调和音律的大事业。 ⑩ 〔平〕治理。 ⑪ 〔若夔者一而足矣〕像夔这样的人一个就够了。 ⑫ 〔宋之丁氏〕宋国一家姓丁的。 ⑬ 〔溉（gài）〕洗涤。〔汲（jí）〕打水。 ⑭ 〔常一人居外〕经常有一个人在外面取水。 ⑮ 〔穿井〕打井。 ⑯ 〔道之〕说这件事。 ⑰ 〔宋君〕宋国国君。 ⑱ 〔得一人之使〕多得到一个人使用。 ⑲ 〔子夏之晋过卫〕子夏到晋国去，路过卫国。子夏，姓卜，名商，孔子的学生。之，动词，往。晋、卫，都是春秋时期国名。 ⑳ 〔史记〕记史事的书，不是司马迁著的《史记》。 ㉑ 〔师〕军队。〔豕（shǐ）〕猪。〔涉河〕渡河。

子夏曰："非也，是己亥也①。夫'己'与'三'相近②，'豕'与'亥'相似③。"至于晋而问之，则曰，晋师己亥涉河也。

　　承开头一段，连举三项具体事例，进一步证明传言易误，不可不考察的道理。

辞多类非而是④，多类是而非，是非之经⑤，不可不分⑥，此圣人之所慎也。然则何以慎？缘物之情及人之情，以为所闻，则得之矣⑦。

　　反复举证之后，由道理方面总结：听传言必须根据情理考察，以明辨是非。

【研读参考】 一、发表议论，古代常用的形式是：先提出主张，然后举几项足以证明该主张的事例。这种写法有优点：一是论点更显明易解，二是论据更坚强充分。这方面的特点要深入体会。

二、末段说"辞多类非而是"，文中没有举事例谈这一方面，想想为什么？

---

① 〔己亥〕用干支记日子，那一天是己亥。② 〔"己"与"三"相近〕己，古文作"��"，形体像"三"。③ 〔"豕"与"亥"相似〕亥，古文作"��"，形体像"豕"。④ 〔辞〕言辞，话。〔类非而是〕像是不对，却是对的。⑤ 〔经〕原则，道理。⑥ 〔分〕辨别明白。⑦ 〔缘物之情及人之情，以为所闻，则得之矣〕根据事理人情来考察、判断所听到的，就可以辨别真假了。缘，依据。

五　《礼记》选　礼记

【解说】本篇中"曾子易箦"选自《礼记·檀弓上》,"延陵季子葬子""黔敖为食于路"选自《礼记·檀弓下》,题目都是编者加的。《礼记》是记述儒家对于礼(包括典章、制度、仪节等)的种种见解的书,相传是孔子的弟子或再传弟子各据所闻而编写的。汉朝的儒生戴德编辑这类著述,共八十五篇,名《大戴记》。戴德的侄子戴圣(时号小戴)也编辑这类著作,共四十九篇,就是现在"十三经"里的《礼记》。《檀弓(原是人名)》是《礼记》里的篇名,因为篇幅长,所以分为上、下篇,内容大部分是讲丧礼的。

　　这里选的三则都是历史故事,是用简练的笔墨,写古人如何重礼,及其值得赞扬、效法的一些实践。文字简洁朴实,人物的形象相当生动。

　　戴圣(生卒年不详),西汉时梁(今河南商丘)人。曾任博士。官至九江太守。是传礼的重要经学家。

曾子易箦①

曾子寝疾，病②。乐正子春坐于床下③，曾元、曾申坐于足④，童子隅坐而执烛⑤。童子曰："华而睆⑥，大夫之箦与⑦？"子春曰："止⑧。"曾子闻之，瞿然曰："呼⑨！"曰⑩："华而睆，大夫之箦与？"曾子曰："然⑪，斯季孙之赐也⑫，我未之能易也⑬。元，起易箦！"曾元曰："夫子之病革矣⑭，不可以变⑮。幸而至于旦⑯，请敬易之。"曾子曰："尔之爱我也不如彼⑰。君子之爱人也以德⑱，细人之爱人也以姑息⑲。吾何求哉？吾得正而毙焉⑳，斯已矣。"举扶而易之㉑，

---

① 〔曾子〕姓曾名参（shēn），字子舆，春秋末鲁国南武城（今山东嘉祥，一说山东平邑）人。孔子的学生。〔易箦（zé）〕换席。箦，竹席。 ② 〔寝疾，病〕病重卧床。寝，卧。疾，病。病，病重。 ③ 〔乐（yuè）正子春〕曾子的学生姓乐正名子春。乐正，本来是古代掌管音乐的一种官，其后人以官名为姓。〔于床下〕在床下伺候着。 ④ 〔曾元、曾申〕都是曾子的儿子。 ⑤ 〔童子〕一个小孩子。〔隅（yú）坐〕坐在角落里。 ⑥ 〔华〕华丽，华美。〔睆（huǎn）〕光滑。 ⑦ 〔大夫〕官名，在卿以下，士以上。〔与（yú）〕句末语气词，表示疑问或感叹，后来多写作"欤"。 ⑧ 〔止〕不要说了（怕曾子听见）。 ⑨ 〔瞿（jù）然〕惊讶的样子。〔呼（xū）〕叹息声。 ⑩ 〔曰〕这里是童子又说。 ⑪ 〔然〕是这样。 ⑫ 〔斯〕这（席子）。〔季孙〕李孙氏，春秋时鲁国的贵族，从季文子起，几代都做鲁国大夫，掌握鲁国政权。〔赐〕赠予。 ⑬ 〔未之能易〕没有能够换它。 ⑭ 〔夫子〕对父兄的尊称。〔革（jí）〕通"亟"，危急。 ⑮ 〔变〕动。 ⑯ 〔旦〕早晨。 ⑰ 〔尔〕你。〔彼〕他（指童子）。 ⑱ 〔以德〕意思是成全他，让他能够行为合理。德，道德，品德。 ⑲ 〔细人〕见识短浅的人。〔姑息〕无原则地宽容。 ⑳ 〔得正而毙〕合于礼法而死去。 ㉑ 〔举扶〕抬起来，扶着。

反席未安而没①。

表彰曾参谨守礼法,坚持原则,宁死不变。

延陵季子葬子②

延陵季子适齐③,于其反也,其长子死,葬于嬴、博之间④。孔子曰:"延陵季子,吴之习于礼者也⑤。"往而观其葬焉,其坎深不至于泉⑥,其敛以时服⑦,既葬而封⑧,广轮掩坎⑨,其高可隐也⑩。既封,左袒⑪,右还其封⑫,且号者三⑬,曰:"骨肉归复于土⑭,命也⑮。若魂气则无不之也⑯,无不之也。"而遂行⑰。孔子曰:"延陵季子之于礼也,其合矣乎⑱?"

---

①〔反〕同"返"。〔未安〕没有躺稳。〔没〕死。 ②〔延陵季子〕春秋时吴王寿梦的小儿子季札,封于延陵(在今江苏常州),所以称延陵季子。 ③〔适〕往。〔齐〕齐国,在今山东东北部一带。 ④〔嬴(yíng)、博〕春秋时齐国的两个邑名。嬴,在今山东济南市莱芜区西北。博,在今山东泰安东南。 ⑤〔习〕熟悉,通晓。〔礼〕根据当时社会上的不同等级而规定的一套礼节仪式。 ⑥〔其坎(kǎn)深不至于泉〕那墓穴深不到泉(地下水),意思是不过深。 ⑦〔敛(liàn)〕通"殓",给尸体穿上衣服入棺。〔时服〕死的季节穿的一般衣服(表示节俭)。 ⑧〔封〕堆土筑坟。 ⑨〔广轮掩(yǎn)坎〕坟的大小只够遮盖墓穴。东西(横)叫广,南北(直)叫轮。掩,掩盖。 ⑩〔其高可隐也〕坟的高度可以隐蔽住棺木。又一说,隐的意义是"据",意思是伸手可以摸到(不高)。 ⑪〔左袒(tǎn)〕裸露左臂。这是古代的一种礼。 ⑫〔右还〕向右环绕。还,通"环"。 ⑬〔且〕并且。〔号(háo)〕大声哭喊。〔三〕三次。 ⑭〔归复〕回到。 ⑮〔命〕天命,是自然的事。 ⑯〔若〕至于。〔魂气〕人体内的精神灵气。古人认为人死后魂灵还在。〔之〕往。 ⑰〔而遂行〕(说完)就走了。 ⑱〔合〕符合。

延陵季子虽是王室，办长子的丧事却尽情尽理，不铺张。

黔敖为食于路①

齐大饥②，黔敖为食于路，以待饿者而食之③。有饿者蒙袂辑屦④，贸贸然来⑤。黔敖左奉食，右执饮，曰："嗟⑥，来食！"扬其目而视之⑦，曰："予唯不食嗟来之食以至于斯也⑧。"从而谢焉⑨，终不食而死。

饿者宁可饥饿而死，也不受人轻蔑。

[研读参考] 一、文言文一般写得简洁，常常省去一些作主语的词，如：第一则"呼"之后的"曰"，前面省去"童子"；第二则"左袒""右还""且号""而遂行"，前面省去"延陵季子"；第三则"扬其目""终不食"，前面省去"饿者"，"从而谢焉"，前面省去"黔敖"。我们读文言文，要多注意上下文，以免误解。

二、从本篇找出表示"到哪里去"的词来。

---

① 〔黔敖〕齐国人。〔为食于路〕在路旁准备下食品。 ② 〔齐〕春秋时齐国。〔饥〕荒年。 ③ 〔食（sì）之〕给他吃。 ④ 〔蒙袂（mèi）〕用袖子遮着脸。〔辑屦（jù）〕拖着鞋。辑，敛。 ⑤ 〔贸贸然〕无精打采的样子。贸贸，同"眊眊"，眼睛失神。 ⑥ 〔嗟（jiē）〕叹词，表示感叹、怜悯（含有轻视的意思）。 ⑦ 〔扬其目〕睁大他的眼睛。 ⑧ 〔唯〕正是因为。〔嗟来之食〕带有轻视的施舍。 ⑨ 〔从而谢〕（黔敖）随着就谢罪、道歉。

六　冯谖客孟尝君　战国策

【解说】本篇选自《战国策·齐策四》，题目是编者加的。《战国策》三十三篇，是西汉刘向校订皇家藏书时候辑录的（原作者不明），刘向认为这些文章是记述战国时候许多游士为各国出谋划策的事，所以定名为《战国策》。内容主要记载由周贞定王到秦始皇共二百多年东周、西周以及秦、齐、楚、赵等国政治、军事、外交方面的一些动态。书中着重写谋臣策士机智的高超、言辞的巧妙，虽然不免夸大，却富有文学意味。客孟尝君，做孟尝君的门客。孟尝君，姓田，名文，齐国的贵族，战国四公子之一。孟尝君是封号。

本篇记述冯谖为孟尝君出谋划策，先是"以责赐诸民"，接着又结交魏国，立宗庙于薛，为孟尝君营了三窟，使孟尝君得以高枕为乐。文章用力描写冯谖有见识，富机智。文笔曲折生动，富有感染力。不过我们也要认识到，冯谖这种做法，虽然对人民也不无好处，但他的主要目的还是为孟尝君，报答寄食之恩的。

齐人有冯谖者①,贫乏不能自存②,使人属孟尝君③,愿寄食门下④。孟尝君曰:"客何好⑤?"曰:"客无好也。"曰:"客何能?"曰:"客无能也。"孟尝君笑而受之,曰:"诺⑥。"

冯谖求为孟尝君食客,虽被接受,但受轻视。

左右以君贱之也⑦,食以草具⑧。居有顷⑨,倚柱弹其剑⑩,歌曰:"长铗归来乎⑪!食无鱼。"左右以告⑫。孟尝君曰:"食之,比门下之客⑬。"居有顷,复弹其铗,歌曰:"长铗归来乎!出无车。"左右皆笑之,以告。孟尝君曰:"为之驾⑭,比门下之车客⑮。"于是乘其车,揭其剑⑯,过其友曰⑰:"孟尝君客我⑱。"后有顷,复弹其剑铗,歌曰:"长铗归来乎!无以为家⑲。"左右皆恶之⑳,以为贪而不知足。孟尝君问:"冯公有亲乎㉑?"对曰:"有老母。"孟尝君使人给其食用,无使乏㉒。于是冯谖不复歌。

---

① 〔有冯谖(xuān)者〕有冯谖这么个人。 ② 〔自存〕凭自己的力量生活。 ③ 〔属(zhǔ)〕请托。 ④ 〔寄食门下〕在别人家寄食。门下,家门之下。寄食者称为门客、食客。 ⑤ 〔何好(hào)〕喜好什么,兴趣偏于哪一方面。 ⑥ 〔诺(nuò)〕表示允许的声音,好吧。 ⑦ 〔左右〕常在主人身边听候差遣的人。〔以〕因为。〔贱之〕以他为贱,看不起他。 ⑧ 〔食(sì)〕给……吃。〔草具〕粗劣的饮食。 ⑨ 〔居〕停留。〔有顷〕不久。 ⑩ 〔弹〕敲打。 ⑪ 〔长铗(jiá)归来乎〕剑啊,咱们回去吧!铗,剑柄,代剑。 ⑫ 〔以告〕把……告诉(孟尝君)。 ⑬ 〔比〕依照。 ⑭ 〔驾〕套车,坐车。 ⑮ 〔车客〕出门坐车的门客。 ⑯ 〔揭〕举。 ⑰ 〔过〕拜访。 ⑱ 〔客我〕以我为客(意思是优待我)。 ⑲ 〔无以为家〕没有用来养家的东西,不能照顾家。 ⑳ 〔恶(wù)〕厌恶。 ㉑ 〔公〕尊称。〔亲〕父母。 ㉒ 〔无使乏〕不要使她困乏。无,通"毋"。

> 冯谖一再乞求，虽然待遇改善，但仍没有受到重视。这是下文大显才能的伏笔。

后孟尝君出记①，问门下诸客："谁习计会②，能为文收责于薛者乎③？"冯谖署曰"能"④。孟尝君怪之，曰："此谁也？"左右曰："乃歌夫'长铗归来'者也⑤。"孟尝君笑曰："客果有能也，吾负之⑥，未尝见也⑦。"请而见之，谢曰⑧："文倦于事⑨，愦于忧⑩，而性懧愚⑪，沉于国家之事⑫，开罪于先生⑬。先生不羞⑭，乃有意欲为收责于薛乎⑮？"冯谖曰："愿之。"于是约车治装⑯，载券契而行⑰。辞曰："责毕收⑱，以何市而反⑲？"孟尝君曰："视吾家所寡有者。"

> 冯谖自荐去收债，开始受到重视。末尾一句引出下面的故事。

驱而之薛⑳，使吏召诸民当偿者悉来合券㉑。券遍合，

---

①〔出记〕出了一个通告。 ②〔习计会（kuài）〕熟习会计的工作。计会，会计。 ③〔文〕孟尝君自称。〔责〕同"债"。〔薛〕地名，孟尝君的封地，在今山东滕州附近。 ④〔署〕签署，写。 ⑤〔夫〕句中助词，没有意义。 ⑥〔负〕对不起。 ⑦〔未尝见〕从来没和他见过面。 ⑧〔谢〕道歉。 ⑨〔倦于事〕因事务繁多而疲倦。 ⑩〔愦（kuì）于忧〕因忧患而发昏。愦，昏乱。 ⑪〔懧（nuò）愚〕愚弱无能。懧，同"懦"。 ⑫〔沉〕沉溺，陷在里面。 ⑬〔开罪〕因冒犯而得罪。 ⑭〔不羞〕不以为羞辱。 ⑮〔乃〕竟然。 ⑯〔约车〕预备车辆。〔治装〕整备行装，收拾行李。 ⑰〔券契〕契约，借债的凭证。 ⑱〔毕收〕完全收得。 ⑲〔何市〕买什么。 ⑳〔驱〕用鞭打马，这里是赶着车快走的意思。〔之〕往。 ㉑〔诸民当偿者〕当偿债的百姓。〔悉〕全都。〔合券〕核对借契。

起①，矫命以责赐诸民②，因烧其券③。民称万岁。

冯谖往薛收债而弃债，办法奇特。

长驱到齐④，晨而求见。孟尝君怪其疾也⑤，衣冠而见之⑥，曰："责毕收乎？来何疾也！"曰："收毕矣。""以何市而反？"冯谖曰："君云'视吾家所寡有者'。臣窃计⑦，君宫中积珍宝，狗马实外厩⑧，美人充下陈⑨，君家所寡有者，以义耳⑩。窃以为君市义⑪。"孟尝君曰："市义奈何⑫？"曰："今君有区区之薛⑬，不拊爱子其民⑭，因而贾利之⑮。臣窃矫君命，以责赐诸民，因烧其券，民称万岁，乃臣所以为君市义也⑯。"孟尝君不悦，曰："诺，先生休矣⑰！"

着重表现冯谖的深谋远虑。末尾写孟尝君对他市义的不满，为后面的文章作伏笔。

后期年⑱，齐王谓孟尝君曰⑲："寡人不敢以先王之臣为

---

①〔起〕站起来。 ②〔矫（jiǎo）命〕假托（孟尝君的）命令。 ③〔因〕于是。 ④〔长驱〕一直驱车前进。指中途不停留。 ⑤〔疾〕快。 ⑥〔衣冠〕穿戴得整整齐齐。 ⑦〔窃计〕私自盘算。 ⑧〔实〕充满。〔厩（jiù）〕牲畜棚。 ⑨〔充下陈〕站满了后排（形容姬妾多）。下陈，低级姬妾站立的地方。 ⑩〔以义耳〕只是正义啊。 ⑪〔窃以为君市义〕我私自做主用它为您买来正义。以，用。"以"下边省一个"之"（代债券）字。 ⑫〔奈何〕怎么样。 ⑬〔区区〕小小的。 ⑭〔拊（fǔ）〕保养。〔子其民〕爱民如子。 ⑮〔贾（gǔ）利〕做买卖取利。 ⑯〔所以〕用来。 ⑰〔休矣〕算了吧！ ⑱〔期（jī）年〕周年。 ⑲〔齐王〕齐湣（mǐn）王，齐宣王的儿子。

臣①。"孟尝君就国于薛②。未至百里③,民扶老携幼,迎君道中。孟尝君顾谓冯谖曰④:"先生所为文市义者,乃今日见之。"冯谖曰:"狡兔有三窟,仅得免其死耳。今君有一窟,未得高枕而卧也⑤。请为君复凿二窟。"

> 市义有了结果,像是可以收束,却又生出新谋略。
> 这是进一步表现冯谖的才能。

孟尝君予车五十乘⑥,金五百斤⑦,西游于梁⑧,谓惠王曰:"齐放其大臣孟尝君于诸侯⑨,诸侯先迎之者,富而兵强。"于是梁王虚上位⑩,以故相为上将军⑪,遣使者,黄金千斤,车百乘,往聘孟尝君⑫。冯谖先驱⑬,诫孟尝君曰⑭:"千金,重币也⑮;百乘,显使也⑯。齐其闻之矣⑰。"梁使三反⑱,孟尝君固辞不往也。齐王闻之,君臣恐惧,遣太傅赍黄金千斤⑲,文车二驷⑳,服剑一㉑,封书谢孟尝君曰:"寡

---

①〔先王〕已经去世的国王。有时指父王,有时泛指若干代的帝王。这里指父王。 ②〔就国〕到封地去住。 ③〔未至百里〕还差一百里没走到。 ④〔顾〕回头看。 ⑤〔高枕而卧〕表示无忧无虑。 ⑥〔乘(旧读 shèng)〕四匹马拉一辆车叫一乘。 ⑦〔金〕古时称铜为黄金。〔斤〕重量单位,旧制十六两为一斤。 ⑧〔梁〕魏国。 ⑨〔放其大臣孟尝君于诸侯〕放逐了他的大臣孟尝君,使他有机会到各诸侯国去。放,放逐,赶走。 ⑩〔虚上位〕空出最高的地位(指下句相国的位置)。 ⑪〔故相〕原来的相国。 ⑫〔聘(pìn)〕聘请。 ⑬〔先驱〕前驱,走在前面。 ⑭〔诫〕告诫,事前提醒。 ⑮〔币〕聘礼。 ⑯〔显〕显赫,阔气,高贵。 ⑰〔其〕想来应当。 ⑱〔三反〕往返三次。 ⑲〔太傅〕职位很高的官。〔赍(jī)〕送给人东西。 ⑳〔文车〕雕饰着文采的车。〔驷(sì)〕乘。 ㉑〔服剑〕佩剑。

人不祥，被于宗庙之祟，沉于谄谀之臣①，开罪于君。寡人不足为也②，愿君顾先王之宗庙③，姑反国统万人乎④！"

> 写冯谖的外交才能，为孟尝君营第二窟成功。

冯谖诚孟尝君曰："愿请先王之祭器⑤，立宗庙于薛。"庙成，还报孟尝君曰："三窟已就，君姑高枕为乐矣。"

> 在薛立宗庙，百年大计，为孟尝君营第三窟成功。

孟尝君为相数十年，无纤介之祸者⑥，冯谖之计也。

> 总说冯谖的功绩，同开头受轻视对照，结束全文。

[研读参考] 一、在古代记事的文章里，《战国策》的文章写得比较生动。这同它长于描写人物动作，长于写对话有关系。读本篇要注意这些地方。

二、在文言的对话里，常常有些表示谦逊客气的说法，是现代汉语里不大用的。这类话有委婉细腻的优点，值得注意。从本篇里把这样的话找出来，也可以试试把它译成现代汉语。

---

① 〔寡人不祥，被于宗庙之祟（suì），沉于谄谀（yú）之臣〕我很不吉利，受到祖宗降下的灾祸，又为谄媚的臣子所迷惑。祟，鬼神给人的灾祸。谄谀，逢迎献媚。 ② 〔不足为（wèi）〕不值得帮助。为，助。 ③ 〔顾〕关心，眷念。 ④ 〔姑〕姑且。〔万人〕指全国人民。 ⑤ 〔祭器〕祭祀先王的器物。用先王传下来的祭器建立了宗庙，齐国就不好夺回薛的土地，取消孟尝君的封号。受到外敌的侵扰时，齐国也要为宗庙而出兵援救。 ⑥ 〔纤介〕细微，一点点。纤，细小。介，同"芥"，小草。

七　诏令二篇　刘邦

【解说】本篇分别选自《史记·高祖本纪》和《汉书·高帝纪第一下》，题目都是编者加的。《史记》是西汉司马迁著的，所记史事由远古到汉武帝（通史），是我国正史的第一种。《汉书》是东汉班固著的，所记为西汉一朝的史实（断代史），是正史的第二种。"入关告谕"是汉元年（前206）的事，"关"指函谷关。《汉书》也有这一篇，文字稍有不同。"求贤诏"是汉十一年（前196）的事，《史记》简略，没有收这一篇。谕，在上的告诉在下的。诏，皇帝的命令。

两篇都写得很简练，含意正大而措辞恳切。尤其后一篇，有理有据，有具体办法，而总起来还不满二百字。内容方面，一篇是除暴政，一篇是求贤，都对人民有利，所以有积极意义。

刘邦（前256或前247—前195），字季，沛县（今江苏丰县）人。秦朝末年起兵反秦，攻破咸阳以后，又打败项羽，统一中国，做了皇帝，历史上称为汉高祖。

入关告谕

父老苦秦苛法久矣①！诽谤者族②，偶语者弃市③。吾与诸侯约④：先入关者王之⑤。吾当王关中。与父老约，法三章耳⑥：杀人者死，伤人及盗抵罪⑦。余悉除去秦法。诸吏人皆案堵如故⑧。凡吾所以来⑨，为父老除害，非有所侵暴，无恐⑩。且吾所以还军霸上⑪，待诸侯至而定约束耳⑫。

用简短明确的话告诉人民，入关的目的是变暴政为爱民，人民可以放心。

---

①〔父老〕这里是对百姓的敬称。〔苦秦苛法〕以秦朝的苛暴法令为痛苦。 ②〔诽谤者族〕背地里说政治不好的人要杀全家。《史记·秦始皇本纪》："以古非今者族。" ③〔偶语〕对面说话（指小声说私话）。〔弃市〕处死刑。古代杀人在街市，尸体扔在市上。《史记·秦始皇本纪》："有敢偶语诗书（《诗经》《尚书》等），弃市。" ④〔诸侯〕指项羽等。 ⑤〔先入关者王（旧读 wàng）之〕先进入函谷关的做关中的王。这是楚怀王对项羽、刘邦二人说的。关中，指秦国所在的渭水平原。 ⑥〔法三章〕规定只三条（杀人、伤人、盗）。 ⑦〔抵罪〕按所犯的罪抵偿。 ⑧〔吏人〕官民。〔案堵如故〕秩序安定和以前一样。案堵，安定如墙，次序整齐不乱。案，按次第。堵，墙。 ⑨〔凡〕总之。 ⑩〔无〕通"毋"，不要。 ⑪〔还军霸上〕撤回军队驻扎在霸上。霸上，亦作"灞上"，地名，在今陕西西安市以东，是古代军事重地。 ⑫〔定约束〕定共同遵守的纪律。

求贤诏

　　盖闻王者莫高于周文①，伯者莫高于齐桓②，皆待贤人而成名。今天下贤者智能③，岂特古之人乎④？患在人主不交故也，士奚由进⑤？
　　　　先泛论贤者和用贤的重要性。
　　今吾以天之灵，贤士大夫⑥，定有天下，以为一家⑦，欲其长久，世世奉宗庙亡绝也⑧。贤人已与我共平之矣，而不与吾共安利之⑨，可乎？贤士大夫有肯从我游者⑩，吾能尊显之⑪。布告天下，使明知朕意⑫。
　　　　承上段，具体说求贤的目的和理由。
　　御史大夫昌下相国⑬，相国酂侯下诸侯王⑭，御史中执

---

①〔盖〕句首的助词，没有意义。〔周文〕周文王。他的儿子武王灭殷后建立周朝。 ②〔伯（bà）〕通"霸"，诸侯之长。〔齐桓〕齐桓公，春秋时五霸里功业最盛的一个。 ③〔贤者智能〕贤者有智慧有才能。 ④〔岂特古之人乎〕岂止古代的人吗？意思是今人不亚于古人。特，只。 ⑤〔奚由进〕由什么道路进仕（做官）呢？奚，何。 ⑥〔以天之灵，贤士大夫〕凭仗上天的保佑和贤士大夫的辅助。 ⑦〔一家〕统一，像一个家庭。 ⑧〔奉宗庙亡（wú）绝〕敬奉祖庙而不断绝。宗庙，皇帝的祖庙。亡，通"无"。 ⑨〔安利之〕使天下安定，人民得利。 ⑩〔游〕活动（指政务）。 ⑪〔尊显之〕使他地位高，名声大。 ⑫〔朕(zhèn)〕皇帝自称。 ⑬〔御史大夫昌下相国〕（求贤的诏令）由御史大夫周昌传达到相国。御史大夫、相国，都是中央的大官。 ⑭〔酂（zàn）侯〕萧何。〔诸侯王〕分封在各地的王。

法下郡守①，其有意称明德者②，必身劝③，为之驾④，遣诣相国府⑤，署行、义、年⑥。有而弗言⑦，觉，免⑧。年老癃病勿遣⑨。

最后说明求贤的具体办法。

【研读参考】 一、文言文一个很大的优点是简练。像这两篇诏令，所说的事情很重大，可是用的话不多而说得意思明白，理由充畅。我们读古人文章，应该深入体会这一点。

二、人称代词，文言中可用的字比较多，比较随便。以本篇为例，说说这种情况。

---

① 〔御史中执法〕御史中丞。〔郡守〕各郡的太守。 ② 〔有意称（chèn）明德者〕意思是愿意贡献自己的才能的。称，合。明德，上好的品格。 ③ 〔身劝〕（郡守）亲自去劝说（请）。身，己身。 ④ 〔为之驾〕为他准备车辆。 ⑤ 〔诣〕往。〔府〕指办公的衙门。 ⑥ 〔署行、义（yí）、年〕登记他的行状、仪容、年龄。行，指品行、经历等。义，通"仪"，外表。 ⑦ 〔有而弗言〕（本管地区）有贤者而不上报。 ⑧ 〔觉，免〕发觉之后，免官。 ⑨ 〔癃（lóng）〕衰病。〔勿遣〕不要送（相国府）。

八 《韩诗外传》选 韩婴

【解说】本篇分别选自《韩诗外传》卷一和卷八,有删节,题目都是编者加的。《诗经》是我国古代诗歌的总集,传说是孔子选定的。汉初讲授《诗经》的学派有鲁、齐、韩、毛四家,后来只有毛亨(hēng)的本子传下来,所以《诗经》也称《毛诗》。韩诗的创立者是韩婴,他为《诗经》作了注解,名《内传》,没有传下来。他还作了《外传》,是引用历史故事或泛论道理来证明、发挥诗句的意义的。这部书原来六卷,现在的传本分为十卷。

这里选的两则故事都不长,主要用对话来表现人物的性格和情节的变化。文字简练朴素,内容有教育意义。

作者韩婴,西汉燕(yān,今北京市一带)人。文帝时曾任博士(讲经书的官),景帝时官常山太傅。武帝时曾同董仲舒(有名的学者)在皇帝面前辩论学问,董仲舒不能驳倒他。

原宪居鲁①

原宪居鲁,环堵之室②,茨以蒿莱③,蓬户瓮牖④,揉桑而为枢⑤,上漏下湿⑥,匡坐而弦歌⑦。子贡乘肥马⑧,衣轻裘⑨,中绀而表素⑩,轩车不容巷而往见之⑪。原宪楮冠藜杖而应门⑫,正冠则缨绝⑬,振襟则肘见⑭,纳履则踵决⑮。子贡曰:"嘻!先生何病也⑯?"原宪仰而应之曰⑰:"宪闻之⑱,无财之谓贫,学而不能行之谓病。宪贫也,非病也。若夫

---

①〔原宪〕字子思,春秋时鲁国人,一说宋国人。孔子的学生。〔鲁〕鲁国。 ②〔环堵之室〕四面是墙的房子(形容居室很简陋)。 ③〔茨(cí)以蒿(hāo)莱〕用草做房顶。茨,用茅草盖房顶。蒿、莱,都是草名。 ④〔蓬户瓮(wèng)牖(yǒu)〕用蓬草做门、破瓮做窗。瓮,大腹的陶器。牖,窗户。 ⑤〔揉(róu)桑而为枢(shū)〕用桑木做门轴。揉,使木弯曲。枢,门的转轴,枢纽。 ⑥〔上漏下湿〕(下雨时)屋顶漏水,地上潮湿。 ⑦〔匡坐而弦歌〕端正地坐着,弹琴唱歌(表示严肃而快乐)。匡,正。弦,这里作动词用,弹奏琴瑟(sè)等弦乐器。 ⑧〔子贡〕姓端木,名赐。孔子的学生。长于外交和经商。 ⑨〔衣轻裘(qiú)〕穿轻暖的皮衣。 ⑩〔中绀(gàn)而表素〕里面是天青色,外面是白色。 ⑪〔轩车不容巷而往见之〕坐着连巷子也容不下的华贵的车来见他(原宪)。轩,有帷幕的车。 ⑫〔楮(chǔ)冠藜杖〕楮树皮做的帽子,藜茎做的手杖。藜,一年生草本植物,夏天开黄绿色花,嫩叶可吃,茎可做手杖。〔应门〕来开门。 ⑬〔正冠则缨绝〕正正帽子,帽带就断了。 ⑭〔振襟则肘见(xiàn)〕抖抖衣襟,袖子破了,就露出肘来。见,同"现"。 ⑮〔纳履则踵(zhǒng)决〕穿鞋前行,鞋破了就露出脚跟来。决,裂开。 ⑯〔嘻〕惊叹的声音。〔何病也〕怎么这样困苦呢?也,表疑问语气。 ⑰〔仰〕抬着头(表示坦坦然)。 ⑱〔闻之〕听说或知道什么格言、什么道理。

八 《韩诗外传》选

希世而行①,比周而友②,学以为人③,教以为己④,仁义之匿⑤,车马之饰⑥,衣裳之丽⑦,宪不忍为之也。"子贡逡巡⑧,面有惭色,不辞而去⑨。

倚仗富贵而虚张声势,不如贫穷而有品德、有学问。

魏文侯问⑩

魏文侯问狐卷子曰⑪:"父贤足恃乎⑫?"对曰:"不足。""子贤足恃乎?"对曰:"不足。""兄贤足恃乎?"对曰:"不足。""弟贤足恃乎?"对曰:"不足。""臣贤足恃乎?"对曰:"不足。"文侯勃然作色而怒曰⑬:"寡人问此五者于子,一一以为不足者,何也?"对曰:"父贤不过尧而丹朱放⑭,子贤不过舜而瞽瞍拘⑮,兄贤不过舜而象放⑯,

---

①〔若夫〕至于。〔希世〕迎合世俗。 ②〔比(旧读 bì)周而友〕亲近小人,和他们交朋友。比,偏爱,勾结。周,泛爱。《论语·为政》:"君子周而不比,小人比而不周。" ③〔学以为人〕求学是为了到社会上活动(做官)。 ④〔教以为己〕教人是为了自己得利(可得报酬)。 ⑤〔仁义之匿〕不行仁义。匿,隐藏。 ⑥〔车马之饰〕讲究车马的装饰。 ⑦〔衣裳之丽〕讲究衣服的华丽。 ⑧〔逡(qūn)巡〕往后退。 ⑨〔辞〕告别。〔去〕离开。 ⑩〔魏文侯〕战国时魏国的国君。 ⑪〔狐卷子〕身份不详。 ⑫〔足恃〕可以依赖。 ⑬〔勃然〕发怒的样子。〔作色〕变脸色(也表示发怒)。 ⑭〔父贤不过尧而丹朱放〕尧是上古的贤帝王,当然也是贤父。但他的儿子丹朱不好,终于被赶出去。放,驱逐。 ⑮〔子贤不过舜而瞽(gǔ)瞍(sǒu)拘〕舜是继承尧的上古贤帝王,但他父亲瞽瞍不好,对儿子薄厚不均,终于被舜拘禁。 ⑯〔兄贤不过舜而象放〕象是舜的后母所生的弟弟,因为多次暗算舜而被放逐出去。

弟贤不过周公而管叔诛①，臣贤不过汤、武而桀、纣伐②。望人者不至③，恃人者不久④。君欲治⑤，从身始⑥，人何可恃乎？"

建功立业，必须自力更生，靠别人是不行的。

【研读参考】本篇两则的写法各有特点。前一则写人物的活动，表现其行动和精神状态，用具体事例，很形象，笔墨不多而能给人以鲜明的印象。后一则列举同类事物反复说，可以使读者印象更深，感到文中包含的道理更确实。

---

① 〔弟贤不过周公而管叔诛〕周公是周武王的弟弟，武王死后，辅佐成王掌政。管叔（也是武王的弟弟）因为叛乱被周公杀掉。 ② 〔臣贤不过汤、武而桀（jié）、纣（zhòu）伐〕汤是商朝的开国之君，曾起兵消灭夏朝的末代帝王桀。武，周武王，是周朝的开国之君，曾起兵消灭商朝的末代帝王纣。伐，被讨伐。 ③ 〔望人者不至〕盼望别人帮忙的人，别人不来。 ④ 〔恃人者不久〕依赖别人的人，不能长久。 ⑤ 〔治〕国家平定。 ⑥ 〔从身始〕从自己做起。

九　优孟传　司马迁

【解说】本篇选自《史记·滑（旧读 gǔ）稽列传》。《史记》是我国第一部记述由古代到作者当时史实的通史。内容包括十二本纪，十表，八书，三十世家，七十列传，共一百三十卷。这部书内容丰富，体例精审，是汉武帝以前我国历史的总结，又是后来各朝修史的范本。它叙事简练而生动，富有文学意味，在史学史和文学史上都有很高的地位。《滑稽列传》是"列传"的一种。滑稽，意思是诙谐的口才，作者认为这种口才可以用来讽谏，排难解纷，所以为这样的人立传。在《滑稽列传》中，司马迁写了淳于髡（kūn）、优孟、优旃（zhān）三个人的事，后来褚少孙又补写了郭舍人、东方朔、东郭先生、淳于髡、王先生、西门豹六个人的事。

　　优孟这部分记述了优孟谏楚庄王的两件事（这是根据传说写的，未必都合于史实），篇幅都不长。主要用对话来表现，绘影绘声，我们读了，真是如闻其声，如见其人。《史记》写人物活动，总是个性突出，形象逼真，这种笔法值得注意。

　　作者司马迁（前 145 或前 135—?），字子长，汉朝龙门（今陕西韩城）人。继承他父亲司马谈的家学，精通天文、历史等学问。汉武帝时期，李陵攻匈奴被俘投降，他为李陵解释，得罪下狱。后来继承父志，写成《史记》。

优孟①，故楚之乐人也②。长八尺③。多辩④，常以谈笑讽谏。

> 先概括地介绍优孟。

楚庄王之时⑤，有所爱马，衣以文绣⑥，置之华屋之下⑦，席以露床⑧，啖以枣脯⑨。马病肥死⑩，使群臣丧之⑪，欲以棺椁大夫礼葬之⑫。左右争之，以为不可。王下令曰："有敢以马谏者，罪至死！"

> 楚庄王欲厚葬马，不近情理而拒谏。以"罪至死"引起下文。

优孟闻之，入殿内，仰天大哭。王惊而问其故。优孟曰："马者，王之所爱也，以楚国堂堂之大⑬，何求不得？而以大夫礼葬之，薄⑭。请以人君礼葬之。"王曰："何如⑮？"对曰："臣请以雕玉为棺，文梓为椁⑯，楩、枫、豫

---

①〔优孟〕优人名叫孟。优，伶人，演戏的人。 ②〔故〕旧，有过去的意思。〔乐（yuè）人〕艺人。 ③〔长八尺〕身高八尺（古代尺短）。意思是身材高大。 ④〔多辩〕善于谈论。 ⑤〔楚庄王〕春秋五霸之一。 ⑥〔衣（旧读 yì）以文绣〕用文绣给它做衣服穿。衣，动词，穿。文绣，锦绣。 ⑦〔华屋〕华丽的房屋。 ⑧〔席以露床〕用露床做垫子。席，动词，铺垫。露床，没有帐幔的床。 ⑨〔啖（dàn）〕吃，喂。〔枣脯（fǔ）〕枣干。 ⑩〔病肥〕患肥胖病。 ⑪〔丧（sāng）之〕为它办丧事。 ⑫〔欲以棺椁（guǒ）大夫礼葬之〕要用棺椁盛殓它，依照埋葬大夫的礼仪埋葬它。椁，套棺。 ⑬〔堂堂〕盛大的样子。 ⑭〔薄〕礼数薄，不够隆重。 ⑮〔何如〕怎么办。 ⑯〔文梓（zǐ）〕细致的梓木。

章为题凑①，发甲卒为穿圹②，老弱负土③，齐、赵陪位于前④，韩、魏翼卫其后⑤，庙食太牢⑥，奉以万户之邑⑦。诸侯闻之，皆知大王贱人而贵马也。"

写优孟的机智，用反语间接指出庄王贱人而贵马的错误。

王曰："寡人之过一至此乎⑧！为之奈何？"优孟曰："请为大王六畜葬之⑨。以垄灶为椁⑩，铜历为棺⑪，赍以姜枣⑫，荐以木兰⑬，祭以粳稻⑭，衣以火光⑮，葬之于人腹肠⑯。"于是王乃使以马属太官⑰，无令天下久闻也⑱。

写讽谏成功，回应上文"常以谈笑讽谏"。

---

① 〔楩（pián）、枫、豫章〕都是好木材。〔题凑〕堆积在棺外的木材。② 〔发〕派遣。〔甲卒〕穿甲的士兵。〔穿圹（kuàng）〕掘墓穴，挖坟坑。③ 〔负土〕背土造坟。④ 〔陪位于前〕在前边列在陪同祭祀的行列。⑤ 〔翼卫其后〕在后边分成两翼卫护着。这两句是说诸侯来会葬。按楚庄王时代，晋国还是统一的国家，韩、魏、赵三家还没有分晋。可见这里是对葬礼的夸大说法。⑥ 〔庙食太牢〕建立祠庙，用太牢做祭品供奉它。太牢，牛、羊、猪三牲合成的祭品，用于最隆重的祭礼。⑦ 〔奉以万户之邑〕封给它一万户的县，把租税作为每年祭祀的费用。⑧ 〔寡人〕国君自己的谦称，意思是少德的人。〔一至此乎〕竟然到这种地步吗？一，乃，竟然。⑨ 〔六畜（chù）葬之〕照对待六畜的办法埋葬它。六畜，六种家畜：牛、马、羊、猪、狗、鸡。⑩ 〔垄（lǒng）灶〕培土为灶。⑪ 〔历〕通"鬲"，锅。⑫ 〔赍（jī）〕送人东西。⑬ 〔荐〕进献。〔木兰〕木兰花。一说，姜枣和木兰都做调料用。⑭ 〔粳（jīng）〕稻的一种。⑮ 〔衣以火光〕意思是用火烧煮。⑯ 〔葬之于人腹肠〕意思是让人吃了它。⑰ 〔属（zhǔ）〕交付。〔太官〕掌管君王膳食的官。⑱ 〔无〕通"毋"，不要。〔久闻〕长时间听（这个错误）。

楚相孙叔敖知其贤人也①,善待之。病且死②,属其子曰③:"我死,汝必贫困。若往见优孟④,言'我孙叔敖之子也'。"

写孙叔敖了解优孟,信赖优孟。

居数年⑤,其子穷困负薪⑥,逢优孟,与言曰⑦:"我,孙叔敖之子也。父且死时,属我贫困往见优孟。"优孟曰:"若无远有所之⑧。"

承上段,写情况果如孙叔敖所预料。

即为孙叔敖衣冠,抵掌谈语⑨。岁余⑩,像孙叔敖,楚王及左右不能别也。庄王置酒⑪,优孟前为寿⑫。庄王大惊,以为孙叔敖复生也,欲以为相。优孟曰:"请归与妇计之⑬,三日而为相⑭。"庄王许之。三日后,优孟复来。王曰:"妇言谓何⑮?"孟曰:"妇言慎无为⑯,楚相不足为也。如孙叔敖之为楚相,尽忠为廉以治楚⑰,楚王得以霸。今死,其子无立锥之地⑱,贫困负薪以自饮食。必如孙叔敖⑲,不如自

----

①〔孙叔敖〕楚国有名的政治家,楚庄王时官令尹(相当于宰相)。〔其〕指优孟。 ②〔且〕将要。 ③〔属(zhǔ)〕嘱咐。 ④〔若〕你。 ⑤〔居〕停留,过了。 ⑥〔负薪〕背柴(卖)。 ⑦〔与言〕与之(优孟)言。 ⑧〔远有所之〕到远处去。之,往。 ⑨〔抵(zhǐ)掌〕击掌,表示从容谈笑的姿态。今作"抵掌"。 ⑩〔岁余〕一年多。 ⑪〔置酒〕预备酒席、宴会。 ⑫〔前为寿〕走向前敬酒。为寿,以酒或财物献给受祝贺的人。 ⑬〔计〕合计,商量。 ⑭〔三日而为相〕三天以后再答应你做宰相。 ⑮〔谓何〕怎么说。 ⑯〔慎无为〕千万不要做。慎,表示禁戒的词。 ⑰〔尽忠为廉〕为国事尽忠心,个人保持廉洁的操守。 ⑱〔无立锥之地〕表示极其贫穷,连插锥子那样小的地方都没有。 ⑲〔必〕一定。这里有果真的意思。

杀。"因歌曰①："山居耕田苦，难以得食。起而为吏②，身贪鄙者余财，不顾耻辱。身死家室富，又恐受赇枉法③，为奸触大罪④，身死而家灭。贪吏安可为也！念为廉吏⑤，奉法守职，竟死不敢为非⑥。廉吏安可为也！楚相孙叔敖持廉至死⑦，方今妻子穷困⑧，负薪而食，不足为也！"于是庄王谢优孟⑨，乃召孙叔敖子，封之寝丘四百户⑩，以奉其祀⑪。后十世不绝。

　　写优孟的妙计，先是装孙叔敖，接着假托妻说怨言，使庄王醒悟，没有辜负孙叔敖的嘱托。

此知可以言时矣⑫。

　　最后赞叹优孟能够相机行事。

【研读参考】一、《史记》记述汉以前的事，有不少是根据传说。因此，我们现在读了，有时候会感到所写情况近于小说，事实恐不能是那样。例如本篇写楚庄王见到优孟扮的孙叔敖，竟想任他为相就是这样。我们读《史记》的记事，要了解这一点。

　　二、从本篇中找例，说说"之"的不同用法。

————

①〔因〕于是。②〔起〕出来。③〔受赇（qiú）枉法〕接受赃物，违反法纪。赇，贿赂。④〔触〕犯。⑤〔念〕想，盘算着。⑥〔竟死〕到死。竟，究极。⑦〔持〕保持。⑧〔方今〕如今，现在。⑨〔谢优孟〕向优孟认错。⑩〔寝丘〕楚国地名，在今安徽临泉。〔四百户〕四百家（纳租服役）。⑪〔以奉其祀〕用来供奉孙叔敖的祭祀。⑫〔知可以言时〕智慧能够把话说得合乎时宜。知，同"智"。

一〇 《列女传》选 刘向

【解说】本篇中"楚子发母"选自《列女传》卷一,"晋范氏母""赵将括母"选自卷三,有删节。《列女传》是西汉刘向编的讲古代一些有名妇女的故事的书。现在流行的本子共八卷,前七卷的内容是"母仪""贤明""仁智""贞顺""节义""辩通""孽嬖(bì)",为刘向所编;第八卷是《续列女传》,是后来人(具体是何人不详)续的。

故事都是根据当时的史料或传说写的。内容着重写某方面可资效法的一两件事。记事简洁朴实,对话多,虽然不作绘影绘声的描写,人物个性也很鲜明。

作者刘向(前77—前6),原名更生,字子政,汉朝沛县(今江苏沛县)人。汉高祖刘邦的后代。曾任光禄大夫、中垒校尉等官。著名的经学家、目录学家、文学家。所著《别录》是我国最早的目录学书。还著有《新序》《说苑》等。

楚子发母①

楚子发母，楚将子发之母也。子发攻秦绝粮②，使人请于王③，因归问其母④。母问使者曰："士卒得无恙乎⑤？"对曰："士卒并分菽粒而食之⑥。"又问："将军得无恙乎？"对曰："将军朝夕刍豢黍粱⑦。"子发破秦而归⑧，其母闭门而不内⑨，使人数之曰⑩："子不闻越王勾践之伐吴耶⑪？客有献醇酒一器者⑫，王使人注江之上流⑬，使士卒饮其下流，味不及加美⑭，而士卒战自五也⑮。异日⑯，有献一囊糗糒者⑰，王又以赐军士，分而食之，甘不逾嗌⑱，而战自十也。今子为将，士卒并分菽粒而食之，子独朝夕刍豢黍粱，何

---

① 〔楚子发〕战国时楚宣王的将军，名舍，字子发。 ② 〔秦〕秦国。 〔绝粮〕军粮吃光了。 ③ 〔请于王〕请楚王支援。 ④ 〔因〕于是，就便。 〔问〕探视。 ⑤ 〔无恙（yàng）〕安好。 ⑥ 〔并分菽（shū）粒〕大家分吃豆粒。并，合起来。菽，豆类。 ⑦ 〔朝（zhāo）夕刍豢（huàn）黍粱〕意思是将军早晚食必粱肉。刍豢，家畜。刍，牛羊。豢，猪狗。黍粱，好粮食。黍，黄米。粱，精美的粮食。 ⑧ 〔破秦〕打败秦国。 ⑨ 〔内〕同"纳"。 ⑩ 〔数（shǔ）之曰〕责备他说。数，列举（罪状）。 ⑪ 〔子〕你。〔越王勾践〕春秋时越王勾践曾被吴国打败，后来卧薪尝胆，终于灭了吴国。 ⑫ 〔客〕外边的人。〔醇（chún）酒〕美酒。 ⑬ 〔注〕倾倒。 ⑭ 〔味不及加美〕意思是江水中并没有增加酒的美味。 ⑮ 〔战自五也〕作战的勇气增加五倍。自，自然。下文"战自十也"意同。 ⑯ 〔异日〕另一天。 ⑰ 〔糗（qiǔ）糒（bèi）〕干粮。 ⑱ 〔甘不逾嗌（yì）〕美味过不了嗓子。意思是一个人只分得一点点。嗌，咽喉。

也?《诗》不云乎?'好乐无荒,良士休休'①,言不失和也②。夫使人入于死地,而自康乐于其上③,虽有以得胜,非其术也④。子非吾子也,无入吾门⑤!"子发于是谢其母⑥,然后内之。

楚将子发的母亲严格要求儿子:为将而不与士兵共甘苦,即使获胜也不能原谅。

晋范氏母⑦

晋范氏母者,范献子之妻也。其三子游于赵氏⑧。赵简子乘马园中⑨,园中多株⑩,问三子曰:"奈何⑪?"长者曰⑫:"明君不问不为,乱君不问而为⑬。"中者曰:"爱马足则无爱民力,爱民力则无爱马足⑭。"少者曰:"可以三德

---

①〔《诗》〕《诗经》。以下引的诗句见《唐风·蟋蟀》。〔好乐无荒,良士休休〕找快乐而不荒废正事,贤人都高兴。休休,喜悦的样子。 ②〔言〕(诗的)本意是。〔不失和〕能够维持和美。 ③〔康乐〕这里指享受。 ④〔术〕(用兵的)正道。 ⑤〔无〕通"毋",不要。 ⑥〔谢其母〕向他母亲认罪。谢,谢罪。 ⑦〔晋范氏〕春秋时晋国的范家,世代为卿。 ⑧〔游于赵氏〕在赵氏的属下做官。 ⑨〔赵简子〕也是晋国的大夫。 ⑩〔株〕地面上的树根。 ⑪〔奈何〕怎样办。 ⑫〔长者〕年岁大的(大哥)。 ⑬〔明君不问不为,乱君不问而为〕这是奉承赵简子,意思是赵简子能征求意见,是明君。 ⑭〔爱马足则无爱民力,爱民力则无爱马足〕意思是爱惜马匹和爱惜民力不能两全。无,不。

一〇 《列女传》选　　43

使民①。设令伐株于山,将有为也②。已而开囿示之株③。夫山远而囿近,是民一悦矣④。去险阻之山而伐平地之株⑤,民二悦矣。既毕而贱卖⑥,民三悦矣。"简子从之⑦,民果三悦。少子伐其谋⑧,归以告母。母喟然叹曰⑨:"终灭范氏者,必是子也⑩。夫伐功施劳⑪,鲜能布仁⑫;乘伪行诈⑬,莫能久长。"其后智伯灭范氏⑭。

对人不诚实是错误的,由长远看会招致失败。

赵将括母⑮

赵将马服君赵奢之妻⑯,赵括之母也。秦攻赵,孝成王使括代廉颇为将⑰。将行,括母上书言于王曰:"括不可使将⑱。"王曰:"何以⑲?"曰:"始妾事其父⑳,父时为将㉑,

---

① 〔三德使民〕意思是用三种办法讨百姓喜欢。德,恩惠。使民,役使百姓。 ② 〔设令伐株于山,将有为也〕制定命令,(让百姓)到山上砍树根,以备使用。 ③ 〔开囿(yòu)示之株〕打开园子让百姓看到树根。囿,原指养禽兽的园子。 ④ 〔是〕这样。 ⑤ 〔去〕离开。 ⑥ 〔贱卖〕低价卖给百姓。 ⑦ 〔从之〕照他的办法办。 ⑧ 〔伐〕夸耀。 ⑨ 〔喟(kuì)然〕叹息的样子。 ⑩ 〔终灭范氏者,必是子也〕最后使范氏灭亡的,一定是这个孩子。 ⑪ 〔伐功施劳〕夸自己的功,让别人去做苦事。一说,施劳也是夸功。 ⑫ 〔鲜能布仁〕很少能施仁义。 ⑬ 〔乘伪行诈〕做虚伪的事情,从事欺骗。乘,行使。 ⑭ 〔智伯〕春秋末年晋国的大夫。 ⑮ 〔赵将括〕赵国的将军赵括。 ⑯ 〔马服君赵奢〕赵奢,战国时赵国的大将。马服君是封号。 ⑰ 〔孝成王〕赵国的国君。 〔廉颇〕赵国的名将,多次打败秦军。 ⑱ 〔使将〕使他带兵。 ⑲ 〔何以〕什么原因。 ⑳ 〔始妾(qiè)事其父〕我从前侍奉他的父亲。妾,古时妇女谦称自己。 ㉑ 〔时〕当时。

身所奉饭者以十数①，所友者以百数②；大王及宗室所赐币帛③，尽以与军吏、士大夫；受命之日④，不问家事。今括一旦为将，东向而朝军吏⑤，吏无敢仰视之者⑥；王所赐金帛，归尽藏之；乃日视便利田宅可买者⑦。王以为若其父乎⑧？父子不同，执心各异⑨。愿勿遣⑩！"王曰："母置之⑪，吾计已决矣。"括母曰："王终遣之，即有不称⑫，妾得无随乎⑬？"王曰："不也⑭。"括既行，代廉颇三十余日，赵兵果败，括死军覆⑮。王以括母先言，故卒不加诛⑯。

赵括的母亲有德有识，深知丈夫大公、儿子极私。两相对比，断定儿子必败。

【研读参考】一、《列女传》虽然名为"传"，因为目的是让人读了知所取法，或知所警惕，所以只简明扼要地写一件事，而不多说某妇女的经历。写法与史书上的传不同。

二、从本篇中把"无"字找出来，说说各个的用法。

――――――

① 〔身所奉饭者以十数（shǔ）〕自己供养的人（指家庭之外的人）有上十个。以十数，用"十"这个数目字来计算。 ② 〔所友者〕当朋友对待的。 ③ 〔大王及宗室所赐币帛（bó）〕国君及王室贵族赠送的钱币绸帛之类的礼物。币帛，丝织品等财物。 ④ 〔受命〕接受出兵命令。 ⑤ 〔东向而朝军吏〕面向东，接受军吏拜见。 ⑥ 〔仰视〕抬头看（表示亲近、随便）。 ⑦ 〔乃日视便利田宅可买者〕却每天寻找可买的合宜的土地房屋。 ⑧ 〔若〕像。 ⑨ 〔执心各异〕居心不同。 ⑩ 〔愿勿遣〕希望不要派遣（赵括为将）。 ⑪ 〔置〕放下不管。 ⑫ 〔即有不称（chèn）〕如果不能称将军之职（意思是打败仗）。 ⑬ 〔妾得无随乎〕我能够不随着（受处罚）吗？无，通"毋"。 ⑭ 〔不（fǒu）也〕不会的。不，同"否"。 ⑮ 〔覆〕倾倒，大败。 ⑯ 〔卒〕终于。〔诛〕杀死。"不加诛"就是不治罪。

一一　杨王孙传　班固

【解说】本篇选自《汉书·杨、胡、朱、梅、云（杨王孙、胡建、朱云、梅福、云敞）传》。《汉书》是我国第一部纪传体的断代史（只讲一个朝代），是继《史记》之后一部重要的史书。它记载由汉高祖刘邦元年（前206）到王莽地皇四年（23）西汉一朝共二百二十九年的历史。全书包括十二帝纪、八表、十志、七十列传，共一百篇。体例模仿《史记》，但有所改进。内容丰富，取材精审。文笔精练严整，对后代的古文影响很大。

　　杨王孙，成固（今陕西城固）人。他可能没有做过官，没有什么功业可以叙述，所以本篇就着重写他思想通达的一面，为矫正世俗，坚决裸葬。记事的重点放在杨王孙主张裸葬的理由，先是说"欲裸葬""以反吾真"，接着记朋友祁侯的劝阻，然后引出杨王孙的议论。情节变化很自然，却层层深入。

　　作者班固（32—92），字孟坚，东汉安陵（今陕西咸阳）人。他父亲班彪（biāo）是著名的史学家，曾作《史记后传》（《史记》的续书）。班固很聪明，读书多，学问渊博。班彪死后，他就继续他父亲的事业，努力写这部史书。经过二十多年，终于写成了《汉书》（其中一部分是他妹妹班昭续的）。汉和帝永元初年,他随窦宪出征匈奴,后来窦宪获罪,他也受牵连下狱,死在狱里。

杨王孙者,孝武时人也①。学黄老之术②,家业千金③,厚自奉养生④,亡所不致⑤。及病且终⑥,先令其子曰⑦:"吾欲裸葬⑧,以反吾真⑨,必无易吾意⑩!死则为布囊盛尸,入地七尺,既下,从足引脱其囊⑪,以身亲土⑫。"其子欲默而不从⑬,重废父命⑭;欲从之,心又不忍,乃往见王孙友人祁侯。祁侯与王孙书曰:"王孙苦疾⑮,仆迫从上祠雍⑯,未得诣前⑰。愿存精神⑱,省思虑,进医药,厚自持⑲。窃闻王孙先令裸葬⑳。令死者亡知则已㉑,若其有知,是戮尸地

---

① 〔孝武〕汉武帝。 ② 〔黄老之术〕黄帝和老子的道术(指清静无为的生活态度)。老子是道家的祖师,道家又援引黄帝为道家之祖,于是黄老并称。 ③ 〔家业千金〕家里的产业值一千金(表示很富)。一金是一斤金子。斤,重量单位,旧制十六两为一斤。 ④ 〔厚自奉养生〕奉养自己很优厚,生活很阔绰。 ⑤ 〔亡〕同"无"。下文"亡知""亡益""亡形亡声""亡用""亡谓"的"亡"同。〔致〕弄来,取得。 ⑥ 〔且终〕将死。 ⑦ 〔先令其子〕死之前命令他儿子。 ⑧ 〔裸葬〕不穿衣服,不用棺椁,光着身子埋在土里。 ⑨ 〔反〕归,回。〔真〕本来形态。 ⑩ 〔无〕通"毋",不要。〔易〕改变。 ⑪ 〔引〕拉。 ⑫ 〔亲〕挨着。 ⑬ 〔默而不从〕不说什么,也不照办。 ⑭ 〔重废父命〕难以违背父亲的命令。 ⑮ 〔苦疾〕为病所苦,害病。 ⑯ 〔仆迫从上祠雍〕我迫于随从皇帝到雍去祭祀。仆,自己的谦称。上,皇帝。祠雍,到雍去祭祀。雍,地名,在今陕西宝鸡市凤翔区。 ⑰ 〔未得诣(yì)前〕没有能够到你跟前(去看病)。诣,往。 ⑱ 〔存精神〕保养精神。 ⑲ 〔厚自持〕加意保护自己。 ⑳ 〔窃〕私自(表示客气)。 ㉑ 〔令〕假设。

—— 杨王孙传

下①，将裸见先人②，窃为王孙不取也。且《孝经》曰③，'为之棺椁衣衾'，是亦圣人之遗制④，何必区区独守所闻⑤？愿王孙察焉⑥！"

先概述杨王孙的为人，接着重点叙述他想裸葬以返真，其子及友人祁侯都不同意，引出下文想裸葬的理由。

王孙报曰⑦："盖闻古之圣王⑧，缘人情不忍其亲⑨，故为制礼⑩。今则越之⑪，吾是以裸葬⑫，将以矫世也⑬。夫厚葬诚亡益于死者⑭，而俗人竞以相高⑮，靡财单币⑯，腐之地下⑰。或乃今日入而明日发⑱，此真与暴骸于中野何异⑲！且夫死者，终生之化⑳，而物之归者也㉑。归者得至，化者得变，是物各反其真也。反真冥冥㉒，亡形亡声，乃合道情㉓。夫饰外以华众㉔，厚葬以鬲真㉕，使归者不得至，化者不得

---

①〔戮（lù）尸〕砍杀尸体。 ②〔先人〕祖先。 ③〔《孝经》〕"十三经"之一，传说是孔子对曾子讲论孝道的书。《孝经·丧亲章》："为之棺椁（guǒ）衣衾（qīn）而举之。"椁，套棺。衾，被子。 ④〔圣人〕指孔子。〔遗制〕遗留下来的制度。 ⑤〔区区〕小（指思想狭隘）。 ⑥〔察〕考虑。 ⑦〔报〕答，回信。 ⑧〔圣王〕指周公。 ⑨〔缘人情不忍其亲〕因为人情都不忍心父母有什么不舒适。 ⑩〔制礼〕制定礼法（包括社会、家庭中各种规矩，这里指丧礼）。 ⑪〔越〕超出，不遵守（指铺张浪费）。 ⑫〔是以〕以是，因此。 ⑬〔矫（jiǎo）世〕矫正世俗。 ⑭〔诚〕实在。 ⑮〔竞以相高〕争着以厚葬争奇斗胜。 ⑯〔靡财单币〕浪费钱财，花光币帛。单，通"殚"，尽。币，丝织品，也泛指金钱。 ⑰〔腐之地下〕使它在地下烂掉。 ⑱〔入〕埋进。〔发〕挖出（指盗墓）。 ⑲〔暴（pù）骸〕暴露尸骸。〔中野〕旷野之中。 ⑳〔终生之化〕生命终了的变化。 ㉑〔物之归〕万物的归宿。 ㉒〔冥（míng）冥〕幽昧，昏暗。 ㉓〔道情〕大道理的实际。 ㉔〔饰外以华众〕装饰外表以炫耀众人。意思是在众人面前炫耀自己阔绰。华，文饰。 ㉕〔鬲真〕隔离使不得返真。鬲，同"隔"。

变，是使物各失其所也。且吾闻之①，精神者天之有也②，形骸者地之有也。精神离形，各归其真，故谓之鬼，鬼之为言归也③。其尸块然独处④，岂有知哉？裹以币帛，鬲以棺椁，支体络束⑤，口含玉石⑥，欲化不得，郁为枯腊⑦，千载之后，棺椁朽腐，乃得归土，就其真宅⑧。繇是言之⑨，焉用久客⑩！昔帝尧之葬也⑪，窾木为匮⑫，葛蔂为缄⑬，其穿下不乱泉⑭，上不泄殠⑮。故圣王生易尚⑯，死易葬也。不加功于亡用⑰，不损财于亡谓⑱。今费财厚葬，留归鬲至，死者不知，生者不得⑲，是谓重惑⑳。于戏㉑！吾不为也。"

杨王孙申述裸葬的用意在于矫正时弊，并适应自然变化之理。

祁侯曰："善。"遂裸葬。

杨王孙以理服人，主张得遂。

———

①〔且〕况且，再说。②〔天之有〕天所有，来自上天。古人科学知识少，所以这样说。③〔鬼之为言归也〕鬼字的意思就是归。这句话见于《尔雅·释训》。④〔块然〕孤独的样子。⑤〔支体〕肢体。〔络束〕捆扎起来。⑥〔口含玉石〕人死后，嘴里含块玉，据说可以防腐。⑦〔郁〕收敛集结。〔枯腊(xī)〕干枯的尸体。腊，干肉。⑧〔就〕靠近，归于。〔真宅〕真正的居处(土)。⑨〔繇(yóu)〕同"由"。⑩〔焉〕何。〔久客〕长久作客(指不能归真)。⑪〔帝尧〕古代圣君。⑫〔窾(kuǎn)〕空，凿空。〔匮(dú)〕同"椟"，柜子，小棺。⑬〔葛蔂(lěi)〕葛蔓。葛是一种蔓草。〔缄(jiān)〕捆束。这里作名词用，捆棺木的绳索。⑭〔穿〕凿墓穴。〔不乱泉〕不深到泉水。乱，绝，及水则泉绝。⑮〔泄殠(chòu)〕漏臭味。殠，腐气。⑯〔生易尚〕活着的时候容易奉养。尚，崇尚，贵重。⑰〔加功〕多费力量。⑱〔亡谓〕说不出意义，没道理。⑲〔不得〕得不到任何好处。⑳〔重惑〕大的迷惑(糊涂)。㉑〔于戏〕同"呜呼"。

【研读参考】一、我们读古文,常接触古人的见解。其中有可取的,有不可取的;有时候,明达的见解也难免包含某些不可取的成分。读的时候要注意分辨。试以本篇为例,看看哪些见解是可取的,哪些是不可取的。

二、文言文用字,有些习惯写法,如"无"写"亡","由"写"繇","呜呼"写"于戏",等等,记熟了,再见到时就不会误解。

一二　遗疏二篇

【解说】本篇分别选自《三国志·鲁肃传》注引《江表传》和《全上古三代秦汉三国六朝文》。《三国志》是记载东汉以后魏（开国之人是曹操、曹丕）、蜀（刘备）、吴（孙权）三国史实的书，晋朝陈寿作，共六十五卷。南朝宋裴松之给《三国志》作注，引了许多后来看不到的书，晋朝虞溥作的《江表传》就是其中的一种。江表，江外，长江下游南岸，指东吴占据的地区。《史记》《汉书》《后汉书》《三国志》是正史的前四种，合称"四史"或"前四史"，公认为最重要的史书。《全上古三代秦汉三国六朝文》是清朝严可均编的，收上古到隋朝的文章，共七百四十六卷。

"疾困与吴主笺（jiān）"是周瑜病危时写给东吴君主孙权的。疾困，病重。笺，书札，奏本。"自表后主"是诸葛亮病危时写给后主刘禅（shàn）（那时候刘备已死）的。表，章奏，这里作动词用，上奏章。这两篇文章性质相同，文字都简练而恳切，内容的重点却各不相同：周瑜的一篇着重勉励孙权注意国事，并推荐鲁肃代替自己；诸葛亮的一篇，因为刘禅没有孙权英明，所以着重劝勉后主清心寡欲，任用贤良。

作者周瑜（175—210），字公瑾，舒县（今安徽庐江西南）人。辅佐孙权，任前部大都督，曾在赤壁打败曹操。诸葛亮（181—234），字孔明，阳都（今山东沂南）人。隐居隆中（今湖北襄阳），为刘备请去，辅佐刘备平定西南，建立蜀汉政权。

疾困与吴主笺 周瑜

瑜以凡才①，昔受讨逆殊特之遇②，委以腹心③，遂荷荣任④，统御兵马⑤，志执鞭弭⑥，自效戎行⑦。规定巴蜀⑧，次取襄阳⑨，凭赖威灵⑩，谓若在握⑪。至以不谨⑫，道遇暴疾，昨自医疗，日加无损⑬。人生有死，修短命矣⑭，诚不足惜⑮，但恨微志未展⑯，不复奉教命耳⑰。

---

①〔凡才〕平凡的才能。 ②〔受讨逆殊特之遇〕指受到孙权长兄孙策的倚重。孙策受汉封为讨逆将军。〔遇〕知遇，信任。 ③〔委以腹心〕把心腹（机要）委托给（我）。 ④〔荷（hè）〕负担。〔荣任〕光荣的（高级的）职务。指建威中郎将。 ⑤〔统御〕统率。御，驾驭，统治。 ⑥〔执鞭弭（mǐ）〕拿着鞭和弓（表示参加战争）。《左传》僖公二十三年："左执鞭弭，右属（zhǔ，佩带）櫜（gāo，箭袋）鞬（jiàn，盛弓器），以与君周旋。" ⑦〔自效〕自己效力。〔戎（róng）行（háng）〕军队。 ⑧〔规〕规划。〔定〕平定。〔巴蜀〕四川一带。巴，巴州，今四川东部。蜀，蜀州，今四川西部。 ⑨〔襄阳〕指荆州（当时是荆州的州治）。荆州当时属西蜀。 ⑩〔威灵〕国家（或帝王、祖先）的神力。 ⑪〔谓若在握〕觉得（事业的成功）好像在手掌之中。 ⑫〔至以〕后来因为。至，到。 ⑬〔日加〕天天加重。〔无损〕不见轻。损，减少。 ⑭〔修短〕（寿命）长短。修，长。 ⑮〔诚〕实在。 ⑯〔微志〕微小的志向（自谦的话）。〔展〕伸展，实现。 ⑰〔不复奉教命〕再不能受到您的教诲和差遣了。

受国恩遇，矢志报国，不幸病势日重，以不能辅佐吴主平定西土为憾。

方今曹公在北①，疆埸未静②，刘备寄寓③，有似养虎④，天下之事，未知终始⑤，此朝士旰食之秋⑥，至尊垂虑之日也⑦。鲁肃忠烈⑧，临事不苟⑨，可以代瑜。人之将死，其言也善⑩，傥或可采⑪，瑜死不朽矣。

国事尚多艰难，推荐鲁肃继任，以成大业。

自表后主　诸葛亮

伏念臣赋性拙直⑫，遭时艰难⑬，兴师北伐，未获全

----

① 〔曹公〕曹操。〔北〕指中原。中原在东吴之北。　② 〔疆埸（yì）〕边疆。埸，疆界。　③ 〔寄寓〕寄住（在我们的土地上）。当时刘备在荆州。荆州原是刘表统治的地区，赤壁之战后，东吴认为应该归他占有，所以说刘备是借住的客人。　④ 〔养虎〕比喻纵容敌人，不计后患。《史记·项羽本纪》："今释弗击，此所谓养虎自遗患也。"　⑤ 〔终始〕最后的结局。　⑥ 〔朝士〕朝里的文武官。〔旰（gàn）食〕晚食（意思是忙得不能按时用饭）。旰，晚。《左传》昭公二十年："楚君大夫其旰食乎。"〔秋〕时候。　⑦ 〔至尊〕皇帝。〔垂虑〕思考。垂，居上而临下（这样说表示恭敬）。　⑧ 〔鲁肃〕字子敬，东吴很有见识的大臣。〔烈〕严正。　⑨ 〔临事〕遇到事情。〔苟〕随便，不认真。　⑩ 〔人之将死，其言也善〕《论语·泰伯》："鸟之将死，其鸣也哀；人之将死，其言也善。"也，用在句中，使语气舒缓。　⑪ 〔傥〕同"倘"，如果。　⑫ 〔伏念〕俯伏而思念，是下对上的敬词，奏疏、函牍中常用。〔赋〕禀赋，受之天的性质。〔拙直〕不灵巧。这是客气话。　⑬ 〔遭〕逢，遇到。〔艰难〕指三国鼎立，蜀国国小人少，魏、吴比较强大的斗争形势。

功①。何期病在膏肓②，命垂旦夕③。伏愿陛下清心寡欲④，约己爱民⑤；达孝道于先君⑥，存仁心于寰宇⑦；提拔隐逸⑧，以进贤良；屏黜奸谗⑨，以厚风俗⑩。

病危之际，关怀国事，希望后主寡欲爱民，进贤黜奸。

臣初奉先帝⑪，资仰于官⑫，不自治生⑬。成都有桑八百株，薄田十五顷，子孙衣食，自有余饶⑭。至于臣在外任，别无调度⑮，随时衣食，悉仰于官⑯，不别治生，以长尺寸⑰。若臣死之日，不使内有余帛⑱，外有赢财⑲，以负陛下也。

次说个人私事，绝不贪求富厚以负国家。

---

① 〔兴师北伐，未获全功〕指北上攻魏五次，都没有成功。兴师，出兵。② 〔何期〕哪里想到。期，期望。〔膏肓（huāng）〕不能医治的部位。膏在心脏下面，肓是横膈（gé）膜。膏之下，肓之上，针刺不及，药力达不到。后来把病已不能挽救叫作"病入膏肓"。《左传》成公十年："肓之上，膏之下，攻之不可，达之不及，药不至焉。" ③ 〔命垂旦夕〕生命将要在旦夕间完结。垂，将要。 ④ 〔陛（bì）下〕尊称皇帝。陛，宫殿的台阶。〔寡欲〕克制享乐的欲望。 ⑤ 〔约己〕约束自己，不做坏事。 ⑥ 〔达〕进，通。〔先君〕死去的国君（指先主刘备）。古人以承父志为孝，这里说达孝道就是继承先君遗志的意思。 ⑦ 〔寰宇〕宇内，天下。寰，通"环"。宇，空间。 ⑧ 〔隐逸〕隐居不仕的贤人。 ⑨ 〔屏（bǐng）黜（chù）〕罢免。屏，除去，赶走。黜，贬斥。〔奸谗〕坏人。奸，邪恶。谗，说坏话害好人。 ⑩ 〔厚风俗〕使风俗敦厚。 ⑪ 〔初〕原先，开始。〔奉先帝〕侍奉先帝（指刘备）。 ⑫ 〔资仰于官〕日用靠官府供给。资，凭借。仰，依靠。 ⑬ 〔治生〕营生计（指务农、经商等）。 ⑭ 〔余饶〕富裕，有剩余。饶，丰富。 ⑮ 〔别无调（diào）度〕不再有另外的安排处置。意思是不管家事。 ⑯ 〔悉〕完全。 ⑰ 〔长（zhǎng）尺寸〕增加微小的收入。尺寸，表示量不大。 ⑱ 〔内〕家里。 ⑲ 〔外〕家外。〔赢〕多余的。

【研读参考】 一、文无定法，但表达形式要适应内容的需要。这里选的两篇，周瑜的一篇先说己身，后说国事；诸葛亮的一篇先劝君主，后说己事。体会一下，为什么有章法的不同？

二、古文简练，多用短句。本篇四字句特别多，读时要注意。

三、周瑜比诸葛亮大六岁，一般人总以为周瑜年岁小，是青年。读书要重史实，不可专凭印象猜测。

一三　古笑话四则　邯郸淳等

【解说】本篇中"执竿入城""楚人隐形"选自三国魏邯郸淳《笑林》，"狗枷犊鼻""浣溪沙孔子"选自唐朱揆《谐噱（jué）录》，"楚人隐形"一则有删节。《笑林》三卷，是我国集录笑话最早的书。原书没有传下来，后人有辑本（可参考鲁迅《古小说钩沉》和王利器《历代笑话集》）。《谐噱录》四十三则，《历代笑话集》选了三十九则。

笑话是流行于民间的、简短的、听起来很可笑的故事。起源很早，古代子书里有不少这类故事。后来士大夫的著作里就不常见了，民间却一直很流行。它是人民大众抒发思想感情的一种重要方式，内容和风格都有特点，就是对于世间的可恨可鄙可笑的种种现象，用诙谐的语调，予以深入的辛辣的揭露和讽刺。因此，上好的笑话都是经过人民大众创作、提炼而成。它简短，内容却丰富而新奇；诙谐，意义却严肃而深刻。不过，笑话里的故事，有的经过渲染夸大，甚至无中生有，我们不可当史实看。行文基本上用口语，近于浅俗。这里选的几则，有的讽刺愚昧，有的讽刺贪婪，都写得很有风趣。

作者邯郸淳，姓邯郸，名淳，三国时人，做过给事中的官。

朱揆，唐朝人，其他不详。

执竿入城

鲁有执长竿入城门者①，初竖执之，不可入，横执之，亦不可入，计无所出②。俄有老父至曰③："吾非圣人，但见事多矣，何不以锯中截而入④？"遂依而截之。

自作聪明的人常常是愚蠢的。

楚人隐形⑤

楚人贫居⑥，读《淮南方》⑦，得"螳螂伺蝉自鄣叶可以隐形⑧"，遂于树下仰取叶——螳螂执叶伺蝉，以摘之。叶落树下，树下先有落叶，不能复分别。扫取数斗归，一一以叶自鄣，问其妻曰："汝见我不⑨？"妻始时恒答言"见"⑩，经日⑪，乃厌倦不堪，绐云"不见"⑫。嘿然大喜⑬，

---

①〔鲁〕鲁国，在今山东南部一带。②〔计无所出〕想不出办法来。③〔俄〕不久。〔老父〕对老年男子的尊称。④〔中截〕从中间截断。⑤〔楚人〕楚国人。楚国，在今湖北及其周围一带。〔隐形〕隐藏形体，别人看不见。⑥〔贫居〕过穷日子。⑦〔《淮南方》〕一种讲医药的书，可能没有传下来。⑧〔伺〕侦察等候。〔自鄣叶〕遮蔽自己的树叶。鄣，同"障"。⑨〔不〕同"否"。⑩〔恒〕一直，总是。⑪〔经日〕经过一整天（表示时间很长）。⑫〔绐（dài）〕哄骗。⑬〔嘿〕同"默"。

赍叶入市①，对面取人物②。吏遂缚诣县③。

只信书本，不通事理，就会闹笑话，甚至闯祸。

狗枷犊鼻④

江夏王义恭性爱古物⑤，常遍就朝士求之⑥。侍中何勖已有所送⑦，而王征索不已⑧。何甚不平⑨。尝出行⑩，于道中见狗枷犊鼻，乃命左右取之⑪，还，以箱擎送之⑫，笺曰⑬："承复须古物⑭，今奉李斯狗枷⑮，相如犊鼻⑯。"

好古成病，贪得无厌，必致受人奚落。

---

①〔赍（jī）〕携带。②〔对面取人物〕当面拿人家的东西。③〔吏〕指县里的公差。〔诣（yì）〕到……去。〔县〕指县衙门。④〔狗枷（jiā）〕套在狗脖子上的器具。〔犊鼻〕犊鼻裈（kūn），形状像犊鼻的围裙。⑤〔江夏王义恭〕南朝宋武帝的第五子刘义恭，受封为江夏王。⑥〔就〕走近，向。〔朝士〕在朝的官员。〔之〕代词，指古物。⑦〔侍中〕侍奉皇帝的大官。〔何勖（xù）〕不详。当时有个叫何偃的人，做过侍中。⑧〔征索不已〕索取没完。⑨〔不平〕认为不公平而不满。⑩〔尝〕曾经。⑪〔左右〕身边随从的人。⑫〔以箱擎（qíng）送之〕用箱子装好举送（表示恭敬）上去。⑬〔笺（jiān）曰〕附一封信说。笺，纸片，信纸。⑭〔承〕谦词，承蒙，蒙受。〔须〕需要。⑮〔奉〕送上。〔李斯狗枷〕李斯的狗枷。李斯，战国时政治家，楚国上蔡（今河南上蔡）人，秦统一六国后曾任丞相，后被杀。《史记·李斯列传》载：李斯临刑前曾和他的孩子说："吾欲与若（你）复牵黄犬，俱出上蔡东门，逐狡兔（猎兔），岂可得乎！"⑯〔相（xiàng）如犊鼻〕司马相如的围裙。司马相如，汉朝文学家。《史记·司马相如列传》："相如身著（穿）犊鼻裈，与保庸（店小二）杂作，涤（洗）器于市中。"

浣溪沙孔子①

唐宰相孔纬尝拜官②,教坊伶人继至③,求利市④。有石野猪独行先到⑤,有所赐,乃谓曰:"宅中甚阙⑥,不得厚致⑦,若见诸野猪⑧,幸勿言也⑨。"复有一伶至,乃索其笛,指窍问曰⑩:"何者是浣溪沙孔子⑪?"伶大笑之。

旧时代高官常常是愚昧可笑的。

【研读参考】 笑话是口说的一种文体,古笑话虽然是文言记录下来的,但在词句的深浅方面,与文人的作品大不相同。明清以来的笑话书,仍然继承这个传统,文中有不少口语成分,与通行文言的距离就更远了。

---

① 〔浣溪沙〕唐代教坊的曲名,后来用作词牌。〔孔子〕孔,这里指笛孔。② 〔孔纬(wěi)〕字化文,唐僖宗和昭宗时都做过宰相。〔拜官〕举行一定的礼仪接受官职。③ 〔教坊〕管理戏剧、音乐、舞蹈、百戏(杂技)等的官署。〔伶人〕演戏的人。④ 〔利市〕说吉祥话,求赏赐。⑤ 〔石野猪〕当时一个著名的演戏的人。⑥ 〔阙〕通"缺",空缺,不富裕。⑦ 〔不得厚致〕不能厚赠。致,送。⑧ 〔诸野猪〕众野猪。孔纬误"石"为"十",所以这样说。⑨ 〔幸〕希望。⑩ 〔窍(qiào)〕孔穴(指笛孔)。⑪ 〔何者〕哪一个。〔浣溪沙孔子〕浣溪沙的笛孔。孔纬以为一个笛孔适应一个曲牌,所以可笑。

一四　《搜神记》选　干宝

【解说】本篇分别选自二十卷本《搜神记》卷十一和卷十六，有删节。《搜神记》是记录古代民间传说中关于神奇怪异故事的书，原书早已散佚，现在流传的不同版本都是后人辑录的。二十卷本收大小故事共四百多条，其中绝大部分带有迷信成分，但在一定程度上也反映了古代人民的思想和感情，是六朝时期一部重要故事集。

"干（gān）将（jiāng）、莫邪（yé）"（或名"三王墓"）写反抗专制君主的故事。情节离奇，变化多；尤其是写儿子和侠客的义烈，笔墨不多而绘影绘声，很感动人。鲁迅《故事新编》中的《铸剑》就是根据这个故事写的。"宋定伯"写人用智谋制服鬼，内容有滑稽意味，在科学知识比较贫乏、迷信流行的时代，作者写出人能胜鬼的故事是有积极意义的。不过读这类故事，我们要抛弃其怪异迷信成分，不要相信古代真有这样的事。

作者干（gān）宝（？—336），字令升，东晋初年新蔡（今河南新蔡）人。曾任著作郎、散骑常侍等官。学问渊博，著作很多，重要的有《晋纪》二十卷，可惜没有传下来。

干将、莫邪①

楚干将、莫邪为楚王作剑,三年乃成。王怒,欲杀之。剑有雌雄。其妻重身当产②,夫语妻曰③:"吾为王作剑,三年乃成,王怒,往必杀我。汝若生子是男,大,告之曰:'出户望南山,松生石上,剑在其背。'"于是即将雌剑往见楚王④。王大怒,使相之⑤,剑有二,一雄一雌,雌来,雄不来。王怒,即杀之。

干将为楚王铸剑成功,反为楚王所杀。

莫邪子名赤,比后壮⑥,乃问其母曰:"吾父所在?"母曰:"汝父为楚王作剑,三年乃成,王怒,杀之。去时嘱我:'语汝子:出户望南山,松生石上,剑在其背⑦。'"于是子出户南望,不见有山,但睹堂前松柱下石低之上⑧,即以斧破其背,得剑。日夜思欲报楚王⑨。

干将之子参透其父遗言,得雄剑,思报父仇。

王梦见一儿,眉间广尺⑩,言欲报仇。王即购之千金⑪。儿闻之,亡去⑫,入山行歌⑬。客有逢者,谓:"子年少,何

---

① 〔干将、莫邪〕夫妻二人,楚国的冶铸工人。② 〔重身〕怀孕。〔当产〕就要生了。③ 〔语(旧读yù)〕告诉。④ 〔将〕持,拿。⑤ 〔相(xiàng)〕审视。〔之〕代剑。⑥ 〔比〕及,等到。〔壮〕成年。⑦ 〔背〕后面。⑧ 〔但睹堂前松柱下石低之上〕原文意思不清楚,大概是说,只看到堂前松木柱下边的石块。⑨ 〔报〕报复。⑩ 〔眉间广尺〕双眉之间有一尺宽的距离(表示相貌出奇)。⑪ 〔购之千金〕悬赏千金捉拿他。⑫ 〔亡去〕逃走。⑬ 〔行歌〕唱歌。行,从事。

哭之甚悲耶?"曰:"吾干将、莫邪子也,楚王杀吾父,吾欲报之。"客曰:"闻王购子头千金,将子头与剑来,为子报之。"儿曰:"幸甚①!"即自刎②,两手捧头及剑奉之③,立僵④。客曰:"不负子也⑤。"于是尸乃仆⑥。

　　干将之子逃入山,遇侠客允代复仇,干将之子自杀。

　　客持头往见楚王,王大喜。客曰:"此乃勇士头也,当于汤镬煮之⑦。"王如其言⑧。煮头,三日三夕不烂,头踔出汤中⑨,踬目大怒⑩。客曰:"此儿头不烂,愿王自往临视之⑪,是必烂也⑫。"王即临之。客以剑拟王⑬,王头随堕汤中;客亦自拟己头,头复堕汤中。三首俱烂,不可识别,乃分其汤肉葬之。

　　侠客代复仇成功,亦自杀。

宋定伯

　　南阳宋定伯年少时⑭,夜行逢鬼。问之,鬼言:"我是鬼。"鬼问:"汝复谁⑮?"定伯诳之⑯,言:"我亦鬼。"鬼

---

①〔幸甚〕太好了! ②〔自刎(wěn)〕自杀。刎,割颈。 ③〔奉〕奉献。 ④〔立僵〕站着死了,死而不倒。 ⑤〔负〕辜负,对不起。 ⑥〔仆(pū,旧读fù)〕倒下。 ⑦〔汤镬(huò)〕开水锅。古代"汤"指热水。 ⑧〔如〕依照。 ⑨〔踔(chuō)〕跳。 ⑩〔踬(zhì)目〕疑当作"瞋(chēn)目",瞪眼。 ⑪〔临〕靠近。 ⑫〔是〕这样。 ⑬〔拟〕比画,做砍的样子。此处有极力形容剑之锋利的意味。 ⑭〔南阳〕郡名,今河南南阳一带。 ⑮〔汝复谁〕你又是谁。 ⑯〔诳〕欺骗。

问:"欲至何所?"答曰:"欲至宛市①。"鬼言:"我亦欲至宛市。"遂行。

宋定伯遇鬼,装鬼,与鬼同行。

数里,鬼言:"步行太迟②,可共递相担③,何如?"定伯曰:"大善④。"鬼便先担定伯数里。鬼言:"卿太重⑤,将非鬼也⑥?"定伯言:"我新鬼,故身重耳。"定伯因复担鬼,鬼略无重⑦。如是再三⑧。定伯复言:"我新鬼,不知有何所畏忌?"鬼答言:"惟不喜人唾。"于是共行。道遇水,定伯令鬼先渡,听之,了然无声音⑨。定伯自渡,漕漼作声⑩。鬼复言:"何以有声?"定伯曰:"新死,不习渡水故耳⑪,勿怪吾也。"

写途中骗鬼的情况,重点表明探知鬼的弱点。

行欲至宛市,定伯便担鬼著肩上⑫,急执之⑬。鬼大呼,声咋咋然⑭。索下⑮,不复听之⑯。径至宛市中下著地⑰,化为一羊,便卖之。恐其变化,唾之。得钱千五百,乃去⑱。

利用鬼的弱点,捉鬼卖鬼。

【研读参考】 一、鲁迅《铸剑》写这个故事,增加了不少想象成

---

① 〔宛市〕宛县(今河南南阳)的市上。 ② 〔迟〕缓慢。 ③ 〔共递相担〕两人交替地背着。 ④ 〔大善〕很好。 ⑤ 〔卿〕对人的敬称,您。 ⑥ 〔将〕或者。 ⑦ 〔略无重〕一点重量都没有。 ⑧ 〔再三〕两次三次。 ⑨ 〔了然〕完全。了,完。 ⑩ 〔漕漼(cuǐ)〕蹚水的声音。 ⑪ 〔习〕熟悉。 ⑫ 〔著(zhuó)〕附着,加在。后写作"着"。 ⑬ 〔执〕持,捉住。 ⑭ 〔咋(zé)咋〕惊叫的声音。 ⑮ 〔索下〕要求放开让他下来。 ⑯ 〔听〕听从。 ⑰ 〔径〕一直。 ⑱ 〔去〕离开(宛市)。

分。可以找来读读，比较原始故事与改写故事有哪些不同。

二、记录故事的文字一般比较通俗，因而有些词的用法比较接近现代语。例如"是"字，文言多作"此"字解，但在本篇里，有的地方同于现代语的"是"。从中找出一些例子来（不要"于是"）。

一五　范式传　范晔

【解说】本篇选自《后汉书·独行列传》。《后汉书》是南朝宋范晔（yè）作的，是现存记载东汉一朝史实的最重要的著作。内容包括帝纪十篇，列传八十篇，志十篇（是后人补的）。这部书体例大致同于《汉书》，却有不少创新，如《独行列传》就是范晔创始的。史料的处理，人物的评论，也有独到之处。文字简练活泼，富有文学意味，对后来古文的影响很大。

《独行列传》写的人物，都是在节义方面值得表扬的。范式的优点在于重义气、守信用。作者写他这方面的美德，都用具体行事来刻画，文字用得不多而形象很生动。至于托梦一事，这是古人的迷信，我们应该知所取舍。

作者范晔（398—445），字蔚宗，顺阳山阴［今河南淅（xī）川］人。年轻时候好读书，多才多艺。学问渊博，文章写得很好。对史书有兴趣，根据许多种著作写成《后汉书》。曾任宣城太守、左卫将军、太子詹事等官。因为参与政治斗争，失败被杀。

范式,字巨卿,山阳金乡人也①,一名汜②。少游太学③,为诸生④,与汝南张劭为友⑤。劭字元伯。二人并告归乡里⑥,式谓元伯曰:"后二年当还,将过拜尊亲⑦,见孺子焉⑧。"乃共克期日⑨。后期方至⑩,元伯具以白母⑪,请设馔以候之⑫。母曰:"二年之别,千里结言⑬,尔何相信之审邪⑭?"对曰:"巨卿信士,必不乖违⑮。"母曰:"若然⑯,当为尔酝酒⑰。"至其日,巨卿果到,升堂拜饮,尽欢而别⑱。

通过同张劭的结交,写范式守信用、重友情。

式仕为郡功曹⑲。后元伯寝疾笃⑳,同郡郅君章、殷子征晨夜省视之㉑。元伯临尽㉒,叹曰:"恨不见吾死友㉓!"子

---

①〔山阳金乡〕山阳郡金乡县(今山东金乡)。 ②〔一名汜(fàn)〕意思是也用过"范汜"这个名字。 ③〔游太学〕在太学读书。太学是封建时代国家最高学府。 ④〔诸生〕学官弟子,学员。 ⑤〔汝南〕郡名,在今河南上蔡一带。〔劭〕读 shào。 ⑥〔告归〕休假回家。〔乡里〕指故乡。 ⑦〔过拜尊亲〕访问你家,拜见老人。过,访问。尊亲,指父母。 ⑧〔孺(rú)子〕指张劭的小孩。 ⑨〔共克期日〕一同定下日期。克,必,规定好必须照办。期日,时日。 ⑩〔后期方至〕后来定的日期将要到来。方,正要。 ⑪〔具〕完备,完完全全地。〔白〕告诉。 ⑫〔设馔(zhuàn)〕预备饭。馔,饭食。 ⑬〔结言〕约定的话。结,缔结。 ⑭〔尔〕你。〔审〕确切。〔邪(yé)〕表疑问的语气词。 ⑮〔乖违〕背离,有错。 ⑯〔若然〕如果是这样。 ⑰〔酝(yùn)〕酿酒。 ⑱〔尽欢〕极尽欢快。 ⑲〔仕〕做官。〔郡〕秦汉时代的行政区划,县的上一级。〔功曹〕郡太守属下的官吏。曹,相当于现在所说的司、处、科。 ⑳〔寝疾〕卧病。〔笃(dǔ)〕(病势)沉重。 ㉑〔郅〕读 zhì。〔省(xǐng)视〕看望。 ㉒〔临尽〕临死。 ㉓〔死友〕可以共生死的朋友,交情最深的朋友。

征曰:"吾与君章尽心于子①,是非死友②,复欲谁求③?"元伯曰:"若二子者④,吾生友耳。山阳范巨卿,所谓死友也。"寻而卒⑤。式忽梦见元伯,玄冕垂缨⑥,屣履而呼曰⑦:"巨卿,吾以某日死,当以尔时葬⑧,永归黄泉⑨。子未我忘⑩,岂能相及⑪!"式恍然觉寤⑫,悲叹泣下,具告太守⑬,请往奔丧。太守虽心不信而重违其情⑭,许之。式便服朋友之服⑮,投其葬日⑯,驰往赴之⑰。式未及到而丧已发引⑱。既至圹⑲,将窆而柩不肯进⑳。其母抚之曰:"元伯!岂有望邪㉑?"遂停柩。移时㉒,乃见有素车白马㉓,号哭而来㉔。其母望之曰:"是必范巨卿也。"巨卿既至,叩丧言曰㉕:"行矣元伯㉖!死生路异,永从此辞。"会葬者千人,咸为挥

---

①〔子〕你(表示客气的称呼)。 ②〔是〕这。 ③〔谁求〕求谁(疑问句动宾倒装)。 ④〔若〕像。 ⑤〔寻〕旋,不多久。 ⑥〔玄冕〕黑色的冕,冕是古代大夫以上的官的礼帽。〔缨〕系帽的丝绳。 ⑦〔屣(xǐ)履〕拖着鞋走路(表示匆忙)。屣、履,都是鞋。 ⑧〔尔时〕那个时候。 ⑨〔黄泉〕地下。 ⑩〔未我忘〕未忘我(否定句动宾倒装)。 ⑪〔岂能相及〕或许还赶得上(送葬)。这句话是盼望他能够赶来的意思。岂,推度副词,含有希望的意思。 ⑫〔恍然〕猛然。〔觉寤(wù)〕醒。觉、寤,都是醒的意思。 ⑬〔太守〕郡的长官。 ⑭〔重违其情〕难于阻止他的好心。重,难。 ⑮〔便〕就。〔服朋友之服〕穿起为朋友穿的丧服。 ⑯〔投〕投合,对应。 ⑰〔赴〕奔丧。 ⑱〔发引〕灵车出发。引,挽丧车的绳子。 ⑲〔圹(kuàng)〕墓穴。 ⑳〔窆(biǎn)〕下葬。〔柩(jiù)〕装有死人的棺材。 ㉑〔望〕期待。 ㉒〔移时〕过了一些时候。 ㉓〔素车白马〕没有装饰的车和白马(丧事用,表示哀痛)。 ㉔〔号(háo)〕大声哭叫。 ㉕〔叩丧〕拍着灵柩。 ㉖〔行矣〕走吧!

涕①。式因执绋而引②,柩于是乃前③。式遂留止冢次④,为修坟树,然后乃去。

承上段,进一步写范式守信用、重友情,终身不渝。

后到京师⑤,受业太学。时诸生长沙陈平子亦同在学⑥,与式未相见。而平子被病⑦,将亡,谓其妻曰:"吾闻山阳范巨卿,烈士也⑧,可以托死⑨。吾殁后⑩,但以尸埋巨卿户前⑪。"乃裂素为书⑫,以遗巨卿⑬。既终,妻从其言。时式出行适还⑭,省书见瘗⑮,怆然感之⑯,向坟揖哭,以为死友。乃营护平子妻儿⑰,身自送丧于临湘⑱。未至四五里⑲,乃委素书于柩上⑳,哭别而去。其兄弟闻之,寻求,不复见。长沙上计掾史到京师㉑,上书表式行状㉒。三府并辟㉓,

---

①〔咸〕全都。〔挥涕〕流泪。 ②〔执绋(fú)〕拿起牵引灵车的大绳。〔引〕拉。 ③〔前〕向前移动。 ④〔冢(zhǒng)次〕坟墓一旁。次,停留的处所。 ⑤〔京师〕京城。东汉的京城在洛阳。 ⑥〔长沙〕郡名,在今湖南东南一带。 ⑦〔被病〕害病。被,受。 ⑧〔烈士〕有操守、有义气的人(和现在含义不同)。 ⑨〔托死〕把身后的事托付给他。 ⑩〔殁(mò)〕死亡。 ⑪〔但〕只。 ⑫〔裂素为书〕撕开一块白绸写信。素,白色丝织品。 ⑬〔遗(旧读wèi)〕送给。 ⑭〔适〕恰好。 ⑮〔省(xǐng)书见瘗(yì)〕看了信,看见埋的坟。瘗,埋葬。 ⑯〔怆(chuàng)然〕悲伤的样子。〔感之〕为这事而感动。 ⑰〔营护〕经营保护。为他们想办法,保护他们。 ⑱〔身〕亲自。〔临湘〕县名,今湖南长沙。 ⑲〔未至四五里〕还离四五里。 ⑳〔委〕委弃,这里是放置的意思。 ㉑〔上计〕到京城呈送计簿(汉朝郡、国每年派人到京城送一次)。计簿,会计账本。〔掾(yuàn)史〕辅佐主官的属员。史,官吏。 ㉒〔书〕呈给皇帝的奏章。〔表〕说明。〔行状〕生平事迹。 ㉓〔三府〕三公的府署。东汉的三公是太尉(wèi)、司徒、司空,各自有官署。〔并辟(bì)〕都征召(聘请)他。

不应①。

为不相识的朋友处理后事，这是更深一步写范式的义烈。

举州茂才②，四迁荆州刺史③。友人南阳孔嵩④，家贫亲老，乃变名姓，佣为新野县阿里街卒⑤。式行部到新野⑥，而县选嵩为导骑迎式⑦。式见而识之，呼嵩，把臂谓曰⑧："子非孔仲山邪⑨？"对之叹息。语及平生⑩，曰："昔与子俱曳长裾⑪，游息帝学⑫，吾蒙国恩，致位牧伯⑬，而子怀道隐身⑭，处于卒伍⑮，不亦惜乎？"嵩曰："侯嬴长守于贱业⑯，晨门肆志于抱关⑰，子欲居九夷，不患其陋⑱，贫者士

---

①〔不应（yìng）〕没有应聘。 ②〔举州茂才〕被推举为本州的茂才。茂才，秀才（因为避后汉光武帝刘秀的讳改），由各地方长官推选。 ③〔四迁〕四次升官。〔荆州〕今湖北、湖南一带。〔刺史〕州的最高长官。 ④〔南阳〕郡名，今河南南阳一带。 ⑤〔佣〕受雇。〔新野县〕今属河南省，汉时属荆州。〔阿里〕乡镇名。〔卒〕差役。 ⑥〔行部〕视察所属地区。 ⑦〔选〕指派。〔导骑（旧读 jì）〕在前边引导车马的人。 ⑧〔把臂〕握着臂膀（表示亲近）。 ⑨〔仲山〕孔嵩的字。 ⑩〔平生〕指往事。 ⑪〔曳长裾（jū）〕拖着长襟的衣服（士大夫的服装）。 ⑫〔游息帝学〕在太学里同游共息。帝学，太学。 ⑬〔致位牧伯〕取得州牧的位置（秦以前州的最高长官叫"牧"）。伯，一方的最高长官，是三代时的称呼。东汉以来，多称刺史为方伯。明清则称布政使为方伯。 ⑭〔怀道〕有道德。〔隐身〕隐居不仕。 ⑮〔卒伍〕差役的编制。 ⑯〔侯嬴〕战国时魏国的隐士，做魏都大梁（今河南开封）夷门监者（管城门的人），曾为信陵君出主意救了赵国。事见《史记·魏公子列传》。 ⑰〔晨门〕春秋时鲁国石门的守门人（名见《论语·宪问》）。〔肆志〕舒展志向。〔抱关〕守门。 ⑱〔子欲居九夷，不患其陋〕《论语·子罕》："子欲居九夷。或曰：'陋，如之何？'子曰：'君子居之，何陋之有？'"子，孔子。九夷，东方各少数民族。陋，粗鄙，没有文化。

之宜①，岂为鄙哉？"式敕县代嵩②，嵩以为先佣未竟③，不肯去。嵩在阿里，正身厉行④，街中子弟皆服其训化⑤。遂辟公府，之京师⑥。道宿下亭⑦，盗共窃其马。寻问知其嵩也⑧，乃相责让曰⑨："孔仲山善士，岂宜侵盗乎？"于是送马谢之⑩。嵩官至南海太守⑪。

写孔嵩，从侧面赞颂范式的品德。

式后迁庐江太守⑫，有威名⑬，卒于官⑭。

补写范式的经历，结束全文。

【研读参考】一、文章要扣紧重点写。本篇意在表扬独行，所以范式的一般经历写得很少。读本篇要体会这个道理。

二、文言有时用倒装的句式，如本篇中"复欲谁求""子未我忘""行矣元伯"，都是。说说各是什么情况。

三、文言里有些词，如"是""但""去"，意义常常与现在不同，读时要多注意。

---

①〔贫者士之宜〕贫穷是读书人的本分。②〔敕（chì）〕命令。〔代嵩〕换下孔嵩来。③〔先佣未竟〕先前受雇的工作没完。④〔厉行〕严格要求自己的行为。⑤〔训化〕教训和感化。⑥〔之〕往。⑦〔道宿下亭〕路上住在一个小公所。亭，乡以下的行政机构。⑧〔寻〕不久。⑨〔责让〕责备。⑩〔谢〕谢罪，道歉。⑪〔南海〕郡名，今广东南部一带。⑫〔庐江〕郡名，今江西和安徽交界一带。⑬〔威名〕威望，声望。⑭〔卒于官〕死在任上。

一六 《世说新语》选 刘义庆

【解说】本篇中"荀巨伯""庾公乘的卢马"选自《世说新语·德行》,"陈太丘与友期"选自《方正》,"王戎不取道旁李"选自《雅量》,题目都是编者加的。《世说新语》是南朝宋刘义庆和他的门下士作的记人的书,三卷,分德行、言语、政事、文学、方正、雅量等三十六门,分类记叙汉末到东晋许多上层人物的言谈和逸事。南朝梁刘峻(字孝标)为这部书作了注,引书多到近四百种,又增加了许多材料。这部书原名《世说》,意思是其中所记都是流传的大家感兴趣的故事。所记的故事都不长,但是写得生动,三言两语,能够使读者看到当时一些人物的精神面貌。故事的大部分,作者是当作美谈来宣扬的,我们现在当然要批判地对待。还有,不少故事也未必是史实。这部书对后来影响很大,许多笔记小说是模仿它写的。

本篇选的几则,有的赞扬舍己爱人,有的赞扬守信重礼,有的赞扬明晓事理,今天看来,意义大都是可取的。文字简洁、通俗,可作写记叙文的参考。

作者刘义庆(403—444),南朝宋的宗室,彭城(今江苏徐州)人。曾任荆州刺史,封临川王。喜爱文学,著作很多。

荀巨伯①

荀巨伯远看友人疾,值胡贼攻郡②。友人语巨伯曰③:"吾今死矣④!子可去。"巨伯曰:"远来相视,子令吾去,败义以求生⑤,岂荀巨伯所行邪?"

荀巨伯在危难中不肯抛开病友而求生。

贼既至,谓巨伯曰:"大军至,一郡尽空,汝何男子⑥,而敢独止⑦?"巨伯曰:"友人有疾,不忍委之⑧,宁以我身代友人命⑨。"

在贼兵面前表示愿代友人受难。

贼相谓曰:"我辈无义之人,而入有义之国⑩!"遂班军而还⑪。一郡并获全。

贼兵受感动而撤退,群众都得保全。

---

①〔荀巨伯〕汉桓帝时人。 ②〔值〕遇到。〔胡〕古代指西北方的少数民族。〔贼〕指入侵的军队。〔郡〕指郡城。 ③〔语(旧读 yù)〕告诉,对……说。 ④〔吾今死矣〕我现在就要死了。 ⑤〔败义〕舍去正义。败,毁坏。 ⑥〔男子〕这里是表示轻蔑的称呼。 ⑦〔止〕停留。 ⑧〔委〕弃,扔开。 ⑨〔宁(nìng)〕宁愿,宁可。 ⑩〔国〕这里指郡县城邑。 ⑪〔班〕整队。

庾公乘的卢马①

庾公乘马有的卢，或语令卖去②。庾云："卖之必有买者，即复害其生③，宁可不安己而移于他人哉④？昔孙叔敖杀两头蛇以为后人⑤，古之美谈，效之，不亦达乎⑥？"

庾公不肯把灾难转嫁给旁人。

陈太丘与友期⑦

陈太丘与友期行，期日中⑧，过中不至，太丘舍去⑨。去后乃至⑩。

陈太丘依照约会行事。

---

①〔庾（yǔ）公〕庾亮，字元规，东晋的大官。"公"是尊称。〔的卢马〕白额白到嘴边的马。迷信传说，这是凶马，奴仆骑它就会死在旅途，主人骑它就会在法场被杀。 ②〔或〕有的人。有的书说这人是殷浩。殷浩，字渊源，也是东晋的大官。 ③〔复害其生〕又损害了他的生命。 ④〔宁可〕岂可。〔不安己〕对自己不平安，危害自己。 ⑤〔孙叔敖杀两头蛇〕据汉朝贾谊《新书·春秋》记载：孙叔敖幼时出去看见一条两头蛇，就杀死它，并且埋起来。回到家不吃饭。母亲问他，他哭着说："看见两头蛇的人一定得死，我看见了，恐怕快死了。"母亲问蛇在哪里，他说："怕别人再看见它，就杀死它，埋起来了。"母亲说："做了好事一定有好报应，不要怕。"后来孙叔敖做了楚国的令尹，人民都信服他。〔以为（wèi）后人〕为后边的人——可能看到两头蛇的人——打算。 ⑥〔达〕通达，明白事理。 ⑦〔陈太丘〕汉朝陈寔，字仲弓，曾官太丘长。〔期〕约定时间。 ⑧〔期日中〕约定在中午。 ⑨〔舍去〕不再等候而走了。 ⑩〔乃至〕（友人）才到。

一六 《世说新语》选　73

元方时年七岁①,门外戏。客问元方:"尊君在不②?"答曰:"待君久不至,已去。"友人便怒曰:"非人哉③!与人期行,相委而去。"元方曰:"君与家君期日中④,日中不至,则是无信;对子骂父,则是无礼。"

元方驳斥无理的责难。

友人惭,下车引之⑤。元方入门,不顾⑥。

元方对不讲理的人态度决绝。

王戎不取道旁李⑦

王戎七岁,尝与诸小儿游。看道边李树多子折枝⑧,诸儿竞走取之⑨,唯戎不动。人问之,答曰:"树在道边而多子,此必苦李。"取之,信然⑩。

王戎幼年能观察推理。

【研读参考】《世说新语》在旧目录学里入子部·小说家,因为其中所记多半是世俗的传说,有不少并非事实,或者与事实出入很大。例如王戎,这里赞扬他幼慧,其实他后来并没有成为无懈可击的好人。他做了大官,很贪财,当时很多人就看不起他。我们读古书,要有批判的眼光,知所取舍。

----

① 〔元方〕陈纪,字元方。陈寔的长子。 ② 〔尊君〕令尊,你父亲。〔不〕同"否"。 ③ 〔非人哉〕不是人哪! ④ 〔君〕您。〔家君〕我父亲。 ⑤ 〔引之〕拉他(表示好感)。 ⑥ 〔顾〕回头看。 ⑦ 〔王戎〕字濬冲,晋初任荆州刺史。因平吴有功,封安丰侯。 ⑧ 〔多子折枝〕结的果实很多,把树枝压弯了。 ⑨ 〔竞走〕争着跑去。 ⑩ 〔取之,信然〕取来一尝,果然是那样。

一七　江水　郦道元

【解说】本篇选自《水经注·江水》。《江水》篇幅较长，这里只选一小部分。《水经注》是古代一部有名的地理著作。传说汉朝人桑钦作了一部《水经》，内容很简略。郦（lì）道元喜欢读书，到各处游历，积累的地理资料很多，就立志为《水经》作注。他根据大量的典籍以及自己的见闻，作成《水经注》四十卷，引书多到四百多种，记述河道一千二百多条，内容比《水经》增多了几十倍。对于各地的河道，都详述其本源、支流，以及所经区域的地理形势、历史情况、风土人情等。对山川景物，作者常用精练美丽的文字加以刻画，与人以清新生动的印象。因此，这部书既可以当作地理著作读，也可以当作文学作品读。

　　《水经注》引别人著作很多，有的明白标出，如本篇引袁山松的《宜都记》；有的不明白标出，如大家熟悉的《三峡》那一段，是引用盛弘之的《荆州记》。即使非郦道元本人所作，他也有剪裁之功，甚至修润之功。本篇是《三峡》之后，写三峡东端情况的几段文章。重点是述说西陵峡，写景精描细画，写情一唱三叹，能够做到情景融合。其次如写黄牛滩、流头滩，也能用寥寥几笔，把其地的景物特色介绍给读者。

作者郦道元（约470—527），字善长，南北朝北魏范阳涿县（今河北涿州）人。曾任御史中尉（wèi）、关右大史等官。

江水历峡①，东径宜昌县之插灶下②。江之左岸③，绝岸壁立数百丈④，飞鸟所不能栖。有一火烬⑤，插在崖间，望见可长数尺⑥。父老传言⑦，昔洪水之时⑧，人薄舟崖侧⑨，以余烬插之岩侧，至今犹存。故先后相承，谓之插灶也。
　　叙插灶的形势及其有关传闻。
　　江水又东径流头滩，其水并峻激奔暴⑩，鱼鳖所不能游。行者常苦之⑪，其歌曰："滩头白勃坚相持⑫，倏忽沦没别无期⑬。"袁山松曰⑭："自蜀至此五千余里⑮，下水五日，上水百日也。"
　　叙流头滩的险恶和水流之急。
　　江水又东径宜昌县北，分夷道、佷山所立也⑯。县治江

————

① 〔峡〕指空泠（líng）峡，在湖北宜昌以西。② 〔径〕经过。③ 〔左岸〕北岸。江流东向，所以左为北，右为南。④ 〔绝岸〕陡峭的江岸。〔壁立〕直立。⑤ 〔火烬（jìn）〕烧剩下的木柴残余。⑥ 〔可〕大约。⑦ 〔父老〕尊称男性老年人。⑧ 〔洪水〕成灾的大水。⑨ 〔薄〕通"泊"，停船。⑩ 〔峻激奔暴〕水流很急。峻，水势陡。激，水流激荡不平。奔，水流速。暴，水势猛。⑪ 〔苦之〕以水流急为苦。⑫ 〔白勃坚相持〕波涛冲击的形势。白勃，旺盛，激荡涌起。坚相持，你推我挤，互不相让。⑬ 〔倏（shū）忽〕很快地。〔沦没〕沉没。〔别无期〕分别无限长，永别，死。⑭ 〔袁山松〕晋朝人，曾任吴郡太守，著有《宜都记》。宜都，郡名，在今湖北宜都一带。⑮ 〔蜀〕古国名，都城在成都。⑯ 〔夷道〕古县名，在今湖北宜都西北。〔佷（hěn）山〕在今湖北长阳。

之南岸①,北枕大江②,与夷陵对界③。《宜都记》曰:"渡流头滩十里,便得宜昌县。"

叙宜昌县的设置和形势。

江水又东径狼尾滩而历人滩④。袁山松曰:"二滩相去二里⑤,人滩水至峻峭⑥。南岸有青石,夏没冬出⑦,其石嶔崟⑧,数十步中悉作人面形,或大或小,其分明者须发皆具⑨,因名曰人滩也。"

写人滩及其所以得名,突出其酷似人面。

江水又东径黄牛山下,有滩名曰黄牛滩。南岸重岭迭起⑩,最外高崖间有石,色如人负刀牵牛,人黑牛黄,成就分明。既人迹所绝,莫得究焉⑪。此岩既高,加以江湍纡回⑫,虽途经信宿⑬,犹望见此物。故行者谣曰⑭:"朝发黄牛,暮宿黄牛。三朝三暮,黄牛如故⑮。"言水路纡深,回望如一矣⑯。

写黄牛滩及其得名的由来,着重描述江路纡曲。

---

①〔县治〕(宜昌)县管辖。 ②〔枕〕紧靠。 ③〔夷陵〕古县名,在今湖北宜昌境内。〔对界〕隔江相对,以江为界。 ④〔历〕经过。 ⑤〔相去〕相离。 ⑥〔至〕最。〔峻峭〕陡。 ⑦〔夏没冬出〕夏天被水淹没,冬天水落,又露出水面。 ⑧〔嶔(qīn)崟(yín)〕山势高峻。 ⑨〔须发皆具〕胡子头发全都具备。 ⑩〔重岭迭起〕层层的山岭一个接一个地突起。 ⑪〔既人迹所绝,莫得究焉〕意思是(远看虽是这样)既然人到不了那里,实况怎样就不能考究了。 ⑫〔湍(tuān)〕流得很快的水。〔纡回〕弯曲环绕。 ⑬〔途经信宿〕路上过两个夜晚。信,住两夜。宿,住下。 ⑭〔谣〕歌。 ⑮〔如故〕(看着)和原来一样。 ⑯〔水路纡深,回望如一〕水道纡曲深远,回头看它,还是那个样子。

江水又东径西陵峡①。《宜都记》曰:"自黄牛滩东入西陵界,至峡口百许里②,山水纡曲,而两岸高山重嶂③,非日中夜半,不见日月。绝壁或千许丈,其石彩色形容④,多所象类⑤。林木高茂,略尽冬春⑥。猿鸣至清,山谷传响,泠泠不绝⑦。"所谓三峡,此其一也。山松言:"常闻峡中水疾⑧,书记及口传⑨,悉以临惧相戒⑩,曾无称有山水之美也⑪。及余来践跻此境⑫,既至欣然,始信耳闻之不如亲见矣。其迭崿秀峰⑬,奇构异形⑭,固难以辞叙⑮。林木萧森⑯,离离蔚蔚⑰,乃在霞气之表⑱。仰瞩俯映⑲,弥习弥佳⑳,流连信宿㉑,不觉忘返。目所履历㉒,未尝有也。既自欣得此奇观,山水有灵,亦当惊知己于千古矣㉓。"

写西陵峡,突出山高水曲。并引袁山松的亲身经

---

①〔西陵峡〕长江三峡之一,在湖北宜昌以西。 ②〔峡口〕指西陵峡的东口。〔百许里〕约有一百里。许,表示约数的词。 ③〔重嶂(zhàng)〕重叠的山峰。嶂,像屏障的山峰。 ④〔形容〕形态容貌。 ⑤〔多所象类〕多数像别的某种实物。象类,类似,像。 ⑥〔略尽冬春〕冬春之际才略为凋落。 ⑦〔泠泠〕形容声音清越。 ⑧〔疾〕急,快。 ⑨〔书记〕书上的记载。〔口传〕口头的传说。 ⑩〔以临惧相戒〕警戒人们到这里要十分小心。 ⑪〔曾无〕从来没有。 ⑫〔践〕踏上。〔跻(jī)〕登,上升。〔此境〕指西陵峡。 ⑬〔迭崿(è)〕层层的山崖。〔秀峰〕美丽的山峰。 ⑭〔奇构异形〕奇异的形状。构,结构。 ⑮〔固〕本来,自然。〔难以辞叙〕难用语言表达出来。 ⑯〔萧森〕这里是树木茂密,蓊郁阴森的意思。 ⑰〔离离蔚蔚〕草木茂盛的样子。 ⑱〔在霞气之表〕在云霞之上。表,外面。 ⑲〔瞩(zhǔ)〕远望。〔俯映〕低头看水中的倒影。 ⑳〔弥习弥佳〕越看越好。弥,越发。习,熟悉。 ㉑〔流连〕游玩而舍不得离开。 ㉒〔目所履历〕眼睛所看过的。履历,经历。 ㉓〔惊知己于千古〕惊叹千古以来遇到这样一个知己。

历,以表明景物之优美非言语所能形容。

【研读参考】 一、古人评文,有的说柳宗元的游记受到《水经注》的影响。本册选有柳宗元的游记,读后对比一下,看看是不是这样。

二、本篇写景物常用夸张的手法。如"飞鸟所不能栖",事实自然不是这样,可是我们读了,会觉得这样描写山崖陡峭,正是恰到好处。把这类写法都找出来,体会它的好处。

三、根据本篇,说说"曰"字有没有不同的用法。

一八　景兴尼寺　杨衒之

【解说】本篇选自《洛阳伽（qié）蓝记》，有删节。景兴尼寺在洛阳城外东面偏北。尼寺，女出家人住的佛寺。《洛阳伽蓝记》是南北朝北魏杨衒之作的，共五卷。北魏早年的都城在平城（今山西大同），到孝文帝太和十八年（494）迁都洛阳。当时佛教兴盛，所以上层统治者在那里建了许多佛寺（梵语译音叫"伽蓝"），费了大量财力争奇斗胜。后来经过变乱，大部分佛寺被毁或残破。作者于佛寺残破后重游洛阳，今昔对比，很感伤，怕后代人不能知道早年的盛况，所以写了这本介绍佛寺情况的书。全书以洛阳各地区的佛寺为纲，除了描述佛寺的豪华以外，还连带记述了当时的政治大事、人物活动、社会风俗、传闻逸事等。文笔华丽细腻，富有文学意味。因此，这本书不只可以当作历史读，而且可以当作文学作品读。

　　本篇选的这一部分，重点不在写寺的情况，而是借隐士赵逸之口，发表作者对于当时史书的看法。史书失实，推过（过错）于人，引善自向，以及为死者吹捧，可以说是旧时代的通病，作者一针见血地指出，这在当时是很难得的。

　　作者杨衒（xuàn）之（生卒年不详），北平（今河北保定市满城区）人。北魏末年曾任秘书监、抚军府司马等官。

　　石桥南道有景兴尼寺①，亦阉官等所共立也②。有金像辇③，去地三丈，上施宝盖④，四面垂金铃、七宝珠、飞天伎乐⑤，望之云表⑥。作工甚精，难可扬榷⑦。像出之日，常诏羽林一百人举此像⑧，丝竹杂伎⑨，皆由旨给⑩。

　　写景兴尼寺的所在和规模、气魄。

　　建阳里东有绥民里。里内有洛阳县⑪，临渠水⑫。县门外有洛阳令杨机清德碑⑬。

　　简略介绍绥民里的情况。

---

① 〔石桥〕洛阳城东面北端护城河有小弯曲，河水南流东折再向南，县治在向南拐角处以东的绥民里。绥民里以西是建阳里（在河北岸），以东是崇义里。建阳里到绥民里这一段河上有两座桥，这里的石桥指东端的桥。② 〔阉（yān）官〕太监。③ 〔金像辇（niǎn）〕上有各种金像作装饰的辇。辇，原指皇帝坐的车，后世崇佛，也称佛乘的车为辇。④ 〔施〕设置。〔宝盖〕用珠宝镶嵌的伞盖。⑤ 〔七宝〕佛教说的七宝所指并不一致，大概不外金、银、琉璃、玛瑙、琥珀、珊瑚、砗（chē）磲（qú）、真珠、玫瑰、玻璃之类。〔飞天伎（jì）乐（yuè）〕（辇上部周围有）飞动的天女，舞蹈、歌唱、奏乐的人像。⑥ 〔望之云表〕看上去像在云外。⑦ 〔难可扬榷（què）〕没法形容。扬榷，扼要述说。⑧ 〔诏〕下诏。诏，皇帝的命令。〔羽林〕羽林军，皇家的禁卫军。⑨ 〔丝竹〕音乐。丝，弦乐器；竹，管乐器。〔杂伎〕杂技。从前人们认为神仙出巡，总有歌舞前导。⑩ 〔由旨给〕由皇帝命令拨给。⑪ 〔洛阳县〕洛阳县的县治，县官衙门的所在地。⑫ 〔渠水〕阳渠，是环绕洛阳城的河道。⑬ 〔杨机〕字显略，天水（郡名，今甘肃天水一带）人。曾做洛阳令，奉公正己，不畏权贵。家贫无马，出门坐牛车。后来被高欢杀死。〔清德碑〕称赞他清廉公正的纪念碑。

绥民里东有崇义里。里内有京兆人杜子休宅①,地形显敞②,门临御道③。时有隐士赵逸,云是晋武时人④,晋朝旧事,多所记录⑤。正光初来至京师⑥,见子休宅,叹息曰:"此宅,中朝时太康寺也⑦。"时人未之信,遂问寺之由绪⑧。逸云:"龙骧将军王濬平吴之后⑨,始立此寺。本有三层浮图⑩,用砖为之。"指子休园中曰:"此是故处。"子休掘而验之,果得砖数万,并有石铭云⑪:"晋太康六年岁次乙巳九月甲戌朔八日辛巳仪同三司襄阳侯王濬敬造⑫。"时园中果菜丰蔚⑬,林木扶疏⑭,乃服逸言,号为圣人。子休遂舍宅为灵应寺,所得之砖,还为三层浮图。

写隐士赵逸讲杜子休宅的来历,以证他确是不同凡俗。

好事者遂寻问晋朝京师何如今日⑮。逸曰:"晋时民少于今日,王侯第宅与今日相似⑯。"又云:"自永嘉已来二百

---

①〔京兆〕郡名,今陕西西安一带。〔杜子休〕生平不详。 ②〔显敞〕豁亮宽敞。 ③〔御道〕皇帝出行经过的大道。 ④〔云〕说。〔晋武时人〕公元265年司马炎代魏称帝,改国号为晋,死后谥武,史称晋武帝。从司马炎称帝到北魏孝明帝正光年间(520—524),已经二百多年,赵逸当然不能活这样长久。 ⑤〔记录〕这里是记忆的意思。 ⑥〔京师〕洛阳。 ⑦〔中朝〕指西晋。言外之意,北魏不是中国的正统。 ⑧〔问寺之由绪〕问这个寺的来历。绪,端绪,丝的起头。 ⑨〔王濬(jùn)〕字士治,晋弘农(郡名,今河南灵宝一带)人。治水军东征灭吴,结束了三国时代。封襄阳侯。 ⑩〔浮图〕塔。 ⑪〔石铭〕石头上刻的铭文。 ⑫〔太康〕晋武帝的年号。〔岁次乙巳〕按天干地支计年,这年是乙巳年(285)。〔九月甲戌朔〕按干支计日,甲戌这天是九月初一。朔,阴历每月初一。〔八日辛巳〕初八这天是辛巳日。〔仪同三司〕不是三公而给以三公的仪制。 ⑬〔蔚〕茂盛。 ⑭〔扶疏〕繁茂美丽。 ⑮〔何如今日〕和今天比较怎么样。 ⑯〔第宅〕住宅(指贵族的府第)。皇帝赐给住宅有等级,所以称"第"。

余年①,建国称王者十有六君②,吾皆游其都邑,目见其事。国灭之后,观其史书,皆非实录,莫不推过于人,引善自向③。苻生虽好勇嗜酒④,亦仁而不杀,观其治典⑤,未为凶暴,及详其史,天下之恶皆归焉⑥。苻坚自是贤主⑦,贼君取位⑧,妄书君恶。凡诸史官,皆是类也。人皆贵远贱近⑨,以为信然⑩。当今之人,亦生愚死智⑪,惑已甚矣⑫。"

写赵逸凭多年的经历,断言史书多不可信。

人问其故,逸曰:"生时中庸之人耳⑬,及其死也,碑文墓志,莫不穷天地之大德,尽生民之能事⑭。为君共尧舜连衡⑮,为臣与伊皋等迹⑯。牧民之官⑰,浮虎慕其清尘⑱;

---

①〔永嘉〕晋惠帝的年号(307—312)。〔已〕通"以"。 ②〔十有六君〕指西晋末年以来各少数民族在北方建立国家的十六个部落首领。有,通"又"。 ③〔推过于人,引善自向〕把坏事都推到别人身上,把好事都拉到自己身上。 ④〔苻(fú)生〕前秦帝苻健的儿子,继承帝位,后来被苻坚(苻生的堂兄弟,继苻生称帝)杀死。 ⑤〔治典〕治国的法典(法律)。 ⑥〔天下之恶皆归焉〕天下所有的罪恶都扣到他身上。《论语·子张》:"是以君子恶(wù)居下流,天下之恶皆归焉。" ⑦〔自是贤主〕意思是,还算是好君主,可是也做坏事,说假话诬陷人。自,当然。 ⑧〔贼〕残害。 ⑨〔贵远贱近〕重视远的,轻视近的。这里指时代的远近。 ⑩〔信然〕确是这样。 ⑪〔生愚死智〕在世时说他是傻瓜,死了就成为聪明的人。 ⑫〔惑〕糊涂。 ⑬〔中庸〕平平常常。 ⑭〔莫不穷天地之大德,尽生民之能事〕把天地间的最高品德、人所能做的大事业全都写到碑文墓志里。穷,尽。生民,人。 ⑮〔连衡〕比肩,并立。 ⑯〔伊皋〕伊尹、皋陶(旧读yáo)。伊尹是商汤的宰相,孟子称他为"圣之任者也"。皋陶,舜的重臣,管刑狱最公正。〔等迹〕功业相等。 ⑰〔牧民〕管理百姓。 ⑱〔浮虎〕指刘昆,汉光武帝时做弘农太守,郡有虎灾,行旅不通。刘昆为政三年,教化大行,虎都背着幼虎渡河他往。〔其〕代上句那个牧民之官。〔清尘〕指脚下的尘土。表示恭敬的说法。

执法之吏，埋轮谢其梗直①。所谓生为盗跖②，死为夷齐③。佞言伤正④，华辞损实⑤。"当时构文之士⑥，惭逸此言⑦。

　　写赵逸痛斥作伪歌颂死人的卑鄙作风。

【研读参考】一、记叙事实，描写景物，要适应内容的要求来决定详略。本篇写绥民里略，写崇义里详，体会一下，这是什么道理？

　　二、南北朝人写文章，喜欢用四字句，还喜欢用对偶句，如"果菜丰蔚，林木扶疏"。对偶句用得好，可以增加文句的音乐美。从本篇中把对偶句找出来，多读几遍。

①〔埋轮〕指张纲。汉安帝元年选派八个有名望的人分头到各地访问民情，张纲在八人之内。别人都出发了，他却把车轮埋起来，说："豺狼当道，安问狐狸！"意思是最恶劣的官在朝堂上掌权，各地的坏官吏远远比不上他们凶残，要整顿须先整顿朝里的权臣。于是弹劾大将军梁冀十五条罪状。〔谢〕辞谢。意思是比不上。〔梗直〕正直。②〔盗跖（zhí）〕传说是古代的大盗。③〔夷齐〕伯夷、叔齐兄弟二人，周武王灭商之后，耻食周粟，饿死在首阳山。孟子说伯夷是"圣之清者也"。④〔佞（nìng）言〕谄谀的话。〔伤正〕损伤正道。⑤〔华辞〕华美的辞藻，花言巧语。〔损实〕损害真实，不确实。⑥〔构文〕写文章。⑦〔惭逸此言〕听到赵逸的话感到惭愧。

一九　涉务 颜之推

【解说】本篇选自《颜氏家训》。《颜氏家训》二十篇，是写给子弟，让他们当作立身处世的准则的。可是内容很广泛，几乎把作者生活的经历，多方面的学识，以及对当时社会的评论，都写到里面。作者生当南北朝的晚期，正赶上社会大动乱，并且一生经过几个朝代，亲眼看到社会的种种黑暗面，所以感慨很多。他把这种心情和看法都写到家训里，使我们能够看到当时社会的一个缩影。自然，作者也不能摆脱当时社会的影响，例如他也信佛，容忍在乱世里明哲保身，推崇士大夫而轻视平民，等等。文体是家训，像与子弟对面谈家常，虽似琐细而朴实恳切，可谓别具一格。

本篇"涉务"，"涉"是经历的意思，"务"指实际事务。作者主张人应该务本，有经世之才；不可像南朝士大夫那样，养尊处优，虚浮柔弱，一旦环境变坏就不能生存。在当时重门第、尚清谈的风气之下，这种见解是可贵的。

作者颜之推（531—约590以后），字介，原籍临沂（yí）（今山东临沂）。南朝梁元帝时曾做散骑侍郎。梁元帝失败后，他到北朝，曾做北齐的黄门侍郎。隋文帝统一以后，他还做过隋朝的官。他学识渊博，著作很多，绝大部分没有传下来。

　　夫君子之处世①，贵能有益于物耳②，不徒高谈虚论③，左琴右书④，以费人君禄位也⑤。国之用材⑥，大较不过六事⑦：一则朝廷之臣，取其鉴达治体⑧，经纶博雅⑨；二则文史之臣⑩，取其著述宪章⑪，不忘前古；三则军旅之臣⑫，取其断决有谋，强干习事⑬；四则藩屏之臣⑭，取其明练风俗⑮，清白爱民；五则使命之臣⑯，取其识变从宜⑰，不辱君命；六则兴造之臣，取其程功节费⑱，开略有术⑲。此则皆勤学守行者所能办也⑳。人性有长短㉑，岂责具美于六涂哉㉒？但当皆晓指趣㉓，能守一职，便无愧耳。

　　　　开头即点明题旨：说空话无用，要在某方面有经世之才。

----

①〔夫〕发起议论的助词，有"说起来"的意味。〔君子〕有品德、有学识的人。〔处世〕在社会上生活。②〔贵〕以……为好。〔物〕指人事。③〔徒〕只是。④〔左琴右书〕指高雅的摆设。⑤〔人君〕人主，君王。〔禄位〕俸禄职位。⑥〔材〕人才。⑦〔大较〕大概，大略。⑧〔鉴达治体〕通晓治国之道。鉴，审察。体，根本，要义。⑨〔经纶〕治理政事或处理政务的谋略。原意是理丝。〔博雅〕高超。⑩〔文史之臣〕指掌管起草文件、修史等事的官。⑪〔宪章〕指国家的重要文件。⑫〔军旅之臣〕武官。⑬〔习事〕熟悉战阵之事。⑭〔藩屏之臣〕地方官。藩，篱。屏，屏障。比喻地方护卫中央。⑮〔明练〕明白通达。⑯〔使命之臣〕外交官。⑰〔识变从宜〕能随机应变。⑱〔程功〕计算工作。⑲〔开略〕办事的谋划。⑳〔守行〕注重操行。㉑〔人性〕人的资质。〔长短〕好些差些。㉒〔责〕要求。〔具〕完全。〔涂〕同"途"。㉓〔但〕只。〔指趣〕旨趣，要义。

吾见世中文学之士①,品藻古今②,若指诸掌③,及有试用,多无所堪④。居承平之世⑤,不知有丧乱之祸;处庙堂之下⑥,不知有战阵之急;保俸禄之资,不知有耕稼之苦;肆吏民之上⑦,不知有劳役之勤:故难可以应世经务也⑧。晋朝南渡⑨,优借士族⑩,故江南冠带有才干者⑪,擢为令、仆以下⑫,尚书郎、中书舍人已上⑬,典掌机要⑭。其余文义之士⑮,多迂诞浮华⑯,不涉世务,纤微过失⑰,又惜行捶楚⑱,所以处于清名,盖护其短也⑲。至于台阁令史、主书、监

----

①〔世中〕社会上。〔文学之士〕文人。 ②〔品藻〕评论。 ③〔若指诸掌〕像指手掌那样容易。诸,之于。《论语·八佾(yì)》:"知其说者之于天下也,其如示诸斯乎?指其掌。" ④〔无所堪〕没有能担当的。 ⑤〔承平之世〕长期安定的社会。 ⑥〔庙堂之下〕在朝中做官。庙堂,太庙和明堂,指君王议政的地方。 ⑦〔肆〕陈列(于人民之上),安放在。〔吏〕最下层的官员。 ⑧〔难可以应世经务〕不能用来治理社会事务。 ⑨〔晋朝南渡〕西晋灭亡,东晋元帝渡江,在建康(今南京市)即位。 ⑩〔优借〕尊重。优,厚待。借,倚靠。 ⑪〔冠带〕戴冠束带。指上层士大夫。 ⑫〔擢(zhuó)〕提拔。〔令〕尚书令(尚书省的长官)和中书令(中书省的长官)。〔仆〕仆射(yè),以上二省的副长官。令、仆都是高官。〔以下〕意思是,最高可到令、仆。 ⑬〔尚书郎〕尚书省的中级官。〔中书舍人〕中书通事舍人,中书省的中级官。〔已上〕意思是,最低也是中级官。已,通"以"。 ⑭〔典〕掌管。〔机要〕重大政务。机,机密大事。 ⑮〔文义之士〕指文学侍从的官员。 ⑯〔迂诞〕言谈不合理。 ⑰〔纤微过失〕意思是有小的过错。 ⑱〔惜行捶楚〕舍不得责罚。捶楚,用杖打。 ⑲〔所以处于清名,盖护其短也〕借此使他们名声好,为的是掩饰他们的弱点。

帅①，诸王签省②，并晓习吏用③，济办时须④，纵有小人之态⑤，皆可鞭杖肃督⑥，故多见委使⑦，盖用其长也⑧。人每不自量⑨，举世怨梁武帝父子爱小人而疏士大夫⑩，此亦眼不能见其睫耳⑪。

  承上段，用南朝的史实论证，上层人物多虚有其名，下层官吏反而能做些事。

  梁世士大夫皆尚褒衣博带⑫，大冠高履，出则车舆⑬，入则扶侍⑭，郊郭之内⑮，无乘马者。周弘正为宣城王所爱⑯，给一果下马⑰，常服御之⑱，举朝以为放达⑲。至乃尚书郎乘马⑳，则纠劾之㉑。及侯景之乱㉒，肤脆骨柔，不堪行

----

①〔台阁〕指中央高级掌政的官，如尚书。这里指最高官署。〔令史、主书、监帅〕都是台阁的下级官。令史、主书，管文书的官。监帅，一种小官。 ②〔诸王〕分封出去的许多藩王。〔签省〕签帅、省事，都是王府里的小官。 ③〔吏用〕官吏的职务。用，功用。 ④〔济办时须〕能够完成职务。济，办成。须，应办之事。 ⑤〔纵〕即使。 ⑥〔肃督〕严厉监管。 ⑦〔多见委使〕多被任用（办事）。见，被。文言常用"见"表示被动。 ⑧〔长〕长处。 ⑨〔每〕往往。 〔量(liàng)〕估计。 ⑩〔举世〕全社会的人（形容很多）。〔梁武帝父子〕南朝梁的君主梁武帝萧衍和他儿子梁简文帝萧纲、梁元帝萧绎(yì)。 ⑪〔眼不能见其睫〕意思是见远不见近，没有自知之明。睫，眼的睫毛。《韩非子·喻老》："能见百步之外而不能自见其睫。" ⑫〔尚〕以……为好。〔褒(bāo)衣博带〕宽大的袍子和带子。 ⑬〔舆(yú)〕车或轿。 ⑭〔扶侍〕搀扶。 ⑮〔郊郭〕指城外不远的地方。 ⑯〔周弘正〕字思行，南朝的学者。在梁、陈都做过官。〔宣城王〕简文帝的儿子萧大器。 ⑰〔果下马〕一种良种小马，只有三尺高，能从果树下穿过。见《三国志·乌丸鲜卑东夷传》注。 ⑱〔服御〕用。这里指骑。 ⑲〔放达〕过于随便，不拘礼法。 ⑳〔至乃〕至于。 ㉑〔纠劾(hé)〕上书皇帝告发罪状。 ㉒〔侯景之乱〕指梁武帝太清二年（548）北朝降将侯景叛乱，攻破建康，梁武帝被困而死的变乱。

步,体羸气弱①,不耐寒暑,坐死仓猝者往往而然②。……

更进一步,举梁朝的士大夫为例,说明不务实际必有严重的后果。

古人欲知稼穑之艰难③,斯盖贵谷务本之道也④。夫食为民天⑤,民非食不生矣。三日不粒⑥,父子不能相存⑦。耕种之,茠锄之⑧,刈获之⑨,载积之⑩,打拂之⑪,簸扬之,凡几涉手而入仓廪⑫,安可轻农事而贵末业哉⑬!江南朝士,因晋中兴而渡江⑭,本为羁旅⑮,至今八九世⑯,未有力田⑰,悉资俸禄而食耳⑱。假令有者⑲,皆信僮仆为之⑳,未尝目观起一坡土㉑,耘一株苗,不知几月当下㉒,几月当收,安识世间余务乎?故治官则不了㉓,营家则不办㉔,皆优闲之过也㉕。

―――

①〔羸(léi)〕瘦弱。 ②〔坐死仓猝〕因为(柔弱)而忽然死去。坐,由于……原因。仓猝,匆促,无准备地。〔然〕这样。 ③〔古人欲知稼穑(sè)之艰难〕《尚书·无逸》:"先知稼穑之艰难。"稼,种。穑,收。 ④〔斯〕这。〔盖〕大概是(推求原因用)。〔贵谷〕重视粮食。〔务本〕办根本的事。古代以农业为本。 ⑤〔食为民天〕食物是人民所依靠的。《汉书·郦(lì)食其(旧读yì jī)传》:"王者以民为天,而民以食为天。" ⑥〔不粒〕不吃粮食。 ⑦〔相存〕互相慰问,互相怜恤。 ⑧〔茠(hāo)〕同"薅",拔草。 ⑨〔刈(yì)〕割。 ⑩〔载积之〕收到一起。 ⑪〔打拂〕指轧谷一类工作。 ⑫〔涉手〕经手。〔仓廪(lǐn)〕粮库。 ⑬〔安〕岂。〔末业〕指经商。 ⑭〔中兴〕西晋灭亡,又建国于江南,所以说中兴。 ⑮〔羁(jī)旅〕在外寄居。羁,在外住。 ⑯〔八九世〕指东晋建国(317)到隋建国(581)前后的二百六七十年这段时间。世,三十年。 ⑰〔力田〕努力耕作。 ⑱〔悉资〕完全依靠。 ⑲〔假令有者〕假使有种田的。 ⑳〔信〕任凭。 ㉑〔一坡(bá)土〕深广一尺(古代尺小)的土。 ㉒〔下〕下种。 ㉓〔治官〕处理政务。〔不了〕不晓事。 ㉔〔营家〕经管家务。〔不办〕不成功。 ㉕〔过〕过错,坏结果。

深入一层，阐明农业在"涉务"中尤为重要。

【研读参考】一、《颜氏家训》是用接近口语的浅近文言写的，只是因为其中提到的名物，有些我们不熟悉，所用语句，有些我们不习惯，所以觉得并不浅易。读古人文章多了，名物知道得多，当时的语言习惯渐渐熟悉，就不会感到困难了。

二、六朝人写文章喜欢用对偶，本篇中也有一些，如"褒衣博带，大冠高履"，"肤脆骨柔，不堪行步，体羸气弱，不耐寒暑"。把其余的对偶语句也指出来。

二○　赠序二篇　韩愈

【解说】本篇选自《昌黎先生集》。序是一种文体，常见的有两种：一为书序，是写在书籍的前面，评介与此书有关的某些问题；一为赠序，是为某事向人赠言的文章。赠言，是向人说些钦佩、感激、勉励一类的话。这里选的前一篇是赠给董邵南的。董邵南是安丰（今安徽寿县）人，考进士几次没有录取，不得意，想到河北藩镇（当时的地方割据势力）那里去谋个职位。韩愈认为这样不好，所以在赠序里劝他留在长安，为皇帝效力。后一篇是赠给区（ōu）册的。区册是南海（今广东佛山市南海区）人，为人品行端正，好学，在韩愈被贬官失意的时候，能够同韩愈交好。所以韩愈引为知己。区册回家，他们临别的时候，韩愈写了一篇序送他。

　　这两篇序的内容不同：前一篇意在规劝，所以着重说理；后一篇意在表示感激，所以着重言情。写法也有分别：前一篇措辞委婉，转折多；后一篇措辞坦率，格局平实。文字都简练醇厚，篇幅虽不长而内容很充实。

　　作者韩愈（768—824），字退之，唐朝河南河阳（今河南孟州）人，也有人说他是昌黎（今河北东北部）人。贞元八年

(792)进士。任监察御史时,因上书触怒当权者,被贬为阳山(今广东阳山)令。以后官国子博士、刑部侍郎等。又被贬为潮州(今广东潮州市潮安区)刺史。以后官国子祭酒、吏部侍郎、京兆尹等。死后谥"文",所以后代称为"韩文公"。宋朝封他为"昌黎伯",所以后代又称他为"韩昌黎"。他学问很好,崇信儒家思想。他反对六朝以来内容虚浮、文字秾丽的文章,提倡古文,学习秦汉,成为唐宋以来古文家的开山大师(明朝人推崇的古文家有八个人:唐朝的韩愈、柳宗元,宋朝的欧阳修、苏洵、苏轼、苏辙、王安石、曾巩,称为"唐宋八大家")。韩愈的诗也很有名。

送董邵南序

燕赵古称多感慨悲歌之士①。董生举进士②,连不得志于有司③,怀抱利器④,郁郁适兹土⑤,吾知其必有合也⑥。董生勉乎哉⑦!

写董邵南北去的缘由,引古事,祝他能遇到机会。

―――――

①〔燕(yān)赵〕战国时燕国和赵国的领域,在今河北一带。〔感慨悲歌之士〕看到不平的事就愤慨而痛心的忠义之士,指《史记·刺客列传》记的荆轲、高渐离之流。 ②〔举进士〕投考进士。 ③〔连不得志于有司〕连考几次没有考取。有司,指礼部主管考试的官。 ④〔利器〕杰出的才能。 ⑤〔郁郁适兹土〕愁闷地到这个地方去。适,往。兹土,指河北一带。 ⑥〔有合〕有如意的遭遇。 ⑦〔勉乎哉〕努力吧(有慎重的意思)!

夫以子之不遇时①，苟慕义强仁者皆爱惜焉②，矧燕赵之士出乎其性者哉③！然吾尝闻风俗与化移易④，吾恶知其今不异于古所云邪⑤？聊以吾子之行卜之也⑥。董生勉乎哉！

> 承上祝愿的话，从古转到今，说"风俗与化移易"，董生能否遇到机会尚在不定之中。

吾因子有所感矣。为我吊望诸君之墓⑦，而观于其市，复有昔时屠狗者乎⑧？为我谢曰⑨："明天子在上⑩，可以出而仕矣⑪。"

> 婉转地道出本意：应该留在朝中效力。

送区册序

阳山⑫，天下之穷处也⑬。陆有丘陵之险，虎豹之虞⑭。

---

①〔子〕你（有敬重的意味）。〔不遇时〕不走运。 ②〔苟慕义强（qiǎng）仁者〕如果是仰慕正义、力行仁道的人。强，勉力而为。〔爱惜〕表示同情。 ③〔矧（shěn）〕何况。〔出乎其性〕爱慕仁义是来自他们的本性。 ④〔风俗与化移易〕风气是随着教化变动的。 ⑤〔吾恶（wū）知其今不异于古所云邪〕我怎么能知道那里同古时所说的没有两样呢？恶，怎么。 ⑥〔聊以吾子之行卜之也〕姑且凭你这次前往测定一下吧。 ⑦〔望诸君〕战国时燕国名将乐（yuè）毅。晚年因在政治上失意，逃到赵国，赵国封他为望诸君。吊其墓，表示敬重和怀念其人。 ⑧〔屠狗者〕指高渐离之流埋没在草野的豪侠之士。高渐离的职业是屠狗（卖狗肉）。 ⑨〔谢〕致意。 ⑩〔明天子在上〕皇帝圣明。这是照例要说的颂扬话。 ⑪〔可以出而仕矣〕可以出来做官了。 ⑫〔阳山〕今广东阳山。 ⑬〔穷处〕荒凉偏僻的地方。 ⑭〔虞〕忧患。

江流悍急①,横波之石,廉利侔剑戟②,舟上下失势③,破碎沦溺者往往有之④。县郭无居民⑤,官无丞尉⑥,夹江荒茅篁竹之间⑦,小吏十余家⑧,皆鸟言夷面⑨。始至⑩,言语不通,画地为字,然后可告以出租赋,奉期约⑪。是以宾客游从之士⑫,无所为而至⑬。

写阳山的穷陋,暗示生活枯寂,是下文遇知己的伏笔。

愈待罪于斯且半岁矣⑭,有区生者,誓言相好⑮,自南海拏舟而来⑯。升自宾阶⑰,仪观甚伟⑱。坐与之语,文义卓然⑲。庄周云:"逃空虚者,闻人足音跫然而喜矣⑳。"况如

---

① 〔悍〕凶险。 ② 〔横波之石,廉利侔剑戟〕卧在水波里的石头像剑戟一样锋利。横波,阻挡水波。廉利,锐利。侔,相等。 ③ 〔舟上下失势〕船在水中颠簸无法控制。上下,上行下行。势,平稳前进的状态。 ④ 〔沦溺〕沉没。〔往往有之〕常常会出现。 ⑤ 〔县郭〕县,县城。郭,外城。县郭,指城外。〔无居民〕形容住户很少。 ⑥ 〔官无丞尉〕形容官府规模很小。丞,副县令。尉,管捕盗的治安官员。 ⑦ 〔夹江〕两岸。〔茅〕草。〔篁(huáng)〕竹林。 ⑧ 〔小吏〕指县里的下级小官吏。 ⑨ 〔鸟言〕语言难懂。《孟子·滕文公上》:"南蛮鴃(jué)舌之人,非先王之道。"〔夷面〕相貌难看。夷,这里指少数民族。古代看不起少数民族,所以这样说。 ⑩ 〔始至〕刚到任。 ⑪ 〔出租赋,奉期约〕缴纳租税,按照定期完成任务。奉,遵守。期,期限。约,规约。 ⑫ 〔游从〕从师游学,交游。从,跟随。 ⑬ 〔无所为而至〕意思是,因无所为而不来。 ⑭ 〔待罪〕等待受处分。因为是贬官到这里,所以这样说。〔斯〕这里。〔且〕将。 ⑮ 〔誓言相好〕恳切地表示愿意和我交好。 ⑯ 〔拏(ná)舟〕牵引着船。 ⑰ 〔升自宾阶〕从西边的台阶上来。古礼宾客从西阶上。 ⑱ 〔仪观甚伟〕外貌很雄壮。 ⑲ 〔文义卓然〕言辞道理很高超。 ⑳ 〔庄周云……〕《庄子·徐无鬼》:"逃空虚者,……闻人足音跫(qióng)然而喜矣。"意思是,逃到荒野的人很寂寞,听到人的脚步声就高兴起来。空虚,坟地里的空地。跫然,脚步声。

斯人者,岂易得哉?入吾室,闻诗书仁义之说①,欣然喜,若有志于其间也②。与之翳嘉林③,坐石矶④,投竿而渔⑤,陶然以乐⑥,若能遗外声利⑦,而不厌乎贫贱也⑧。

写区生文雅好学,以及自己得交区生的快乐。

岁之初吉⑨,归拜其亲⑩,酒壶既倾⑪,序以识别⑫。

说明写赠序的由来,作结。

【研读参考】 一、唐宋以来古文家的文章讲气势。气势同词句的声韵有密切关系。《送董邵南序》的第一句,过去被人评为"凝练矜重",传说清朝姚鼐(nài)念这一句,要换几回气才能读出来。以下行文也多用转折,语句长短疾徐多变化。读几遍,以熟悉古文的笔法。

二、文章写法,因内容不同而可以千变万化。这两篇赠序,前一篇以理劝人,后一篇以情感人,所以写法大不同。读后体会所以不同的道理。

三、文言行文常常省略主语,如《送区册序》中"升自宾阶"是(区生)升自宾阶。把其后省略的主语都指出来。

---

①〔诗书〕这里泛指经典著作。 ②〔有志〕想深入学习。〔其间〕指上文诗书仁义之说。 ③〔翳(yì)嘉林〕在树荫下乘凉。翳,隐蔽。嘉林,美好的林木。 ④〔石矶(jī)〕近水的岩石。 ⑤〔渔〕钓鱼。 ⑥〔陶然〕快乐的样子。 ⑦〔遗外声利〕与名利疏远。遗,忘。外,远。 ⑧〔不厌乎贫贱〕不厌恶贫贱,安于贫贱。 ⑨〔岁之初吉〕新年开头。 ⑩〔亲〕父母。 ⑪〔酒壶既倾〕喝完送别的酒。酒壶干了。倾,倒。 ⑫〔序以识(zhì)别〕写这篇序以记离别之事。识,通"志",记。

二一　与微之书　白居易

【解说】本篇选自《白居易集》。微之，白居易的好朋友元稹（zhěn），字微之，是唐朝有名的诗人。唐宪宗元和十年（815），白居易四十四岁，因为得罪朝中权贵，被贬为江州司马［江州在今江西九江一带，州治在浔（xún）阳县（今江西九江）；司马是州刺史的属官］。到元和十二年（817）夏天，白居易给元微之写这封深切怀念的信，那时候元微之任通州（今四川达州市达川区一带）司马。元和十年，白居易曾给元微之写信（《与元九书》），畅谈他的文学主张。本篇是另一种内容，没有什么议论，只谈生活情况和相互的怀念。

这时期，白居易和元稹都在远离长安的荒僻地方做小官，心情不佳是可以想见的。因为不得志，所以更加怀念好朋友。朋友天各一方，所以书信开头就写到远离。然后由两年没接到信想到以前的信和诗。下面一转写三泰，所以写这些，是惟恐友人为自己而过于忧虑，这就显得更加悲伤。末尾一段写执笔时的心情，形之于诗是"人间相见是何年"，可谓一字一泪。

作者白居易（772—846），字乐天，号香山居士，祖籍太原（今山西太原），后徙下邽（guī，在今陕西渭南）。贞元十六年

(800)进士。曾任杭州刺史、苏州刺史、刑部尚书等官。他是唐朝的大诗人,主张作诗要有益于国计民生。传世诗很多,有名的《琵琶行》也是任江州司马时作的。

四月十日夜,乐天白[①]:

微之,微之,不见足下面已三年矣[②],不得足下书欲二年矣[③],人生几何[④]?离阔如此[⑤]!况以胶漆之心[⑥],置于胡越之身[⑦],进不得相合[⑧],退不得相忘,牵挛乖隔[⑨],各欲白首[⑩]。微之,微之,如何!如何!天实为之,谓之奈何[⑪]!

写别来三年想念的殷切。

仆初到浔阳时[⑫],有熊孺登来[⑬],得足下前年病甚时一札[⑭],上报疾状[⑮],次序病心[⑯],终论平生交分[⑰]。且云:"危惙之际[⑱],不暇及他[⑲],唯收数帙文章[⑳],封题其上曰[㉑]:'他

---

①〔白〕说。 ②〔不见足下面已三年〕元和十年春天,白居易、元稹、樊宗宪等曾同游长安城南。三月底,元稹出任通州司马,与白居易告别。足下,对人的敬称。 ③〔欲〕将要。 ④〔人生几何〕人的寿命能有多长呢?曹操《短歌行》:"对酒当歌,人生几何?" ⑤〔离阔〕长期别离。 ⑥〔胶漆〕交情深厚,像胶和漆那样粘,不能分开。 ⑦〔置于胡越之身〕两人(像是)一在胡,一在越。胡,北方,越,南方,相距很远。 ⑧〔进〕指热情有所求("退"指冷静无所求)。 ⑨〔牵挛(luán)乖隔〕心中互相挂念,躯体各自分离。牵挛,连系不断。乖隔,错开分离。 ⑩〔各欲白首〕各自都将老了。 ⑪〔天实为之,谓之奈何〕天命如此,有什么办法呢! ⑫〔仆〕自己的谦称。 ⑬〔熊孺(rú)登〕生平不详。 ⑭〔前年〕元和十年。〔病甚〕(疟疾)病重。〔札〕书信。 ⑮〔上报疾状〕前边告诉(我)病的情况。 ⑯〔次序病心〕其次述说病时的心情。 ⑰〔终〕结尾。〔论〕说。〔交分(fēn)〕交谊。 ⑱〔危惙(chuò)〕病危无力。 ⑲〔及他〕顾到其他的事。 ⑳〔帙(zhì)〕小书囊。古代的书都卷起来像现在的字画一样,装进小袋。小袋叫帙。 ㉑〔封题〕封起来,题上字。

日送达白二十二郎①，便请以代书。'"悲哉！微之于我也其若是乎②？又睹所寄闻仆左降诗云③："残灯无焰影憧憧④，此夕闻君谪九江⑤。垂死病中惊起坐⑥，暗风吹面入寒窗。"此句他人尚不可闻⑦，况仆心哉？至今每吟犹恻恻耳⑧。

写元稹的真挚友情使自己十分感动。

且置是事⑨，略序近怀⑩。仆自到九江，已涉三载⑪。形骸且健⑫，方寸甚安⑬。下至家人，幸皆无恙⑭。长兄去夏自徐州至⑮，又有诸院孤小弟妹六七人提挈同来⑯。顷所牵念者今悉置在目前⑰，得同寒暖饥饱。此一泰也⑱。

江州风候稍凉⑲，地少瘴疠⑳，乃至蛇虺蚊蚋㉑，虽有甚稀。湓鱼颇肥㉒，江酒极美㉓，其余食物多类北地。仆门内之口虽不少㉔，司马之俸虽不多㉕，量入俭用㉖，亦可自给，

---

①〔送达〕送去交到。〔白二十二郎〕唐朝常用排行称呼人，白居易排行（同曾祖或同祖）是二十二。郎，对中年以下的男子的称呼。②〔于我〕对待我。〔其〕殆，竟是。〔是〕这样（信赖）。③〔睹〕看见。〔左降〕贬官。〔诗〕见《元氏长庆集》卷二十，题目是《闻乐天授江州司马》，"病中惊起坐"作"病中仍怅望"，"吹面"作"吹雨"。④〔憧（chōng）憧〕摇曳不定。⑤〔谪（zhé）〕贬官。〔九江〕江州。⑥〔垂死〕将死。⑦〔不可闻〕听到心里难受。⑧〔恻（cè）恻〕伤心。⑨〔置〕放下。⑩〔近怀〕近来的心情。⑪〔涉〕经历。〔三载〕元和十年到十二年。⑫〔形骸〕身体。骸，骨。〔且〕尚，还。⑬〔方寸〕心。⑭〔无恙〕没有疾病。⑮〔长（zhǎng）兄〕白幼文。〔去夏〕元和十一年夏天。⑯〔诸院〕各同族。〔孤〕幼年就没有父亲。〔提挈（qiè）〕互相扶持。⑰〔顷〕不久。这里指不久之前。〔悉〕全都。⑱〔泰〕安好。⑲〔风候〕气候。⑳〔瘴（zhàng）疠（lì）〕山川湿热蒸发的气，人触犯到就病。病在内叫瘴，病在外叫疠。㉑〔虺（huǐ）〕毒蛇。〔蚋（ruì）〕吸食人畜血液的一种昆虫。㉒〔湓（pén）〕水名，自九江市西流入长江。㉓〔江酒〕江州的酒。㉔〔门内之口〕家里的人。㉕〔俸（fèng）〕俸钱。㉖〔量（liàng）〕估量。

身衣口食①，且免求人。此二泰也。

仆去年秋始游庐山②，到东西二林间香炉峰下③，见云水泉石，胜绝第一④，爱不能舍，因置草堂⑤。前有乔松十余株⑥，修竹千余竿⑦；青萝为墙援⑧，白石为桥道⑨；流水周于舍下⑩，飞泉落于檐间；红榴白莲，罗生池砌⑪：大抵若是⑫，不能殚记⑬。每一独往⑭，动弥旬日⑮。平生所好者尽在其中，不惟忘归，可以终老⑯。此三泰也。

计足下久不得仆书⑰，必加忧望⑱，今故录三泰以先奉报。其余事况⑲，条写如后云云⑳。

分条述说三件如意的事以安慰友人：一是家中人平安而团聚，二是生活舒适，三是在风景佳丽之地建了草堂。

微之，微之！作此书夜正在草堂中山窗下㉑，信手把笔㉒，随意乱书，封题之时，不觉欲曙㉓。举头但见山僧一两人㉔，或坐或睡；又闻山猿谷鸟，哀鸣啾啾㉕。平生故人㉖，去我

---

① 〔身衣口食〕身上穿的，口里吃的。 ② 〔庐山〕在江西九江以南。 ③ 〔东西二林〕晋朝太元年间，僧人慧远建东林寺，他哥哥慧永建西林寺，合称二林。〔香炉峰〕庐山的一个著名山峰。 ④ 〔胜绝〕风景好极了。 ⑤ 〔置〕建筑。〔草堂〕庐山草堂。白居易写过一篇《庐山草堂记》。 ⑥ 〔乔松〕高大的松树。 ⑦ 〔修竹〕长长的竹子。 ⑧ 〔青萝〕青色的女萝（一种爬蔓的植物）。〔墙援〕爬在墙上作为点缀的花草。 ⑨ 〔桥道〕桥的路面。 ⑩ 〔周〕环绕。〔舍下〕房前。舍，房舍。 ⑪ 〔罗〕分布。〔池砌〕池边的石阶。 ⑫ 〔大抵〕大致。 ⑬ 〔殚(dān)〕尽，全都。 ⑭ 〔独往〕一个人去。 ⑮ 〔动弥旬日〕动不动就满十天。 ⑯ 〔可以终老〕（还）可以在这里度过一生。 ⑰ 〔计〕估计。 ⑱ 〔加〕增添。〔忧望〕焦虑挂念。 ⑲ 〔况〕情况。 ⑳ 〔条写〕一条条地写出。〔后〕指以后的信。 ㉑ 〔山窗〕山中居室的窗。 ㉒ 〔信手〕由着手（表示随便）。〔把(bǎ)〕动词，持，拿。和现在"把"字的用法不同。 ㉓ 〔欲曙(shǔ)〕将要天亮。 ㉔ 〔但〕只。 ㉕ 〔啾(jiū)啾〕虫鸟叫的细碎声。 ㉖ 〔故人〕老朋友。

万里①，瞥然尘念②，此际暂生③。余习所牵④，便成三韵云⑤："忆昔封书与君夜，金銮殿后欲明天⑥。今夜封书在何处？庐山庵里晓灯前⑦。笼鸟槛猿俱未死⑧，人间相见是何年？"微之，微之！此夕我心，君知之乎？乐天顿首⑨。

　　信写成时，怀念之情更深，言尽而意不尽。

【研读参考】一、前面读过的《遗疏二篇》是下对上的书札，内容是临死时谈国家大事。本篇是不得志的好友久别，表达深厚的怀念之情。比较两篇的不同情况、不同情调、不同措辞，可以体会一些文章要因人因事而异的道理。

　　二、古人写信，开头常常用"某月某日，某某白"这种格式，现在这类话要写在信的末尾。读古人文章，要慢慢熟悉古今习惯的不同，例如唐朝最喜欢用排行称呼人，现在很少用了。

　　三、用具体事物表达抽象意思，是文言中常用的手法。这样写，好处是形象化，因而意思更明晰。如以"胶漆"表示难解难分，以"白首"表示老，等等。读文言时要多注意这类写法。

　　四、从本篇中找例，说说"欲""且"与现在的意义的不同。

----

①〔去〕离。〔万里〕表示很远，不是实数。 ②〔瞥（piē）然〕像眼睛扫过一样。〔尘念〕世俗的杂念。 ③〔此际〕此时。〔暂生〕忽然出现。 ④〔余习〕积习，多年的习惯。这里指作诗的习惯。 ⑤〔三韵〕诗歌隔句押韵，每韵二句，三韵是六句。 ⑥〔金銮殿后〕指学士院。元和初年白居易任翰林学士。〔欲明天〕将天亮的时候。 ⑦〔庵（ān）〕小草屋。 ⑧〔笼鸟槛（jiàn）猿〕笼中之鸟，槛中之猿。比喻自己和元稹都不得自由。 ⑨〔顿首〕叩头（这样写表示恭敬）。

二二 钴鉧潭西小丘记 柳宗元

【解说】本篇选自《唐柳先生集》。柳宗元在唐顺宗永贞元年（805）被贬为永州（今湖南零陵）司马。他在政治上受打击，到远离长安的荒僻地方去做闲散小官，心情很郁闷。恰好永州城西一带风景很好，于是他就用游山玩水来排遣郁闷。他在永州住了十年，写了著名的山水游记《永州八记》等。《钴（gǔ）鉧（mǔ）潭西小丘记》是八记的第三篇，前面的两篇是《始得西山宴游记》和《钴鉧潭记》。这些游记都写得很好，不只描绘细腻，写景逼真，而且有很深的寄托，能够使情景融合，有很强的感染力。

本篇布局很自然，承上两篇，首先由西山和钴鉧潭写起，引出小丘；然后写小丘的形势，以及购买、治理，在小丘上游观的感受；最后写感慨，表面是说小丘，实际是说自己，这样，文章的主旨就由游山玩水而转到慨叹人事的不合理，因而意义更深。另外，就写景来说，文章能够用鲜明生动的语言，把景物的实况再现到人眼前，而用的笔墨却不多，也是值得学习的。

作者柳宗元（773—819），字子厚，唐朝河东（今山西永济）人，所以人称为"柳河东"。德宗贞元九年（793）进士。曾官监察御史、礼部员外郎等。后被贬为永州司马。很久才改为柳州（今广西壮族自治区柳州市柳江区）刺史，所以人又称为"柳柳州"。后来死在柳州。他是唐朝杰出的古文家、诗人，在文学史上与韩愈并称为"韩柳"。作品有不少是反映民生疾苦的。写景的游记极为著名。

得西山后八日①，寻山口西北道二百步②，又得钴鉧潭③。潭西二十五步，当湍而浚者为鱼梁④。梁之上有丘焉⑤，生竹树。其石之突怒偃蹇⑥，负土而出⑦，争为奇状者，殆不可数⑧：其嵚然相累而下者⑨，若牛马之饮于溪；其冲然角列而上者⑩，若熊罴之登于山⑪。

先写小丘的位置，接着用形象的比喻写山石的奇状。

丘之小不能一亩⑫，可以笼而有之⑬。问其主，曰："唐

---

①〔得西山后八日〕柳宗元的《始得西山宴游记》中记载，游西山是在唐宪宗元和四年（809）九月二十八日。西山在永州城西五里。此句为下文"不匝旬而得异地者二"伏笔。 ②〔寻〕探求。〔西北道〕往西北的一条路。〔步〕指左右脚各迈一次的长度。 ③〔钴鉧潭〕在西山西边。钴鉧，熨（yùn）斗。潭的形状像熨斗，所以称钴鉧潭。 ④〔当湍（tuān）而浚（jùn）者为鱼梁〕正当水流急而深的地方是一道堰。鱼梁，阻水的堤堰，当中留有孔道，把笱（gǒu，捕鱼用的竹笼）放进去，可以捕鱼，所以称鱼梁。 ⑤〔丘〕小山。 ⑥〔突怒偃蹇（jiǎn）〕形容山石的怪状。突怒，突起像发怒的样子。偃蹇，高耸。 ⑦〔负土而出〕从土里钻出来，石头背负着土壤。 ⑧〔殆（dài）不可数（shǔ）〕几乎多得数不清。殆，几乎，差不多。 ⑨〔嵚（qīn）然〕山石耸立的样子。〔相累而下〕顺着山坡一个比一个低。累，叠。下，向下排列。 ⑩〔冲然〕向前突出的样子。〔角列〕相峙并列。角，角立，对峙。 ⑪〔罴（pí）〕熊的一种，毛棕褐色，体格比熊大。 ⑫〔不能〕不足，不到。 ⑬〔可以笼而有之〕可以全部占有（形容面积小）。笼，统括，包罗。

氏之弃地①，货而不售②。"问其价，曰："止四百③。"余怜而售之④。李深源、元克己时同游⑤，皆大喜，出自意外。即更取器用⑥，铲刈秽草⑦，伐去恶木⑧，烈火而焚之⑨。嘉木立，美竹露，奇石显。由其中以望，则山之高，云之浮⑩，溪之流，鸟兽之遨游⑪，举熙熙然回巧献技⑫，以效兹丘之下⑬。枕席而卧⑭，则清泠之状与目谋⑮，瀯瀯之声与耳谋⑯，悠然而虚者与神谋⑰，渊然而静者与心谋⑱。不匝旬而得异地者二⑲，虽古好事之士⑳，或未能至焉㉑。

> 写买得小丘，修治小丘；然后写登上小丘，眺望所见，枕卧所感。这一段重点写乐，引起下一段的感慨。

噫㉒！以兹丘之胜㉓，致之沣、镐、鄠、杜㉔，则贵游之

---

① 〔弃地〕废地。 ② 〔货而不售〕卖还没卖出去。货，出卖。 ③ 〔止〕只，仅。〔四百〕钱四百文。 ④ 〔怜〕爱。〔售之〕使它能卖出去。"售"在这里是使动用法。 ⑤ 〔李深源、元克己〕都是柳宗元的朋友。〔时〕当时。 ⑥ 〔即〕当即。〔更取〕又拿来。〔器用〕工具，如锄、铲、镰刀等。 ⑦ 〔刈（yì）〕割。〔秽草〕荒草。 ⑧ 〔伐〕砍。〔恶木〕乱树。 ⑨ 〔烈火〕点着火。 ⑩ 〔浮〕飘浮。 ⑪ 〔遨游〕自由自在地游荡。 ⑫ 〔举〕皆，都。〔熙熙然〕和乐的样子。〔回巧献技〕送来美景。回，运转，去后又来。 ⑬ 〔效〕效力，献出。〔兹〕这个。 ⑭ 〔枕席而卧〕铺设枕席躺下。 ⑮ 〔清泠（líng）之状〕（水）清凉明澈的样子。〔与目谋〕看到眼里。谋，商洽，和谐。 ⑯ 〔瀯（yíng）瀯〕水流清越的声音。 ⑰ 〔悠然而虚者〕高远的虚空。悠然，远。〔神〕精神。 ⑱ 〔渊然而静者〕深沉的静默。 ⑲ 〔不匝（zā）旬〕没有满十天。这句与第一句呼应。匝，周。〔异地者二〕指西山和小丘。异地，奇特的地方。 ⑳ 〔好（hào）事之士〕有多方面兴致的人。这里指好游的人，好寻幽探胜的人。 ㉑ 〔或〕或许。 ㉒ 〔噫（yī）〕叹词，表示感叹。 ㉓ 〔胜〕佳妙。 ㉔ 〔致之〕把它放在。〔沣（fēng）、镐（hào）、鄠（hù）、杜〕唐代京城长安附近四个名胜地。沣，指丰京（或称酆京），周文王的都城，在今陕西西安市长安区西南。镐，周武王的都城，在今陕西西安市长安区西北。鄠，在今陕西西安市鄠邑区北。杜，杜陵，在今陕西西安市长安区东南。

士争买者①，日增千金而愈不可得②；今弃是州也③，农夫渔父过而陋之④，价四百，连岁不能售⑤。而我与深源、克己独喜得之，是其果有遭乎⑥？书于石⑦，所以贺兹丘之遭也⑧。

写小丘有美景而被弃置，以抒发自己被贬于荒僻地域的愤懑。

【研读参考】一、中学语文课本里的《小石潭记》是《永州八记》的第四篇。读过本篇，可以再读读那一篇，以加深对柳宗元写景文的认识。

二、描写形态，使之生动，与恰当地运用动词有密切关系。注意以下各句中加点的词，体会这个道理。

(1) 其石之突怒偃蹇，负土而出，争为奇状者……
(2) 若牛马之饮于溪……若熊罴之登于山。
(3) 可以笼而有之。
(4) 举熙熙然回巧献技，以效兹丘之下。
(5) 则清泠之状与目谋……

----

①〔贵游之士〕上层的优闲人物。②〔日增千金而愈不可得〕天天加许多价钱，而越发买不到手。③〔是州〕此州，指永州。④〔渔父(fǔ)〕渔翁。父，尊称老年男子。〔过而陋之〕经过这里以为它（小丘）无足取。陋，粗俗，简陋。这里作动词用。⑤〔连岁〕连年。⑥〔遭〕际遇，遇合。⑦〔书于石〕写在石上，刻字。⑧〔所以〕用来。〔贺〕庆祝。小丘是不遇之物，作者是不遇之人，所以祝贺小丘的遭遇，有感叹自己的遭遇的意味。

二三　柳氏　孟棨

【解说】本篇选自《本事诗·情感第一》，有删节，题目是编者加的。《本事诗》是一本讲有关某些诗句的写作缘由的故事的书，内容包括情感、事感、高逸、怨愤、徵异、徵咎、嘲戏共七类。所记绝大多数是唐朝的事。每则都是具体指出某人经历了什么事，所以写了什么诗。故事自然都是根据传闻，有些未必合乎史实；但是常常写得很曲折，很细致，很生动，可以当作小说读，也可以当作诗话读。

韩翃（hóng）和柳氏遇合的故事，唐代许尧佐所作传奇小说《柳氏传》也述说过，内容比本篇稍繁复。韩翃，字君平，唐朝南阳（今河南南阳）人。天宝年间中进士。官至中书舍人。他是著名的诗人，是大历（唐代宗的年号）十才子中的一个。《柳氏传》韩翃作"韩翊（yì）"是错的。

这个故事写得离奇、曲折；写柳氏、许俊，都有声有色；写韩翃和柳氏的感情，尤其是赠答诗所表现的，都很细腻，能感动人。由柳氏的遭遇，我们还可以看出当时妇女地位的低下，以及唐朝天宝以后社会的混乱和国势的衰败，以至要靠番将来支撑局面。

作者孟棨(qǐ),字初中,唐朝晚期(800—900)人。其他不详。

韩翃少负才名①,天宝末举进士②。孤贞静默③,所与游皆当时名士④。然而筚门圭窦⑤,室唯四壁⑥。邻有李将妓柳氏⑦,李每至⑧,必邀韩同饮。韩以李豁落大丈夫⑨,故常不逆⑩。既久,逾狎⑪。柳每以暇日隙壁窥韩所居⑫,即萧然葭艾⑬,闻客至,必名人。因乘间语李曰⑭:"韩秀才穷甚矣⑮,然所与游必闻名人⑯,是必不久贫贱⑰,宜假借之⑱。"李深颔之⑲。间一日⑳,具馔邀韩㉑,酒酣㉒,谓韩曰:"秀才当今名士,柳氏当今名色㉓,以名色配名士,不亦可乎?"遂命

---

①〔负〕享有。 ②〔天宝末〕安禄山将起兵叛乱的时候。天宝,唐玄宗的年号。〔举进士〕投考进士。 ③〔孤贞〕清高有气节。〔静默〕沉静寡言。 ④〔游〕交游,往来。 ⑤〔筚(bì)门圭(guī)窦(dòu)〕穷人的住处。筚门,柴门。圭窦,墙上开的小门。圭,形状像上尖下方的圭。窦,洞。《左传》襄公十年:"筚门闺窦之人。"闺,同"圭"。 ⑥〔室唯四壁〕室中空空,只有四面墙。比喻穷困。《汉书·司马相如传上》:"家徒四壁立。" ⑦〔李将(jiàng)〕姓李的武官。〔妓(jì)〕同"伎",古代以歌舞为业的女子。 ⑧〔每至〕每次到柳氏那里。 ⑨〔豁(huò)落〕性格开朗大方。 ⑩〔逆〕拒绝。 ⑪〔逾狎(xiá)〕更加亲近。逾,通"愈",更加。 ⑫〔隙(xì)壁〕利用墙壁的缝隙。 ⑬〔即〕就是。〔萧然〕冷冷清清。〔葭(jiā)艾〕意思是草房。葭,苇。艾,一种有香味的草本植物。 ⑭〔乘间(jiàn)〕利用机会。间,空隙。 ⑮〔秀才〕称呼读书人。 ⑯〔闻名人〕知名之人。 ⑰〔是〕这样的人。 ⑱〔宜假借之〕应当厚待他。 ⑲〔深颔(hàn)〕很同意。颔,点头。 ⑳〔间(jiàn)一日〕隔一天。 ㉑〔具馔(zhuàn)〕准备酒食。 ㉒〔酒酣(hān)〕饮酒高兴时。酣,畅快。 ㉓〔名色〕著名的美女。

柳从坐接韩①。韩殊不意②,恳辞不敢当③。李曰:"大丈夫相遇杯酒间,一言道合④,尚相许以死⑤,况一妇人,何足辞也?"卒授之⑥,不可拒。又谓韩曰:"夫子居贫⑦,无以自振⑧,柳资数百万,可以取济⑨。柳,淑人也⑩,宜事夫子⑪,能尽其操⑫。"即长揖而去⑬。韩追让之⑭,顾况然自疑曰⑮:"此豪达者⑯,昨暮备言之矣⑰,勿复致讶⑱。"俄就柳居⑲。来岁成名⑳。

写柳氏有识爱才,得到李将协助,韩翃和柳氏得以结合。

后数年,淄青节度使侯希逸奏为从事㉑。以世方扰㉒,不敢以柳自随,置之都下㉓,期至而迓之㉔。连三岁不果

---

① 〔从坐〕陪坐。〔接〕靠近。 ② 〔殊不意〕很意外。 ③ 〔恳辞〕恳切推辞。〔当〕承受。 ④ 〔道合〕志趣相合。 ⑤ 〔相许以死〕答应用生命来报答知己。 ⑥ 〔卒〕终于。 ⑦ 〔夫子〕先生。〔居贫〕处于贫困中。 ⑧ 〔自振〕靠自己的力量摆脱困境。 ⑨ 〔取济〕拿来救助(自己)。 ⑩ 〔淑人〕美好的人。淑,善良。 ⑪ 〔事〕侍奉(做妻子)。 ⑫ 〔操〕操守,好品德。 ⑬ 〔长揖(yī)〕深深作(zuō)揖。这是不很客气的礼节。 ⑭ 〔让〕谦让。 ⑮ 〔顾况然自疑曰〕意思是正在推辞的时候,忽然一想,又不推辞了。顾,但是。况,疑当作"怳",同"恍",恍然,忽然明白的样子。自疑,疑惑这样做不应该。 ⑯ 〔此豪达者〕这位将军是豪爽豁达的人。 ⑰ 〔备言〕详尽说了。 ⑱ 〔致讶〕表示惊疑。 ⑲ 〔俄就柳居〕不久迁到柳氏那里住。 ⑳ 〔来岁〕第二年。〔成名〕中进士。 ㉑ 〔淄(zī)青〕唐代方镇名,治所在青州(今山东青州)。〔节度使〕方镇的最高长官。〔侯希逸〕唐营州(今辽宁朝阳一带)人。〔奏为从事〕(侯希逸)上书皇帝,请求任命(韩翃)为从事(节度使的属官)。 ㉒ 〔以世方扰〕因为社会正动乱(指安禄山、史思明之乱)。 ㉓ 〔都下〕长安。 ㉔ 〔期至而迓(yà)之〕约定到青州之后来接她。迓,迎接。

迓①,因以良金买练囊中寄之②,题诗曰:"章台柳③,章台柳,往日青青今在否?纵使长条似旧垂④,亦应攀折他人手⑤。"柳复书⑥,答诗曰:"杨柳枝⑦,芳菲节⑧,可恨年年赠离别⑨。一叶随风忽报秋⑩,纵使君来岂堪折?"柳以色显独居⑪,恐不自免⑫,乃欲落发为尼⑬,居佛寺。

文笔一转,写离别的波折。

后翃随侯希逸入朝,寻访不得。已为立功番将沙吒利所劫⑭,宠之专房⑮。翃怅然不能割⑯。会入中书⑰,至子城东南角⑱,逢犊车⑲,缓随之。车中问曰:"得非青州韩员外邪⑳?"曰:"是。"遂披帘曰㉑:"某柳氏也,失身沙吒利㉒,无从自脱㉓。明日尚此路还㉔,愿更一来取别㉕。"韩深感之。

---

①〔不果〕事情办不成。 ②〔良金买练囊中〕意思是,买练囊装上金子。良金,纯度高的金子。买,也许是"置"字之误。练囊,洁白的绸子口袋。 ③〔章台柳〕章台是汉代长安街名,柳氏住在长安,所以用章台柳暗指柳氏。 ④〔长条似旧垂〕比喻仍然像过去那样美丽。 ⑤〔攀折他人手〕比喻被别人夺去。 ⑥〔复书〕回信。 ⑦〔杨〕这里指柳。 ⑧〔芳菲节〕花草繁盛的时节,指春季。 ⑨〔赠离别〕古人折柳枝送别。 ⑩〔叶随风〕风吹叶落,比喻青春时期过去。 ⑪〔以色显〕因容颜美丽出名。〔独居〕没有男人。 ⑫〔恐不自免〕恐怕不能免掉(遭人劫持)。 ⑬〔落发为尼〕剃去头发当尼姑。 ⑭〔番将〕唐代任用各族投降的将领为将,称番将。〔沙吒(zhā)利〕番将名。 ⑮〔宠之专房〕最受宠爱。专房,独占住所。 ⑯〔怅然〕愁闷的样子。〔割〕舍,忘掉。 ⑰〔会入中书〕正好往中书省(主持中央政务的机构)。韩翃随侯希逸在中书省任职。 ⑱〔子城〕大城所属的小城。 ⑲〔犊(dú)车〕牛车。 ⑳〔得非〕莫不是。〔青州〕这里称韩翃原来做官的地方。〔员外〕员外郎,各部内低于郎中的官。也作为对人的敬称。 ㉑〔披帘〕掀开车帘。 ㉒〔失身〕女子被别人强占。 ㉓〔无从自脱〕自己无法摆脱。 ㉔〔尚此路还〕仍从此路回来。 ㉕〔取别〕告别。

明日如期而往，犊车寻至①。车中投一红巾包小合子②，实以香膏③，呜咽言曰④："终身永诀⑤！"车如电逝⑥。韩不胜情⑦，为之雪涕⑧。

> 承上段，更深一步写离别。"终身永诀"是下文的伏笔。

是日⑨，临淄大校置酒于都市酒楼⑩，邀韩。韩赴之，怅然不乐。座人曰⑪："韩员外风流谈笑，未尝不适⑫，今日何惨然邪？"韩具话之⑬。有虞候将许俊⑭，年少被酒⑮，起曰："僚尝以义烈自许⑯，愿得员外手笔数字⑰，当立置之⑱。"座人皆激赞⑲。韩不得已，与之⑳。俊乃急装㉑，乘一马，牵一马而驰，径趋沙吒利之第㉒。会吒利已出㉓，即以入曰㉔："将军坠马，且不救㉕，遣取柳夫人。"柳惊出，即以韩札示之㉖。挟上马，绝驰而去㉗。座未罢㉘，即以柳氏授

---

①〔寻至〕不久到来。②〔合〕同"盒"。③〔实以〕用……填满。〔香膏〕有香味的化妆品（作为纪念）。④〔呜咽(yè)〕哭泣。⑤〔终身永诀(jué)〕一生永别。诀，永别。⑥〔如电逝〕像闪电一样一晃就消失了。⑦〔不胜(shēng)情〕抑制不住感情，很难过。⑧〔雪涕〕擦眼泪。⑨〔是日〕这一天。⑩〔临淄大校〕临淄地方的一个武官。临淄，在今山东淄博市临淄区，当时属淄青地区。⑪〔座人〕同宴席上的人。⑫〔不适〕不愉快。⑬〔具话〕都讲出来。⑭〔虞候将〕虞候中的将领。虞候，藩镇的亲信武官。⑮〔被酒〕因饮酒多而醉。⑯〔僚(liáo)〕同"僚"，官。这里是许俊自称。〔以义烈自许〕以行侠义事自负。⑰〔手笔数字〕亲笔写几个字。⑱〔当立置之〕就会立刻把柳氏取来。⑲〔激赞〕热烈称赞。⑳〔与之〕（把写的字）给他。㉑〔急装〕军服，准备战斗的装束。㉒〔径趋〕直奔。〔第〕府第，住宅。㉓〔出〕外出。㉔〔以〕助词，无义。㉕〔且不救〕将无法救治。㉖〔札〕书信。㉗〔绝驰〕用最快的速度跑。㉘〔座未罢〕酒席未散。

韩,曰:"幸不辱命①。"一座惊叹。时吐利初立功,代宗方优借②。大惧祸作③,阖座同见希逸④,白其故⑤。希逸扼腕奋髯⑥,曰:"此我往日所为也⑦,而俊复能之⑧!"立修表上闻⑨,深罪沙吒利⑩。代宗称叹良久⑪,御批曰⑫:"沙吒利宜赐绢二千匹⑬,柳氏却归韩翃⑭。"

　　已经无望了,忽而一转,写奇人许俊,写奇事劫取,写神速而意外的复合,结束故事。

【研读参考】一、唐人写小说,大都情节离奇(所以叫"传奇"),文辞藻丽。本篇出于《本事诗》,文字比较简明、朴实。如果愿意比较,可以找人民文学出版社出版的张友鹤选注的《唐宋传奇选》,对照看看。

　　二、诗歌中的句子,常常用比喻的写法。举本篇为例,讲讲两首诗是怎样比喻的。

----

①〔幸不辱命〕幸而没有辱没你的使命,幸而办成了。 ②〔代宗〕唐朝的代宗皇帝。〔优借〕厚待。 ③〔大惧祸作〕(同座人)很怕惹祸。作,发生。 ④〔阖(hé)座〕宴席上的全体。阖,全。 ⑤〔白〕说明。〔故〕(事情的)原本。 ⑥〔扼(è)腕奋髯(rán)〕表示慷慨激昂。扼腕,用一只手握住另一只手的手腕,表示振奋。奋髯,胡须竖起,表示激动。 ⑦〔往日所为〕过去做过的事。 ⑧〔复能之〕也能这样做。 ⑨〔立〕立刻。〔修表上闻〕写奏章给皇帝。修,写。上,上书(皇帝)。 ⑩〔深罪〕严厉谴责。 ⑪〔良久〕许久。 ⑫〔御批〕皇帝亲笔批示。 ⑬〔赐绢〕(皇帝)赏给丝绸。这里是说皇帝不敢得罪番将,反而安慰他。 ⑭〔却归〕退还。

二四　书何易于　孙樵

【解说】本篇选自《孙樵集》。书，记，写。何易于，唐朝庐江（今安徽庐江）人。《新唐书》有他的传，是根据本篇写的，所以除了本篇所叙的事迹以外，其他都不详。

孙樵写这篇文章，一方面是想传何易于这个人，另一方面是揭露当时官场的黑暗情况。所以文章的前半写何易于的事迹，后半借自己与邑民的问答，评论考绩和授官办法的不合理。文章用的笔墨不多，可是记事说理都鲜明而深刻。

作者孙樵（生卒年不详），字隐之，唐朝关东（函谷关以东）一带人。唐宣宗大中九年（855）进士。曾任中书舍人、职方郎中。读书多，能写文章。

何易于尝为益昌令①，县距刺史治所四十里②，城嘉陵江南③。刺史崔朴④，尝乘春自上游多从宾客歌酒⑤，泛舟东

----

①〔益昌〕旧县名，在今四川广元。〔令〕县令，县官。　②〔刺史治所〕州治，州城。刺史，州的长官。　③〔城嘉陵江南〕（益昌）县城建筑在嘉陵江的南岸。　④〔崔朴〕生平不详。　⑤〔乘春〕趁着春天的好时光。〔多从宾客歌酒〕有许多宾客随行，一路歌唱饮酒。

下，直出益昌旁①。至则索民挽舟②，易于即腰笏引舟上下③。刺史惊问状，易于曰："方春④，百姓不耕即蚕⑤，隙不可夺⑥。易于为属令⑦，当其无事，可以充役⑧。"刺史与宾客跳出舟，偕骑还去⑨。

　　由何易于为刺史引舟，爱惜民力敢于抗上司写起。

　　益昌民多即山树茶⑩，利私自入⑪。会盐铁官奏重榷管⑫，诏下所在不得为百姓匿⑬。易于视诏曰："益昌不征茶⑭，百姓尚不可活，矧厚其赋以毒民乎⑮！"命吏刬去⑯。吏争曰："天子诏所在不得为百姓匿，今刬去，罪益重⑰。吏止死⑱，明府公免窜海裔耶⑲？"易于曰："吾宁爱一身以毒一邑民乎⑳？亦不使罪蔓尔曹㉑。"即自纵火焚之㉒。观察

————

①〔出〕向前行。②〔索民挽舟〕要民夫拉船。挽，牵引。③〔腰笏（hù）〕把笏板插在腰带上。笏，手板。官员执笏，笏上可以记事。〔引舟上下〕拉着船跑上跑下。④〔方春〕正当春季。⑤〔不耕即蚕〕不是耕地，就是养蚕。⑥〔隙（xì）不可夺〕时间不可强占。隙，指农暇。⑦〔属令〕本州属下的县令。⑧〔充役〕担当这个劳役。⑨〔偕骑（旧读 jì）还去〕一同骑着马回（州里）去。⑩〔即山树茶〕就着山种茶树。树，动词，种。⑪〔利私自入〕获得的利益归自己（不交税）。⑫〔会〕正当这个时候。〔盐铁官〕主管盐铁及其他国家专利的官。〔奏重榷（què）管〕奏请朝廷整顿专卖制度，加强管理。重，重视。榷，专其利使入官。管，管理。⑬〔诏（zhào）〕诏书（皇帝的命令）。〔所在〕有关的地方。〔匿〕隐瞒。⑭〔征茶〕征收茶税。⑮〔矧（shěn）〕何况。〔赋〕税。〔毒民〕损害人民。⑯〔刬（chǎn）去〕除去征茶税的诏令。刬，通"铲"。⑰〔益〕更加。⑱〔吏止死〕为吏的不过一死罢了。⑲〔明府〕对县令的尊称。〔免〕(岂能）免。〔窜〕被放逐。〔海裔（yì）〕荒远的海边。裔，边远地方。⑳〔宁〕岂能。〔邑〕县。㉑〔蔓〕延及，牵连。〔尔曹〕你们。㉒〔焚之〕烧掉征税的诏令。

使闻其状①,以易于挺身为民,卒不加劾②。

进一步写何易于为爱民而不奉皇帝诏。

邑民死丧,子弱业破不能具葬者③,易于辄出俸钱④,使吏为办⑤。百姓入常赋⑥,有垂白偻杖者⑦,易于必召坐与食⑧,问政得失⑨。庭有竞民⑩,易于皆亲自与语,为指白枉直⑪。罪小者劝⑫,大者杖⑬,悉立遣之⑭,不以付吏⑮。治益昌三年,狱无系民,民不知役⑯。改绵州罗江令⑰,其治视益昌⑱。是时故相国裴公出镇绵州⑲,独能嘉易于治⑳。尝从观其政㉑,道从不过三人㉒。其察易于廉约如是㉓。

从正面写何易于的爱民善政。

---

①〔观察使〕官名,地位次于节度使。 ②〔卒不加劾(hé)〕终于没有弹劾何易于。劾,论人罪状。 ③〔弱〕小。〔业破〕家业破败。〔不能具葬〕没有力量办理丧事。 ④〔辄(zhé)〕就。〔俸钱〕做官的薪俸。 ⑤〔为(wèi)办〕为(民)办理。 ⑥〔入常赋〕缴纳照例须缴的赋税。入,缴纳。 ⑦〔垂白〕头发将白。指老人。〔偻(lóu)杖〕曲背拄杖走路的人。 ⑧〔与食〕给饭吃。 ⑨〔问政得失〕询问政治措施哪些好,哪些不好。 ⑩〔庭〕公堂。〔竞民〕打官司的人。 ⑪〔为指白枉直〕给他们指明谁对谁不对。白,表明。枉,弯曲,不对。 ⑫〔罪小者劝〕罪小的,加以教育。 ⑬〔大者杖〕罪大的,给予杖责。 ⑭〔悉立遣之〕都是当时就让他们走。悉,全都。遣,打发走。 ⑮〔付吏〕交给小吏处理。 ⑯〔民不知役〕人民不知有官差劳役。 ⑰〔绵州罗江〕绵州的罗江县。绵州,今四川绵阳一带。罗江,旧县名,在今四川德阳市罗江区。 ⑱〔其治视益昌〕他的政绩和在益昌一样。视,比照,像。 ⑲〔故相国裴公〕已经去世的宰相裴度。〔镇〕镇守,任长官。 ⑳〔嘉〕赞许。〔治〕政绩。 ㉑〔从〕就,就近。 ㉒〔道(dǎo)从〕导从,前后跟随(何易于)的人。 ㉓〔廉约〕清廉简约。〔如是〕像这样。

会昌五年①，樵道出益昌②，民有能言何易于治状者③，且曰④："天子设上下考以勉吏⑤，而易于考止中上⑥，何哉？"樵曰："易于督赋如何⑦？"曰："上请贷期⑧，不欲紧绳百姓⑨，使贱出粟帛。""督役如何⑩？"曰："度支费不足⑪，遂出俸钱，冀优贫民⑫。""馈给往来权势如何⑬？"曰："传符外一无所与⑭。""擒盗如何？"曰："无盗。"樵曰："予居长安，岁闻给事中校考⑮，则曰某人为某县，得上下考⑯，由考得某官。问其政，则曰，某人能督赋，先期而毕；某人能督役，省度支费；某人当道⑰，能得往来达官为好言⑱；某人能擒若干盗。县令得上下考者如此！"邑民不对⑲，笑去。

通过作者与邑民的谈话，写何易于不能得上考的原因，以揭露当时政治的黑暗。

———

① 〔会昌五年〕公元845年。会昌，唐武宗的年号。 ② 〔樵〕作者孙樵自称。〔道出〕路过。 ③ 〔治状〕治理地方的情况。 ④ 〔且曰〕并且说。 ⑤ 〔上下考〕分上等下等来评定官员的治绩。〔勉吏〕劝勉官吏。 ⑥ 〔考止中上〕考绩仅列在中等里的上等。 ⑦ 〔督赋〕督促老百姓缴赋税。 ⑧ 〔上请贷期〕向上级请求放宽缴纳赋税的期限。 ⑨ 〔紧绳〕加紧逼迫。绳，拘束，督促。 ⑩ 〔督役〕督促百姓（给官府）服劳役。 ⑪ 〔度支费〕国家财政部门所拨的经费。 ⑫ 〔冀〕希望。〔优〕优待，照顾。 ⑬ 〔馈给往来权势〕招待从这里过的有权有势的大官。 ⑭ 〔传（zhuàn）符〕驿站上的征信物。传，驿站。符，执行公务的证件。〔一无所与〕什么东西都不给。 ⑮ 〔岁〕每年。〔给事中〕官名，参加吏部对内外官员的考绩事务。〔校(jiào)考〕考核。 ⑯ 〔得上下考〕由考核评为上等里的下等。 ⑰ 〔当道〕意思是，做官的地方正在交通要道上。 ⑱ 〔达官〕显贵的官员。 ⑲ 〔不对〕不回答。言外之意，这样胡来，真无话可说。

樵以为当世在上位者①，皆知求才为切②。至如缓急补吏③，则曰"吾患无以共治"④，膺命举贤⑤，则曰"吾患无以塞诏"⑥，及其有之⑦，知者何人哉？继而言之⑧，使何易于不有得于生⑨，必有得于死者⑩，有史官在⑪。

慨叹在上位者不能识拔真才。但断言何易于虽不遇于当时，必能留芳名于后世。

【研读参考】一、本篇题目是《书何易于》，为什么不说《何易于传》？与你读过的传记比较，想想这个道理。

二、著文发表议论，可以直接说，也可以换一种方式说。本篇作者与邑民问答一段，是不直说的一种方式。这样写有什么好处？

三、现代汉语用作名词的，文言里常常可以用作动词，如"城嘉陵江南"的"城"，"从宾客歌酒"的"酒"。把本篇中这类用法的字都指出来。

---

①〔当世〕现今。 ②〔求才为切〕访求人才是急迫的事。 ③〔缓急〕从容或急迫的时候。这里意思是有需要的时候。〔补吏〕补充官吏。 ④〔吾患无以共治〕我发愁的是没有人可以和我一同给国家办事。 ⑤〔膺(yīng)命〕承受皇帝的诏命。〔举〕推荐。 ⑥〔塞诏〕应付皇帝的命令。 ⑦〔及其有之〕等到有了可以共治的官吏，有了可举的贤才。 ⑧〔继而言之〕再说，也可以这样说。 ⑨〔使〕假使，纵使。〔不有得于生〕活着的时候没有受到重视。 ⑩〔有得于死〕死后能传名后世。 ⑪〔有史官在〕意思是史官一定会把何易于的事迹写到史书里。

二四 书何易于　　115

二五　短论二篇

【解说】本篇中"俭不至说"选自《唐文粹》卷四十七,"英雄之言"选自同书卷四十五。《唐文粹》是宋朝姚铉(xuàn)编的一部唐朝文章的选集,共一百卷。俭不至,意思是,想俭约而没有做到家,大处不算小处算。英雄之言,意思是,由出名人物的话里,我们可以领会人多自私,争权夺利的道理。前一篇意思明显。后一篇意思比较曲折,由字面上看,主旨是说生活奢华、招摇显耀没有好处;可是举例特别提出刘邦和项羽,这是在指斥统治者。他这样写,显然是在发牢骚,不满当时的腐败政治。

两篇的写法也有分别。前一篇通篇用比喻,第一、二段由浅入深,是虚说;第三段提出具体的人,像是指实了,其实仍是虚说。作者想说的意思当然是,当时国家的许多大事正是这样,这意思留待读者体会。后一篇论点明白提出,然后举社会上的现实为证,最后重复一句,加重说明本意。

作者来鹄(生卒年不详),唐末南昌(今江西南昌)人。写古文很有名。罗隐(833—910),字昭谏,唐末余杭(今浙江杭州市富阳区)人。原来名罗横,因为考十次进士没考中,改名罗隐。做过节度判官、给事中等官。诗文都很有名。著有《罗昭谏集》。

俭不至说　来鹄

剪腐帛而火焚者①，人闻之，必递相惊曰②："家之何处烧衣邪？"委余食而在地者③，人见之，必递相骇曰："家之何处弃食邪？"烧衣易惊④，弃食易骇，以其衣可贵而食可厚⑤，不忍焚之弃之也。

衣食等有用的东西，人们都知道珍惜。

然而不知家有无用之人⑥，厩有无力之马⑦；无用之人服其衣，与其焚也何远⑧？无力之马食其粟，与其弃也何异？以是焚之⑨，以是弃之，未尝少有惊骇者⑩。

紧承上文一转，指出不注意变相的焚衣弃食是愚蠢的。

公孙弘为汉相⑪，盖布被，是惊家之焚衣也，而不能惊汉武国侈奢服⑫；晏子为齐相⑬，豚肩不掩豆⑭，是骇家之弃

---

①〔腐帛〕朽坏的丝织品。　②〔递〕互相传递，一个又一个。　③〔委〕丢弃。〔余食〕吃剩的东西。　④〔易惊〕容易引起惊讶。　⑤〔厚〕厚生，使生活丰足。　⑥〔不知〕没有注意到。　⑦〔厩（jiù）〕马棚。　⑧〔何远〕有什么差距。　⑨〔以是〕用这（种形式）。　⑩〔少〕稍微。　⑪〔公孙弘〕汉朝薛县（今山东滕州）人。汉武帝时做丞相，封平津侯。他说："人主病不广大，人臣病不俭节。"为布被，食不重（chóng）肉（不吃两个肉菜）。　⑫〔国侈奢服〕治国陷于奢侈享受。侈，靠。服，享用。　⑬〔晏子〕晏婴，字平仲，春秋末齐国的宰相。做宰相时，食不重肉，妾不衣帛。　⑭〔豚（tún）肩〕肘子。豚，猪。〔豆〕盛食物的器具，这里指祭器。不掩豆是说肘子小。《礼记·礼器》："晏平仲祀其先人，豚肩不揜（yǎn，掩）豆。"

食也,而不能骏景公之厩马千驷①。

更进一步,举国家大事为例,说明小处节俭、大处浪费的失算。

英雄之言　罗隐

物之所以有韬晦者②,防乎盗也③。故人亦然。

提出中心意思:人也应该韬晦。

夫盗亦人也,冠屦焉④,衣服焉;其所以异者,退让之心,贞廉之节⑤,不恒其性耳⑥。视玉帛而取者则曰牵于寒饿⑦,视家国而取者则曰救彼涂炭⑧。牵于寒饿者无得而言矣⑨;救彼涂炭者则宜以百姓心为心,而西刘则曰"居宜如是⑩",楚籍则曰"可取而代⑪"。噫!彼必无退让之心⑫,

---

①〔驷〕四匹马。古时一辆车套四匹马。《论语·季氏》:"齐景公有马千驷。"　②〔韬(tāo)晦(huì)〕隐蔽。意思是不显耀,不招摇。　③〔乎〕语气词,没有意义。　④〔冠屦(jù)〕戴帽穿鞋。屦,鞋。　⑤〔贞廉〕忠正廉洁。〔节〕节操。　⑥〔不恒其性〕不能长久维持好的品行。意思是有时好,有时坏。　⑦〔牵于寒饿〕为饥寒所迫。牵,牵累。　⑧〔彼〕指人民。〔涂炭〕泥水和炭火。水深火热,比喻在极端困苦中。　⑨〔无得而言〕没什么可说的。　⑩〔西刘〕汉高祖刘邦。秦末刘邦、项羽争天下,刘邦势力在西。《史记·高祖本纪》记载,刘邦年轻时候曾到秦朝都城咸阳,看见秦始皇的宫室仪仗,叹息说:"大丈夫当如此也!"〔居〕居住在世间。　⑪〔楚籍〕楚国的项籍。项籍,字羽,《史记·项羽本纪》记载,秦始皇巡游到浙江,项羽看见了说:"彼可取而代也。"　⑫〔噫(yī)〕叹词,表示慨叹。〔彼〕指刘、项二人。

贞廉之节，盖以视其靡曼骄崇然后生其谋耳①。为英雄者犹若是，况常人乎？是以峻宇逸游②，不为人之所窥者鲜矣③。

> 写小盗盗物，大盗盗国，行为有大小之异，而用心则同。所以结论是骄奢享乐不能久长，与开头的论点呼应。

【研读参考】一、写议论文，主旨定了之后，能够写得短些就不要多费笔墨。这两篇都写得很短，可是立意正大，论据有力，在作法上值得学习。

二、两篇文章都说到宜俭约，可是着重点不同。把各自的论点和论据指出来，比较一下。

---

① 〔以〕因为。〔靡曼〕奢侈。〔骄崇〕尊贵。〔谋〕想法，念头。 ② 〔峻宇〕高大的房舍。〔逸游〕不正当的游乐。 ③ 〔窥〕窥伺，想望。〔鲜(xiǎn)〕少。

二六　唐河店妪传　王禹偁

【解说】本篇选自《小畜集》。文集名"小畜",是用《易经·小畜》卦里"小畜,君子以懿文德"的意思。唐河店是河北唐河(由山西发源,经过河北西部,流入白洋淀)旁的一个小地名。妪(yù),老年妇人。作者写这篇文章,主旨是在发挥自己对边防的看法,所以记唐河店妪的事并不多,而是用比较多的笔墨写边防办法的不当,以及要怎样做才能够长治久安。这种写法,在以传记为题的文章里是很特别的。

作者是推崇韩愈、柳宗元的古文家,所以本篇文字朴实简洁。但是记事部分能够形象生动,简而不漏;议论部分说理透彻,证据充足,意思恳切。这些都是值得深入体会的。

作者王禹偁(chēng)(954—1001),字元之,宋朝巨野(今山东巨野)人。太宗太平兴国八年(983)进士。曾任右拾遗、翰林学士等官。为人正直,敢说话,因此屡次受贬谪。文章风格平易朴素,是宋朝初年的重要作家。

唐河店南距常山郡七里①，因河为名②。平时虏至店饮食游息③，不以为怪④。兵兴已来⑤，始防捍之⑥，然亦未甚惧。

先泛写辽兵出没于唐河店地区。

端拱中⑦，有妪独止店上⑧。会一虏至⑨，系马于门，持弓矢坐定⑩，呵妪汲水⑪。妪持绠缶趋井⑫，悬而复止⑬，因胡语呼虏为王⑭，且告虏曰："绠短，不能及也。妪老力惫⑮，王可自取之。"虏因系绠弓杪⑯，俯而汲焉。妪自后推虏堕井，跨马诣郡⑰。马之介甲具焉⑱，鞍之后复悬一彘首⑲。常山民吏观而壮之⑳。

承上段，具体写唐河店老妪智勇杀辽兵。

---

①〔常山郡〕当时的真定府，在今河北正定一带。文章说距常山郡七里，疑常山应作中山（今河北定州）。唐河从定州城北流过。 ②〔因河为名〕因为靠着唐河而得名。 ③〔虏（lǔ）〕这里指辽国兵士（这是污辱外族人的称呼）。当时河北北半部是辽国势力。 ④〔不以为怪〕不看作怪事。 ⑤〔兵兴已来〕指宋太宗太平兴国四年（979）、雍熙三年（986）两次伐辽的事。已，同"以"。 ⑥〔始防捍之〕才防御他们。捍，御。 ⑦〔端拱（gǒng）〕宋太宗的年号 988—989）。〔中〕年间。 ⑧〔止〕停留。 ⑨〔会〕正赶上。 ⑩〔矢〕箭。 ⑪〔呵（hē）〕无礼地大声命令。〔汲（jí）水〕从井中打水。 ⑫〔绠（gěng）缶（fǒu）〕井绳和瓦罐。 ⑬〔悬〕用绳系罐向下吊。 ⑭〔因〕于是。〔胡语〕（用）辽国语言。 ⑮〔惫（bèi）〕疲乏无力。 ⑯〔系绠弓杪（miǎo）〕把井绳系在弓的一端。杪，梢。 ⑰〔诣（yì）郡〕往常山郡城里（报告官府）。 ⑱〔介甲〕披在战马身上的护甲。介，也是"甲"。 ⑲〔复悬一彘（zhì）首〕还挂着一个猪头（大概是辽兵抢来的）。 ⑳〔壮之〕称赞她勇武。

噫①！国之备塞②，多用边兵③，盖有以也④，以其习战斗而不畏懦矣⑤。一妪尚尔⑥，其人可知也⑦。近世边郡骑兵之勇者，在上谷曰静塞⑧，在雄州曰骁捷⑨，在常山曰厅子⑩，是皆习干戈战斗而不畏懦者也⑪，闻虏之至，或父母辔马⑫，妻子取弓矢，至有不俟甲胄而进者⑬。顷年胡马南下⑭，不过上谷者久之⑮，以静塞骑兵之勇也。会边将取静塞马分隶帐下以自卫⑯，故上谷不守⑰。今骁捷、厅子之号尚存而兵不甚众⑱，虽加召募，边人不应⑲，何也？盖选归上都⑳，离失乡土故也。又月给微薄㉑，或不能充㉒。所赐介胄鞍马皆脆弱羸瘠不足御胡㉓，其坚利壮健者悉为上军所取㉔。及其赴敌，则此辈身先㉕，宜其不乐为也㉖。诚能定其

---

①〔噫（yī）〕叹词，表示感慨。 ②〔备塞〕防守边塞。 ③〔边兵〕家在边地担任守卫国境的兵。 ④〔盖有以也〕那是有原因的。 ⑤〔习战斗而不畏懦〕熟悉战斗而不畏惧。懦，胆怯，软弱。 ⑥〔尚尔〕还能如此。 ⑦〔其人〕那里的人。 ⑧〔上谷〕古郡名，当时的易州，在今河北易县一带。〔静塞〕地方军队名称。以下"骁（xiāo）捷""厅子"同。 ⑨〔雄州〕在今河北雄县一带。 ⑩〔常山〕即上文的常山郡。 ⑪〔干戈〕指一般兵器。干，盾。戈，一种能刺杀的兵器。 ⑫〔父母辔（pèi）马〕父母（给儿子）牵马（上战场）。辔，缰绳。 ⑬〔不俟甲胄（zhòu）而进〕不等戴好头盔、穿好战袍就出发。胄，护头的盔。 ⑭〔顷年〕近年。〔胡马〕指辽军。 ⑮〔久之〕很长时间。 ⑯〔会〕适，恰好。〔分隶帐下〕分归部下。隶，属。 ⑰〔不守〕失守，陷落。指李继隆守易州失败事。 ⑱〔号尚存〕名号还有。 ⑲〔不应（yìng）〕不应召。 ⑳〔上都〕京城。 ㉑〔月给〕每月的供给。 ㉒〔或不能充〕有时还不能足数。 ㉓〔羸（léi）瘠（jí）〕瘦弱。〔御胡〕抵抗辽兵。 ㉔〔坚利〕坚固的甲胄，锋利的兵器。〔上军〕守备京师的军队。 ㉕〔此辈身先〕这些人打头阵。此辈，指边兵。 ㉖〔宜〕应该。

军①,使有乡土之恋,厚其给,使得衣食之足,复赐以坚甲健马,则何敌不破?如是,得边兵一万,可敌客军五万矣②。

由记事转到议论,先批评宋朝边防军事措施的不当,然后提出改正意见。

谋人之国者③,不于此而留心,吾未见其忠也。故因一妪之勇,总录边事④,贻于有位者云⑤。

最后点明写这篇文章的目的。

【研读参考】 一、宋朝边防失利的原因,作者是怎样看的?

二、以本篇为例,说说文无定法的道理。

三、从本篇中把"因"字都找出来,说说各个的用法。

---

①〔诚〕果真,假设。〔定〕定驻,不抽调。 ②〔敌客军五万〕抵得上外地军人五万。敌,抵得上。客军,别处调来的军队。 ③〔谋人之国者〕替人筹划国事的人,指大臣。 ④〔总录〕总起来记述。 ⑤〔贻于有位者〕赠给有权位的大臣。〔云〕语气助词。

二七　与高司谏书　欧阳修

【解说】本篇选自《欧阳文忠公文集》。高司谏，即高若讷（旧读 nà），字敏之，当时任左司谏。这封信是宋仁宗景祐三年（1036）五月前写的，那时候作者三十岁。范仲淹，字希文，是宋朝著名的大臣，能文能武，人也正直，敢说敢做。其时范任天章阁待制、权知（权，暂署；知，主管）开封府的官，屡次上疏批评时政，与宰相吕夷简冲突，被贬官，知饶州（今江西鄱阳）。当时秘书丞余靖（字安道）和太子中允尹洙（zhū，字师鲁）都上疏为范仲淹鸣不平。高若讷是谏官，不但不向皇帝进言，反而说范仲淹的坏话。欧阳修当时任馆阁校勘，非常气愤，所以写了这封信。高若讷接到信后，果然上交给皇帝，所以余靖、尹洙和欧阳修都得罪，受到贬官的处分 [余靖监筠州（今江西高安一带）酒税，尹洙监郢（yǐng）州（今湖北钟祥一带）酒税，欧阳修做夷陵（今湖北宜昌）令]。

在旧时代的书札里，这是一篇格调比较特别的作品，它的语言不是委婉客气，而是痛快淋漓。我们读了，会觉得从头到尾是痛骂，可是又处处有理有据，沉着恳切。信写得这样好，自然是由于作者文学修养高，但更主要的还是内容充实，它体现了作者坚持正义、是非分明、为真理而不计个人利害的精神。凡此都值得深入体会。

作者欧阳修（1007—1072），字永叔，号醉翁，又号六一居士，宋朝庐陵（今江西永丰）人。幼年勤苦读书，学问很好。仁宗天圣八年（1030）进士。官至枢密副使、参知政事。在文学、史学方面贡献很大。他喜欢韩愈的文章，与尹洙、梅尧臣、苏舜钦等大力提倡古文，对后代的文章流派影响很大；他是唐宋八大家中的重要作家。诗和词也写得很好。还同宋祁等编《新唐书》，自己编《新五代史》。还开创搜集、记录古物的风气，著成《集古录跋尾》。死后谥文忠。

修顿首再拜白司谏足下①：某年十七时②，家随州③，见天圣二年进士及第榜④，始识足下姓名。是时予年少，未与人接⑤，又居远方⑥，但闻今宋舍人兄弟与叶道卿、郑天休数人者⑦，以文学大有名，号称得人⑧，而足下厕其间⑨，

---

①〔顿首再拜〕写信的客套话，叩头致敬。再拜，拜两次，表示特别恭敬。〔白〕陈说。〔足下〕称对方的敬词。 ②〔某〕用来代替自己的名字。 ③〔家〕动词，住在。〔随州〕今湖北随县。欧阳修四岁死了父亲，跟着母亲郑氏往随州，住在叔父欧阳晔（yè，时任随州推官）处。 ④〔天圣二年〕公元1024年。天圣，宋仁宗的年号。〔进士及第榜〕考中进士的名单。 ⑤〔接〕交往。 ⑥〔远方〕远离京城的地方。 ⑦〔但〕只。〔宋舍（shè）人兄弟〕指宋朝文学家宋庠（字公序）和宋祁（字子京）兄弟二人。宋庠做过起居舍人的官。〔叶道卿〕名清臣。〔郑天休〕名戬（jiǎn）。以上四人都在天圣二年中进士。 ⑧〔号称〕人都称说。〔得人〕（这次考进士为国家）取得人才。 ⑨〔厕其间〕置身在他们中间。厕，夹杂在里面。

独无卓卓可道说者①,予固疑足下②,不知何如人也③。其后更十一年④,予再至京师⑤,足下已为御史里行⑥,然犹未暇一识足下之面。但时时于予友尹师鲁问足下之贤否,而师鲁说足下正直有学问,君子人也。予犹疑之。夫正直者不可屈曲⑦,有学问者必能辨是非。以不可屈之节,有能辨是非之明,又为言事之官⑧,而俯仰默默⑨,无异众人⑩,是果贤者耶?此不得使予之不疑也。自足下为谏官来,始得相识,侃然正色⑪。论前世事⑫,历历可听⑬;褒贬是非⑭,无一谬说⑮。噫!持此辩以示人⑯,孰不爱之⑰?虽予亦疑足下真君子也⑱。是予自闻足下之名及相识⑲,凡十有四年而三疑之⑳。今者推其实迹而较之㉑,然后决知足下非君子也㉒。

> 写自己十四年来由耳闻到亲见,久疑之后,终于认清高若讷绝非君子。

前日范希文贬官后㉓,与足下相见于安道家,足下诋诮

---

① 〔卓卓〕卓越,特出。〔可道说〕值得称道。 ② 〔固〕本来。 ③ 〔何如人〕怎样的人。 ④ 〔更(gēng)〕经过。 ⑤ 〔京师〕京城汴梁(今河南开封)。 ⑥ 〔御史里行(xíng)〕资历浅的人任监察御史,作为实习,名监察御史里行。 ⑦ 〔屈曲〕屈折迁就。 ⑧ 〔言事之官〕指御史。 ⑨ 〔俯仰默默〕举止随人,不敢说话。俯,低头。仰,抬头。 ⑩ 〔众人〕凡俗的人。 ⑪ 〔侃(kǎn)然正色〕刚直严正的样子。 ⑫ 〔前世〕前代。 ⑬ 〔历历〕清楚明白。 ⑭ 〔褒(bāo)贬是非〕赞扬对的,贬斥错的。 ⑮ 〔无一谬(miù)说〕没有错误的言论。 ⑯ 〔持此辩以示人〕拿这种谈论给人看。 ⑰ 〔孰〕谁。 ⑱ 〔疑〕以为是。 ⑲ 〔是〕这样。 ⑳ 〔凡〕总共。〔有〕通"又"。 ㉑ 〔推〕考究。〔较〕核计。 ㉒ 〔决〕确定。 ㉓ 〔前日〕前些天。

希文为人①。予始闻之,疑是戏言②;及见师鲁,亦说足下深非希文所为③,然后其疑遂决④。希文平生刚正,好学通古今,其立朝有本末⑤,天下所共知,今又以言事触宰相得罪⑥。足下既不能为辨其非辜⑦,又畏有识者之责己⑧,遂随而诋之,以为当黜⑨,是可怪也⑩!夫人之性,刚果懦软禀之于天⑪,不可勉强,虽圣人亦不以不能责人之必能⑫。今足下家有老母,身惜官位⑬,惧饥寒而顾利禄⑭,不敢一忤宰相以近刑祸⑮。此乃庸人之常情⑯,不过作一不才谏官尔⑰,虽朝廷君子亦将闵足下之不能而不责以必能也⑱。今乃不然⑲,反昂然自得⑳,了无愧畏㉑,便毁其贤以为当黜,庶乎饰己不言之过㉒。夫力所不敢为,乃愚者之不逮㉓;以智文其过㉔,此君子之贼也㉕。

指出高若讷不能主持公道,反而说范希文的坏话,

---

①〔诋(dǐ)诮(qiào)〕诽谤讥讽。 ②〔戏言〕玩笑话。 ③〔深非〕强烈责难。非,以为不对。 ④〔决〕解决。 ⑤〔立朝有本末〕在朝做官,一贯坚持正义,有始有终。 ⑥〔言事〕向朝廷提出政见。〔触〕冒犯。 ⑦〔为(wèi)〕为(范希文言事)。〔非辜(gū)〕无罪。 ⑧〔有识者〕明辨是非的人。 ⑨〔黜(chù)〕罢官。 ⑩〔是〕此。〔怪〕认为离奇。 ⑪〔刚果懦(nuò)软〕刚强果断,怯懦软弱。〔禀(bǐng)之于天〕是天生的。禀,承受。 ⑫〔以不能责人之必能〕责成人必须做到不能做到的事。 ⑬〔惜〕留恋。 ⑭〔顾利禄〕舍不得官俸。 ⑮〔忤(wǔ)〕触犯。〔近刑祸〕受处罚。 ⑯〔庸人〕无能无志的人。 ⑰〔不才〕不称职,无能。〔尔〕而已。 ⑱〔闵(mǐn)〕通"悯",怜惜。 ⑲〔乃〕竟。 ⑳〔昂然自得〕洋洋得意的样子。 ㉑〔了无〕一点也没有。了,全。 ㉒〔庶乎〕庶几乎,希望可以。〔饰〕遮掩。 ㉓〔不逮〕力量达不到。 ㉔〔文(旧读wèn)〕掩饰。 ㉕〔君子之贼〕败坏君子的坏东西。

以推卸自己的责任，所以是真小人。

且希文果不贤耶①？自三四年来，从大理寺丞至前行员外郎、作待制日②，日备顾问③，今班行中无与比者④。是天子骤用不贤之人⑤？夫使天子待不贤以为贤⑥，是聪明有所未尽⑦。足下身为司谏，乃耳目之官⑧，当其骤用时，何不一为天子辨其不贤，反默默然无一语，待其自败⑨，然后随而非之⑩？若果贤耶？则今日天子与宰相以忤意逐贤人⑪，足下不得不言。是则足下以希文为贤，亦不免责，以为不贤，亦不免责，大抵罪在默默尔。

  进一步论证，无论范希文贤与不贤，高若讷为谏官而遇事默默，终不能推卸责任。

昔汉杀萧望之与王章⑫，计其当时之议⑬，必不肯明言杀贤者也；必以石显、王凤为忠臣，望之与章为不贤而被罪也⑭。今足下视石显、王凤果忠耶？望之与章果不贤耶？当时亦有谏臣，必不肯自言畏祸而不谏，亦必曰当诛而不

---

①〔果〕当真。②〔大理寺丞〕大理寺卿的属员。大理寺是审核刑狱的官署。〔前行（háng）员外郎〕指吏部员外郎。唐宋时期，尚书省六部分前、中、后三行：兵部、吏部属前行；刑部、户部属中行；工部、礼部属后行。〔待制〕指天章阁待制，天章阁学士、直学士之下的官。③〔备顾问〕准备皇帝询问，意思是皇帝的近臣。④〔班行（háng）〕朝臣的行列。〔无与比〕无人可比。⑤〔是〕语气词，"这岂不是"。〔骤〕急促。⑥〔使〕假使。⑦〔聪明有所未尽〕意思是虽有聪明而考虑不周到。⑧〔耳目之官〕为皇帝考察、纠弹的官。⑨〔败〕坏了事。⑩〔非之〕说他有错误。⑪〔忤意〕违背旨意。⑫〔汉〕西汉。〔萧望之〕曾任太子太傅，因反对宦官弘恭、石显而被害。〔王章〕曾任京兆尹，因反对外戚王凤而被害。⑬〔计〕估计，推断。〔议〕议论，理由。⑭〔被罪〕加罪。

足谏也①。今足下视之，果当诛耶？是直可欺当时之人而不可欺后世也②。今足下又欲欺今人，而不惧后世之不可欺耶？况今之人未可欺也！

举历史事实为证，指斥高若讷欺世盗名一定会败露。

伏以今皇帝即位已来③，进用谏臣，容纳言论，如曹修古、刘越④，虽殁犹被褒称⑤，今希文与孔道辅皆自谏诤擢用⑥。足下幸生此时，遇纳谏之圣主如此，犹不敢一言，何也？前日又闻御史台榜朝堂⑦，戒百官不得越职言事⑧，是可言者惟谏臣尔。若足下又遂不言，是天下无得言者也⑨。足下在其位而不言，便当去之⑩，无妨他人之堪其任者也⑪。昨日安道贬官⑫，师鲁待罪，足下犹能以面目见士大夫，出入朝中称谏官，是足下不复知人间有羞耻事尔。所可惜者，圣朝有事⑬，谏官不言而使他人言之⑭，书在史册⑮，他日为

---

①〔不足〕不值得。 ②〔直〕只。 ③〔伏以〕我认为。伏，俯身（说），表示恭敬。〔今皇帝〕指宋仁宗赵祯。〔已来〕以来。 ④〔曹修古、刘越〕章献太后掌政时都敢直言。二人死后，仁宗亲政，追封曹为谏议大夫，刘为右司谏。 ⑤〔殁（mò）〕死。〔褒称〕奖赏表扬。 ⑥〔希文与孔道辅皆自谏诤（zhèng）擢（zhuó）用〕孔道辅任御史中丞，与范仲淹一起谏阻仁宗废郭皇后，二人同时被贬官。三年后召回，孔道辅升龙图阁直学士，范仲淹升吏部员外郎、权知开封府事。谏诤，进忠言纠正皇帝过失。擢用，提拔。 ⑦〔御史台〕中央监察机构。〔榜朝堂〕在朝堂张贴通告。 ⑧〔越职言事〕超越自己职权范围对朝政提出意见。这是针对范仲淹的，因为范不是谏官而屡次指责时政。 ⑨〔得言〕有资格讲话。 ⑩〔去之〕离开职位，辞职。 ⑪〔堪其任〕能够担任（谏官）职务。 ⑫〔昨日〕不久前。 ⑬〔圣朝〕尊称当时朝廷。 ⑭〔他人〕别人。指余靖、尹洙等不任谏官的人。 ⑮〔书在史册〕记载在史书里。

朝廷羞者①，足下也。

痛骂高若讷充谏官而不能尽责，是极大的无耻。

《春秋》之法②，责贤者备③。今某区区④，犹望足下之能一言者，不忍便绝足下而不以贤者责也⑤。若犹以为希文不贤而当逐，则予今所言如此，乃是朋邪之人尔⑥。愿足下直携此书于朝，使正予罪而诛之⑦，使天下皆释然知希文之当逐⑧，亦谏臣之一效也⑨。

先以责备贤者的话作陪衬，笔锋一转写出本意：不怕高若讷卑劣到底，连自己一齐开刀。

前日足下在安道家，召予往论希文之事，时坐有他客，不能尽所怀⑩。故辄布区区⑪，伏维幸察⑫，不宣⑬。修再拜。

最后说明写信的缘由。

【研读参考】 一、本篇是在极度愤慨的心情下写的，但除了"是足下不复知人间有羞耻事尔"一句以外，都是平心静气地说事实，讲道理。这种写法值得学习。

---

① 〔为朝廷羞〕成为宋朝的耻辱。 ② 〔《春秋》〕传说孔子根据鲁国史书编订的一部史书。〔法〕记事原则。 ③ 〔责贤者备〕对贤者的要求分外严格。备，周全。 ④ 〔区区〕微小。谦词。 ⑤ 〔绝〕抛弃。〔不以贤者责〕不用贤者的标准来要求。 ⑥ 〔朋邪〕与坏人为朋。朋，这里作动词用，结伙。 ⑦ 〔正予罪〕判定我的罪状。〔诛〕杀。 ⑧ 〔释然〕放心，无虑。 ⑨ 〔效〕效能，功绩。 ⑩ 〔尽所怀〕说完我的想法。 ⑪ 〔辄（zhé）布区区〕就写出我的意见。布，陈述。区区，诚意。 ⑫ 〔伏维〕伏地而想。这是表敬意的说法。维，通"惟"，考虑。〔幸察〕希望你仔细思考。 ⑬ 〔不宣〕书信末尾的套语，意为言不尽意。

二、开头一段说几次疑,接近末尾说"不忍便绝足下",话都说得委婉而有力。想想为什么有力?

三、第二段"夫人之性"以下至段末,意思说得很重。你能体会这一点吗?

四、第三段说高若讷不能免责,是怎么证明的?

五、从本篇中把"是"字都找出来,讲解一下,说说它在文言中的通常用法。

二八　真州东园记　欧阳修

【解说】本篇选自《欧阳文忠公文集》。真州，在今江苏仪征一带，正当东南水运的冲要地点，所以宋朝江、淮等路发运使驻在这里（治所在今仪征）。文中提到的施君正臣（名昌言）、许君子春（名元）、马君仲涂（名遵），《宋史》里都有传。马遵人品好，善议论；其他二人品行都不好。欧阳修是宋朝著名的文学家，所以他们三人修治东园之后，求欧阳修给写一篇记。

欧阳修没有看见东园，所以文中写景物部分都用转述的方式。除了写景物以外，还附带写了修治东园的意义，是与州人士女及四方宾客共乐，是政务处理完之后休其余闲。这样写，内容才能面面俱到，文章才能得体。还有，写景物部分层次清楚，语句秀丽而精练，也值得深入体会。

真为州①，当东南之水会②，故为江、淮、两浙、荆湖

---

①〔真为州〕真州作为一个州。　②〔当东南之水会〕正在东南长江、运河等水汇聚的地方。

发运使之治所①。龙图阁直学士施君正臣②、侍御史许君子春之为使也③,得监察御史里行马君仲涂为其判官④。三人者乐其相得之欢⑤,而因其暇日⑥,得州之监、军废营⑦,以作东园而日往游焉。

　　先由真州写起,点明东园的来历。这是下段的引文。

　　岁秋八月⑧,子春以其职事走京师⑨,图其所谓东园者来以示予⑩,曰:"园之广百亩,而流水横其前⑪,清池浸其右⑫,高台起其北⑬。台,吾望以拂云之亭⑭;池,吾俯以澄虚之阁⑮;水,吾泛以画舫之舟⑯。敞其中以为清宴之堂⑰,辟其后以为射宾之圃⑱。芙蓉芰荷之的历⑲,幽兰白芷之芬

---

① 〔江、淮、两浙、荆湖发运使之治所〕宋代把全国政区分为若干路。江、淮、两浙、荆湖指江南东路、江南西路、淮南路（后分为淮南东路、淮南西路）、两浙路、荆湖南路、荆湖北路。发运使,掌管六路财货及漕运等事的官。治所,发运使的驻地。　② 〔龙图阁直学士〕官名,掌管皇家图书谱录等。宋朝中央大员出任地方官,仍带中央官衔。　③ 〔侍御史〕官名,掌管纠察官吏的错误。　④ 〔御史里行（xíng）〕监察御史。里行,见《与高司谏书》注。〔判官〕发运使的副长官。　⑤ 〔相得〕相处很友好。　⑥ 〔因〕就着。　⑦ 〔监、军〕都是州县一级的行政机构。〔废营〕废弃的军营。　⑧ 〔岁〕（这一）年。　⑨ 〔职事〕本职公事。〔走〕赴,前往。〔京师〕京城汴梁（今河南开封）。　⑩ 〔图〕动词,画。　⑪ 〔横其前〕意思是从园前流过。　⑫ 〔浸其右〕意思是右方有池塘（如园面向南,西是右方）。　⑬ 〔高台〕土丘。〔起〕突立。　⑭ 〔台,吾望以拂云之亭〕台上修建一拂云亭,可以远望。　⑮ 〔池,吾俯以澄虚之阁〕池旁修建一澄虚阁,可以向下看池。　⑯ 〔泛〕划船。〔画舫（fǎng）〕彩绘的小船。　⑰ 〔敞（chǎng）其中以为清宴之堂〕意思是,在园当中敞亮地方修筑一个大厅,以备在那里宴客。清,高雅的。　⑱ 〔辟其后以为射宾之圃〕平整园后的场地,用作宾客游乐的地方。射,古代一种投射的游艺。圃,园地。　⑲ 〔芙蓉〕荷花。〔芰（jì）荷〕这里指荷叶。〔的历〕鲜明美好。

芳①,与夫佳花美木②,列植而交阴③,此前日之苍烟白露而荆棘也④。高薨巨桷⑤,水光日影动摇而下上⑥,其宽闲深靓⑦,可以答远响而生清风⑧,此前日之颓垣断堑而荒墟也⑨。嘉时令节⑩,州人士女啸歌而管弦⑪,此前日之晦冥风雨⑫,鼪鼯鸟兽之嗥音也⑬。吾于是信有力焉⑭。凡图之所载⑮,盖其一二之略也⑯。若乃升于高以望江山之远近⑰,嬉于水而逐鱼鸟之浮沉⑱,其物象意趣登临之乐⑲,览者各自得焉⑳。凡工之所不能画者㉑,吾亦不能言也。其为我书其大概焉㉒。"又曰:"真,天下之冲也㉓,四方之宾客往来者,吾与之共乐于此,岂独私吾三人者哉㉔?然而池台日益以

①〔幽兰〕兰花。〔白芷(zhǐ)〕一种香草。 ②〔木〕树。 ③〔列植〕成行种植。〔交阴〕荫影交错。 ④〔前日〕指建园以前的废营时期。〔苍〕灰白色。 ⑤〔高薨(méng)巨桷(jué)〕意思是高大建筑。薨,屋脊。桷,方椽。 ⑥〔动摇而下上〕指亭、阁等的影子在水中摇动。 ⑦〔宽闲深靓(jìng)〕指堂室内宽绰而安静。靓,通"静"。 ⑧〔答远响〕有回音。〔生清风〕形容房屋大而空。 ⑨〔颓垣(yuán)〕倒塌的墙。〔断堑(qiàn)〕一段一段的沟。〔荒墟〕荒地。 ⑩〔嘉时令节〕美好的时日。嘉,令,都是"好"。 ⑪〔啸(xiào)歌〕吟咏歌唱。〔管弦〕这里作动词用,奏管乐器和弦乐器。 ⑫〔晦(huì)冥(míng)〕阴暗。 ⑬〔鼪(shēng)〕俗名黄鼠狼。〔鼯(wú)〕一种能滑翔的鼠。〔嗥(háo)〕叫。 ⑭〔吾于是信有力焉〕我在建园方面确是出了力气。 ⑮〔图之所载〕图上画着的。 ⑯〔一二之略〕十分之一二的简略状况。 ⑰〔若乃〕像那。 ⑱〔嬉(xī)〕游戏。 ⑲〔物象〕景物的形象。〔意趣〕游观的心情。〔登临〕登山临水。 ⑳〔得〕领会。 ㉑〔工〕画工。 ㉒〔其〕语气词,表希望。〔书其大概〕写下东园的概况。 ㉓〔冲〕交通要道。 ㉔〔私吾三人〕只给我们三人,三人独占。

新①，草树日益以茂，四方之士无日而不来②，而吾三人者有时而皆去也③，岂不眷眷于是哉④？不为之记⑤，则后孰知其自吾三人者始也⑥？"

转入正题，写东园的胜景及游观之乐，并说明作记的原因。

予以谓三君子之材贤⑦，足以相济⑧，而又协于其职⑨，知所后先⑩，使上下给足⑪，而东南六路之人无辛苦愁怨之声；然后休其余闲⑫，又与四方之贤士大夫共乐于此：是皆可嘉也⑬，乃为之书⑭。庐陵欧阳修记。

最后总结，说明修治东园以及写这篇记的意义。

[研读参考] 一、据《宋史》记载，施昌言和许元人品并不好，可是作者文章里说他们"贤"，"协于其职"。这可能由于写这种性质的文章照例须客气几句。但由此可以知道，读古人文章，如无确凿的证据，我们未可尽信其言。

二、描写景物，最好能亲眼看到，但并不是没看到就不能写。文无定法，本篇正是一个好例。

三、本篇中"其"字有不同的用法，指出来。

---

①〔日益以新〕（经过修治）一天比一天更加新。 ②〔无日〕没有一天。 ③〔有时〕到时候，总有一天。〔皆去〕都离开（真州）。 ④〔眷（juàn）眷〕念念不忘。 ⑤〔记〕写有关东园的文章。 ⑥〔孰〕谁。 ⑦〔以谓〕以为。 ⑧〔足以相济〕能够互相辅助。 ⑨〔协于其职〕共同把（发运使的）公事办好。 ⑩〔知所后先〕能够分辨轻重缓急。 ⑪〔上下〕一切有关方面。上，指地位比自己高的。下，指地位比自己低的。〔给足〕富足。给，足用。 ⑫〔休其余闲〕利用公余时间。 ⑬〔嘉〕称赞。 ⑭〔为之书〕为他们写这篇记。

二九　送石昌言使北引　苏洵

【解说】本篇选自《嘉祐集》。石昌言，名扬休，字昌言，宋朝眉山（今四川眉山）人，同苏洵是同乡。宋仁宗时中进士。曾任刑部员外郎、知制诰（gào）等官。那时候，北方契丹（也称辽国）兵力强，是宋朝的大患。宋朝采取委曲求全的政策，常常派使臣往契丹，因而出使成为重要而困难的任务。苏洵为了鼓励石昌言勇敢前往，胜利完成任务，所以写了这篇文章送他。文体是赠序，因为苏洵的父亲名苏序，为避讳，所以改"序"为"引"。后来苏洵的儿子苏轼、苏辙写这类文章也不用"序"字，原因一样。

文章写得很简练，但并不显得单薄，因为感情深挚，道理正大。写年轻时候与石昌言的交往，写契丹威吓宋朝使者，都从琐细处着笔，用关键事物表现情境。这些都值得深入体会。

作者苏洵（1009—1066），字明允，号老泉，宋朝眉山人。传说他二十七岁才开始用功读书。学问渊博，写文章快而且好。当时的名人欧阳修和韩琦都赞扬他的文章。曾任秘书省校书郎，参加修礼书。他和儿子苏轼、苏辙合称"三苏"（老苏、大苏、小苏），都是古文名家。

昌言举进士时①,吾始数岁,未学也。忆与群儿戏先府君侧②,昌言从旁取枣栗啖我③。家居相近,又以亲戚故④,甚狎⑤。昌言举进士,日有名⑥。吾后渐长,亦稍知读书,学句读、属对、声律⑦,未成而废⑧。昌言闻吾废学,虽不言,察其意,甚恨⑨。后十余年,昌言及第第四人⑩,守官四方⑪,不相闻⑫。吾日以壮大,乃能感悔,摧折复学⑬。又数年,游京师,见昌言长安,相与劳苦⑭,如平生欢⑮。出文十数首⑯,昌言甚喜,称善。吾晚学无师,虽日为文,中甚自惭⑰,及闻昌言说,乃颇自喜。

　　由自己早年与石昌言的亲密关系写起。

　　今十余年,又来京师,而昌言官两制⑱,乃为天子出使万里外强悍不屈之虏庭⑲,建大旆⑳,从骑数百㉑,送车千

---

① 〔举进士〕投考进士。 ② 〔忆〕记得。〔先府君〕死去的父亲(苏序)。府君,汉朝对郡守的称呼,宋以后成为子孙对先世的通称。〔侧〕身边。 ③ 〔啖(dàn)我〕给我吃。啖,给……吃。 ④ 〔亲戚〕苏序的女儿嫁给石昌言的弟兄石扬言。〔故〕原因。 ⑤ 〔狎(xiá)〕亲昵。 ⑥ 〔日〕日益,一天比一天更……。 ⑦ 〔句读(dòu)〕文章的断句和停顿,指诵读文章。〔属(zhǔ)对〕对对子。属,连缀。〔声律〕声调、格律。指诗词讲究的调平仄、押韵等。 ⑧ 〔废〕废止,放弃。 ⑨ 〔甚恨〕以为很遗憾。 ⑩ 〔及第〕考中进士。〔第四人〕第四名。 ⑪ 〔守官〕官有职守,所以称做官为守官。 ⑫ 〔相闻〕互通消息。 ⑬ 〔摧折〕改变过去的习惯。 ⑭ 〔相与劳(旧读 lào)苦〕互相慰问。 ⑮ 〔平生〕平时。 ⑯ 〔首〕篇。 ⑰ 〔中〕心里。 ⑱ 〔两制〕(不经外朝外的)内制和(宣布于外朝的)外制。制,皇帝诏令。翰林学士掌内制,知制诰掌外制。石昌言当时任知制诰,是属于两制系统的官。 ⑲ 〔虏庭〕敌虏的朝廷。虏,指契丹。 ⑳ 〔建大旆(pèi)〕竖立起大旗。 ㉑ 〔从骑(旧读 jì)〕随从的骑兵。

乘①,出都门②,意气慨然③。自思为儿时,见昌言先府君旁,安知其至此④?富贵不足怪,吾于昌言独有感也。丈夫生不为将,得为使,折冲口舌之间足矣⑤。

> 写十余年后的变化,石昌言奉使北国,担任国家重任,为下段的赠言做准备。

往年彭任从富公使还⑥,为我言:"既出境⑦,宿驿亭⑧,闻介马数万骑驰过⑨,剑槊相摩⑩,终夜有声,从者怛然失色⑪。及明,视道上马迹,尚心掉不自禁⑫。凡虏所以夸耀中国者多此类⑬。中国之人不测也⑭,故或至于震惧而失辞⑮,以为夷狄笑⑯。"呜呼!何其不思之甚也⑰!昔者奉春君使冒顿⑱,壮士健马皆匿不见⑲,是以有平城之役。今之

---

① 〔送车〕送行的车。〔乘(旧读 shèng)〕四匹马拉的一辆车。 ② 〔都〕国都汴京(今河南开封)。 ③ 〔慨然〕慷慨无畏的样子。 ④ 〔此〕指石昌言腾达的地位。 ⑤ 〔折冲口舌之间〕用语言制服敌人。折冲,折毁敌人的冲车(古代攻城的战车)。 ⑥ 〔彭任〕字有道,曾随富弼出使契丹。〔富公〕富弼,字彦国,河南洛阳(今河南洛阳)人。北宋著名的宰相。他在宋仁宗庆历二年(1042)四月官知制诰,曾出使契丹。 ⑦ 〔境〕国境。 ⑧ 〔驿亭〕驿站,古代供过往官吏和传递文书的人休息住宿的地方。 ⑨ 〔介马〕披甲的马。 ⑩ 〔槊(shuò)〕长矛。〔摩〕碰撞。 ⑪ 〔怛(dá)然〕惊惧的样子。 ⑫ 〔心掉〕惴惴不安。〔不自禁(jīn)〕自己不能克制。 ⑬ 〔凡〕总之。 ⑭ 〔测〕测度,看透。 ⑮ 〔失辞〕说话不得体。 ⑯ 〔夷狄〕古时称外族人。 ⑰ 〔思〕思考。 ⑱ 〔奉春君〕西汉初娄敬,由刘邦赐姓刘,也叫刘敬,号为奉春君。刘邦派他出使匈奴,窥探匈奴实力。他回国后报告:匈奴把精壮都藏起来,见到的只是些老弱病残,这是故意诱骗我们,我们不可上当出兵。刘邦不听,进兵到平城(今山西大同),被匈奴围困了七天才脱险。〔冒顿(mò dú)〕人名,西汉初年匈奴首领。 ⑲ 〔壮士健马〕强壮的士兵和雄健的马。〔见(xiàn)〕露面。

匈奴①，吾知其无能为也。孟子曰："说大人者藐之②。"况于夷狄③？请以为赠④。

> 引过去出使的事迹，勉励石昌言不要为北国的假象所迷惑，而要胜利地完成使命。说出本意，结束全文。

【研读参考】 一、文言文一般比较简练。简练表现在句法方面是短句多，停顿多，读起来有顿挫感。试把这篇读几遍，看看有没有这种体会。

二、文言语句，省略介词的情况比较多，如本篇的"与群儿戏（于）先府君侧"，"见昌言（于）长安"都是。看看文中还有没有，指出来。

---

① 〔今之匈奴〕指契丹。 ② 〔说（旧读 shuì）大人者藐（miǎo）之〕意思是，向权贵进言，不要怕他。说，劝说。大人，地位高的人。藐，轻视。《孟子·尽心下》作"说大人，则藐之，勿视其巍巍然"。 ③ 〔况于夷狄〕意思是夷狄不及大人，更应轻视。 ④ 〔以为赠〕拿它作为赠言。

三〇　患盗论　刘敞

【解说】本篇选自《宋文鉴》卷九十五。《宋文鉴》是南宋吕祖谦编的一部宋朝诗文的选集，共一百五十卷。这里所谓"盗"，是封建统治者对农民起义的诬蔑的称呼。北宋初年，西夏的统治者李元昊（hào）常常侵犯宋边境。宋朝为此耗费了大量财物，因而国内穷困混乱，加重对农民的剥削，常常有农民起义的事。对于这类"盗"，朝廷总是用镇压或招抚的办法，结果自然是不能收效。本篇指出，除"盗"的办法要治本清源，本源是上方的政治措施不当。作者是上层士大夫中的人，能够认识产生"盗"的责任在上而不在下，应该说是有见识的。

文章条理清楚；阐述自己的主张，言浅意深，有理有据。这在写法上也值得重视。

作者刘敞（1019—1068），字原父，人称公是先生，宋朝临江新喻（今江西新余）人。宋仁宗庆历年间中进士。曾任集贤院学士、判南京御史台等官。他是大史学家刘攽（bān）（参加编写《资治通鉴》)的哥哥。学问非常渊博，传说欧阳修常向他请教。著有《公是集》等。

天下方患盗①。或问刘子曰②："盗可除乎？"对曰："何为不可除也？顾盗有源③，能止其源，何盗之患④？"或曰："请问盗源。"对曰："衣食不足，盗之源也；政赋不均⑤，盗之源也；教化不修⑥，盗之源也。一源慢⑦，则探囊发箧而为盗矣⑧；二源慢，则操兵刃劫良民而为盗矣⑨；三源慢，则攻城邑略百姓而为盗矣⑩。此所谓盗有源也。"

先概括说产生"盗"的原因是衣食不足、政赋不均和教化不修。

丰世无盗者足也⑪，治世无贼者均也⑫，化世无乱者顺也⑬。今不务衣食而务无盗贼⑭，是止水而不塞源也⑮；不务化盗而务禁盗⑯，是纵焚而救以升龠也⑰。且律使窃财者刑⑱，伤人者死，其法重矣；而盗不为止者，非不畏死也，念无以生⑲，以谓坐而待死⑳，不若起而图生也㉑。且律使凡

---

①〔天下〕全国。〔方〕正在。〔患盗〕忧虑盗贼多。 ②〔或问〕有人问。〔刘子〕刘敞自称。 ③〔顾〕只是。〔源〕根源。 ④〔何盗之患〕"何患盗"的倒装说法。之，助词。 ⑤〔政赋〕施政和赋税。〔不均〕不平等。 ⑥〔教化〕教育感化。〔不修〕（教化）不清明，贯彻得不好。 ⑦〔慢〕轻忽。 ⑧〔探囊〕掏口袋。〔发箧（qiè）〕打开箱子。这是小偷小摸。 ⑨〔操兵刃〕拿着武器。这是抢劫。 ⑩〔攻城邑〕攻打城镇。〔略百姓〕侵扰人民。这是造反。 ⑪〔丰世〕富足年代。〔足〕（衣食）充足。 ⑫〔治世〕太平年代。 ⑬〔化世〕教化推行好的年代。〔顺〕一切合情合理。 ⑭〔务〕致力，从事。 ⑮〔塞源〕堵水源。 ⑯〔化盗〕用教化使"盗"受感化。〔禁盗〕用刑法制止为盗。 ⑰〔纵焚〕放火燃烧。〔救以升龠（yuè）〕意思是用一点点水救大火。升、龠都是小量器名。 ⑱〔律〕法律，刑法。 ⑲〔念〕想到。〔无以生〕无法活下去。 ⑳〔以谓〕以为。 ㉑〔起〕奋起（走险）。〔图生〕求活路。

盗贼能自告者①,除其罪,或赐之衣裳剑带、官爵品秩②,其恩深矣③;而盗不应募④,非不愿生也,念无以乐生⑤,以谓为民乃甚苦,为盗乃甚逸也⑥。然则盗非其自欲为之,由上以法驱之使为也⑦。其不欲出也⑧,非其自不欲出,由上以法持之使留也⑨。若夫衣食素周其身⑩,廉耻夙加其心⑪,彼唯恐不得齿良人⑫,何敢然哉⑬?故惧之以死而不惧,劝之以生而不劝⑭,则虽烦直指之使⑮,重督捕之科⑯,固未有益也⑰。

承上文,进一步论证"盗"的产生是政治措施不当的必然结果。

今有司本源之不恤⑱,而倚办于牧守⑲,此乃臧武仲所

---

①〔自告〕自首。 ②〔衣裳〕古代上衣叫衣,下衣叫裳。〔剑带〕指官佩的剑和腰间围的玉带。《左传》襄公二十一年:"其小者衣裳剑带,是赏盗也。"〔官爵品秩〕指官位。品秩,表官位的级别。 ③〔恩〕(国家的)优厚待遇。 ④〔不应募〕不受招安。 ⑤〔乐生〕使生活幸福。 ⑥〔逸〕安闲。 ⑦〔上〕朝廷。〔法〕律条。 ⑧〔出〕脱身而不为(盗)。 ⑨〔持〕拘束。 ⑩〔若夫〕倘若。夫,语气助词。〔素〕向来。〔周〕周全,具备。 ⑪〔夙(sù)〕早。〔加〕安放。 ⑫〔齿〕列入。〔良人〕好人,良民。 ⑬〔然〕如此。指为盗而不改。 ⑭〔劝之以生〕用生存来劝勉。劝,勉励。 ⑮〔烦〕劳累。〔直指之使〕中央特派到地方督察某政务的官员,通常为御史。直指,直接指挥。 ⑯〔重〕加重。〔督捕之科〕督察捕捉的法令。科,法条。 ⑰〔固〕本来,当然。 ⑱〔有司〕政府。〔恤(xù)〕忧虑,顾念。 ⑲〔倚办于牧守〕靠地方长官来办理。牧,指州的长官。守,指府的长官。

以辞不能诘也①。凡人有九年耕，然后有三年之食②；有三年之食，然后可教以礼义。今所以使衣食不足，政赋不均，教化不修者，牧守乎哉？吾恐未得其益，而汉武沉命之敝殆复起矣③。若乃尚擿发之术④，任巧谲之数者⑤，未足以绝奸，而郄雍因以见杀于晋⑥。故仲尼有言⑦："听讼吾犹人也，必也使无讼乎⑧。"推而广之，亦曰用兵吾犹人也，必也使无战乎。引而申之，亦曰禁盗吾犹人也，必也使无盗乎。盍亦反其本而已矣⑨。

> 仍发挥第一段的总论，承上一段的说理，进而评论当时的办法无用，因为不能治本。

爰自元昊犯边⑩，中国颇多盗，山东尤甚⑪。天子使侍

---

① 〔臧（zāng）武仲所以辞不能诘（jié）〕《左传》襄公二十一年记载：鲁国处理与邾（zhū，小国名）结亲的关系不当，因而多盗。季孙（鲁国大夫）让臧武仲"诘盗"，臧武仲认为对外事情办坏，是招来外盗，所以内盗"不可诘也"。臧武仲，姓孙，名纥（hé），死后谥武仲，当时任鲁国司寇（管刑狱、纠察的官）。辞，推辞不做。诘，查办。 ② 〔三年之食〕够吃三年的余粮。《礼记·王制》："九年耕，必有三年之食。" ③ 〔汉武沉命之敝〕为了捕盗，汉武帝定一项法律叫"沉命法"，规定捕盗不满额的官员要判死罪。官员怕定死罪，就互相隐瞒盗情，以致盗贼更多。事见《史记·酷吏列传》。敝，弊病。〔殆〕大概。 ④ 〔尚〕崇尚。〔擿（tī）发之术〕检举、告发的办法。 ⑤ 〔任〕用。〔巧谲（jué）之数〕虚伪诈骗的方法。数，术。 ⑥ 〔郄（xì）雍〕春秋时晋国人，自谓善于从人的容貌上来辨识盗贼，为晋侯所信任，后来为盗所杀。事见《列子·说符》。〔见〕被。 ⑦ 〔仲尼〕孔子。 ⑧ 〔听讼吾犹人也，必也使无讼乎〕见《论语·颜渊》。意思是，办理诉讼案件，我和他人一样，重要的是要根绝诉讼。 ⑨ 〔盍（hé）〕何不。〔反其本〕追寻本源。反，同"返"。《孟子·梁惠王上》："盍亦反其本矣。" ⑩ 〔爰（yuán）〕语气词。 ⑪ 〔山东〕太行山以东。

御史督捕且招怀之①，不能尽得。于是令州郡盗发而不辄得者②，长吏坐之③，欲重其事④。予以谓未尽于防⑤，故作此论。

说明写这篇文章的目的。

【研读参考】一、古人作文不加标点，因而有时候会引起疑问。如本篇，看第一段的"对曰"，像是第二段还是答复"或问"的话；可是文章末尾有"故作此论"的说法，像是第二段以下也可算作对答之后的议论。念古人文章，像这种地方我们应该活看。

二、本篇中重叠的句法很多，如说盗源是三句重叠，说"今不务衣食……"是两句重叠。句子重叠，由内容方面说可以加重议论的分量，由形式方面说可以显示语句的协调，要多读，多体会。

---

①〔侍御史〕掌管弹劾官员非法、捕捉盗贼的官员。〔招怀〕招安。怀，安抚。②〔辄（zhé）得〕立即捕到。③〔长（zhǎng）吏〕长官。〔坐之〕为此抵罪。④〔重其事〕把捕盗放在重要地位。⑤〔未尽于防〕就防止盗源说，做得不够。

三一　训俭示康　司马光

【解说】本篇选自《温国文正司马公文集》。训俭，教导人应该俭朴。示康，告诉（儿子）司马康。据《宋史·司马康传》说："康字公休，幼端谨，不妄言笑，敏学过人，博通古书……途之人见其容止，虽不识，皆知其为司马氏子也。历校书郎、著作佐郎兼侍讲。为人廉洁，口不言财。"可见他是很能奉行家教的人。据《宋史·司马光传》记载："光孝友忠信，恭俭正直……自少至老，语未尝妄。自言吾无过人者，但平生所为，未尝有不可对人言者耳。……洛中有田三顷，丧妻，卖田以葬。恶衣菲食，以终其身。"本篇就是作者将自己的主张告诫儿子的。

文章是家训，所以多从日常生活方面着笔。但道理写得正大而深刻，感情表现得平和而恳挚。举古事近事都信实而有说服力。风格与一般论文不同，使人读起来觉得特别亲切，因而就文章作法说很值得学习。当然，作者提倡俭约，主要是为自己家庭的利益，但就俭为美德这一点说，还是有教育意义的。

作者司马光（1019—1086），字君实，宋朝陕州夏县（今山西夏县）人。仁宗宝元元年（1038）进士。官至门下侍郎、尚书左仆射（yè）。王安石推行新法，他反对新法。住洛阳十五年，主持编纂《资治通鉴》。他学问渊博，为人温厚方正。死后赠太师、温国公，谥文正。

　　吾本寒家①，世以清白相承②。吾性不喜华靡③，自为乳儿④，长者加以金银华美之服⑤，辄羞赧弃去之⑥。二十忝科名⑦，闻喜宴独不戴花⑧，同年曰⑨："君赐不可违也。"乃簪一花。平生衣取蔽寒⑩，食取充腹，亦不敢服垢弊以矫俗干名⑪，但顺吾性而已。众人皆以奢靡为荣，吾心独以俭素为美⑫。人皆嗤吾固陋⑬，吾不以为病⑭，应之曰："孔子称'与其不逊也宁固'⑮，又曰'以约失之者鲜矣'⑯，又曰'士志于道而耻恶衣恶食者，未足与议也'⑰，古人以俭为美

---

①〔吾本寒家〕司马光的父亲司马池曾任州县官和天章阁待制，人很廉洁，所以家无余财。本，原来。寒，清贫。　②〔世以清白相承〕一代一代都继承纯朴的家风。　③〔华靡〕豪华奢侈。　④〔乳儿〕吃奶的婴儿。　⑤〔长(zhǎng)者〕长辈。〔金银〕有金银饰品的。　⑥〔赧(nǎn)〕因害羞而脸红。　⑦〔二十忝(tiǎn)科名〕二十岁考中进士。忝，忝列，意思是自己列名在内，使同列的人有辱。这是谦逊的说法。忝，辱。　⑧〔闻喜宴〕皇帝赐予新科进士的宴会，参加者要簪花（把花插在帽檐上）。这是特殊的荣耀。　⑨〔同年〕科举时代同榜录取的人互称"同年"。　⑩〔蔽寒〕御寒。　⑪〔服垢弊以矫俗干名〕故意穿脏破的衣服以表示与一般人不同，以此取得人们的赞扬。服，穿。垢，脏。弊，破。矫俗，违背世情。干名，求名誉。　⑫〔俭素〕节俭朴素。　⑬〔嗤(chī)〕非笑。〔固陋〕固执不大方。　⑭〔不以为病〕不以此为缺陷。　⑮〔孔子称'与其不逊也宁固'〕《论语·述而》："子曰：'奢则不逊，俭则固，与其不逊也宁固。'"意思是，奢侈就显得骄纵，节俭就显得固陋。与其骄纵，毋宁固陋。　⑯〔又曰'以约失之者鲜(xiǎn)矣'〕见《论语·里仁》。意思是，因为俭约而犯过失的很少。鲜，少。　⑰〔又曰'士志于道而耻恶衣恶食者，未足与议也'〕见《论语·里仁》。意思是，有志于探求真理而以吃得不好穿得不好为羞耻的读书人，是不值得跟他谈论的。恶，粗陋。

德,今人乃以俭相诟病①,嘻,异哉②!"

> 说自己年轻时候就喜节俭,知俭为美德。这是举自己的生活为例,重在身教。

近岁风俗尤为侈靡③,走卒类士服④,农夫蹑丝履⑤。吾记天圣中先公为群牧判官⑥,客至未尝不置酒⑦,或三行五行⑧,多不过七行,酒酤于市⑨,果止于梨、栗、枣、柿之类,肴止于脯、醢、菜羹⑩,器用瓷、漆⑪。当时士大夫家皆然,人不相非也⑫。会数而礼勤⑬,物薄而情厚。近日士大夫家,酒非内法⑭,果、肴非远方珍异⑮,食非多品,器皿非满案⑯,不敢会宾友,常数月营聚,然后敢发书⑰。苟或不然⑱,人争非之,以为鄙吝⑲,故不随俗靡者盖鲜

---

①〔诟(gòu)病〕讥议,认为是缺点。 ②〔异哉〕真奇怪呀! ③〔近岁〕近年。指宋神宗元丰年间(1078—1085)。 ④〔走卒类士服〕当差的大多穿士人的衣服。 ⑤〔农夫蹑(niè)丝履〕农夫穿丝织品做的鞋。蹑,踩,这里作"足穿"讲。 ⑥〔天圣中〕天圣年间(1023—1032)。天圣,宋仁宗的年号。〔先公〕司马光称他死去的父亲。〔群牧判官〕群牧司的判官(群牧司制置使之下的官员)。群牧司,主管国家公用马匹的机构,属太仆寺。 ⑦〔置酒〕摆设酒席。 ⑧〔或三行(xíng)五行〕有时斟三次,有时斟五次。行,行酒,给客人斟酒。 ⑨〔酤(gū)〕同"沽",买酒。 ⑩〔肴(yáo)〕下酒的菜。〔脯(fǔ)〕干肉。〔醢(hǎi)〕肉酱。〔羹〕汤。 ⑪〔瓷、漆〕瓷器和漆器。 ⑫〔非〕讥评,认为不对。 ⑬〔会数(旧读shuò)而礼勤〕聚会的次数多而礼意殷勤。数,屡次。 ⑭〔酒非内法〕酒如果不是照宫内酿酒的方法酿造的。 ⑮〔珍异〕珍贵奇异之品,就是所谓"山珍海错"。 ⑯〔皿(mǐn)〕盘、碗一类的器具。 ⑰〔常数月营聚,然后敢发书〕往往先用几个月的时间准备珍贵的酒食,然后敢发请柬。营聚,营谋聚集。书,请客的帖子。 ⑱〔苟或不然〕如果不这样做。 ⑲〔鄙〕没见过世面。〔吝〕舍不得花钱。

矣①。嗟乎！风俗颓弊如是②，居位者虽不能禁③，忍助之乎④！

转到由反面说，批评当时风俗侈靡的不当。

又闻昔李文靖公为相⑤，治居第于封丘门内⑥，听事前仅容旋马⑦。或言其太隘⑧，公笑曰："居第当传子孙，此为宰相听事诚隘，为太祝、奉礼听事已宽矣⑨。"参政鲁公为谏官⑩，真宗遣使急召之，得于酒家⑪。既入，问其所来，以实对。上曰⑫："卿为清望官⑬，奈何饮于酒肆⑭？"对曰："臣家贫，客至无器皿、殽、果，故就酒家觞之⑮。"上以无隐，益重之⑯。张文节为相⑰，自奉养如为河阳掌书记时⑱，所亲或规之曰⑲："公今受俸不少，而自奉若此，公虽自信

---

① 〔随俗靡〕跟着习俗顺风倒。靡，倒下。 ② 〔颓弊〕败坏。 ③ 〔居位者〕居高位有权势的人。〔虽〕即使。 ④ 〔忍助之乎〕忍心助长这种坏风气吗？ ⑤ 〔李文靖公〕李沆（hàng），字太初，宋真宗时为宰相，死后谥文靖。 ⑥ 〔治〕修筑。〔居第〕住宅。〔封丘门〕疑是汴京（今河南开封）北面一城门的俗名。 ⑦ 〔听事〕即"厅事"，处理公事、接待宾客的厅堂。〔仅容旋马〕仅仅能够让一匹马转过身。 ⑧ 〔隘（ài）〕狭窄。 ⑨ 〔太祝、奉礼〕太祝和奉礼郎，是太常寺的两种官，主管祭祀，往往用功臣的子孙担任。 ⑩ 〔参政鲁公〕鲁宗道，字贯之，宋真宗时为右正言，后为户部员外郎兼右谕德，又迁左谕德，仁宗时任参知政事。〔谏官〕右正言是谏官。宋真宗召鲁宗道，得于酒市，是他做谕德时的事，见《宋史·鲁宗道传》。作者说"为谏官"，或偶误。 ⑪ 〔得于酒家〕在酒馆里找到他。 ⑫ 〔上〕皇上。 ⑬ 〔清望官〕清高有名望的官，指中书省、尚书省、门下省的官和谏官。 ⑭ 〔酒肆〕酒馆。 ⑮ 〔就酒家觞之〕往酒馆招待他。觞，一种酒器，这里是请人喝酒的意思。 ⑯ 〔上以无隐，益重之〕真宗因为（他）不隐瞒实情，越发尊重他。 ⑰ 〔张文节〕张知白，字用晦，宋真宗时为河阳（今河南孟州）节度判官，仁宗初年任宰相，死后谥文节。 ⑱ 〔掌书记〕节度掌书记，是唐代的官名，这里指节度判官。 ⑲ 〔所亲〕亲近的人。〔规〕劝告。

清约①，外人颇有公孙布被之讥②。公宜少从众③。"公叹曰："吾今日之俸，虽举家锦衣玉食④，何患不能？顾人之常情⑤，由俭入奢易，由奢入俭难。吾今日之俸岂能常有？身岂能常存？一旦异于今日⑥，家人习奢已久，不能顿俭⑦，必致失所⑧。岂若吾居位去位身在身亡常如一日乎？"呜呼！大贤之深谋远虑⑨，岂庸人所及哉？

推开一笔，举本朝的名贤为例，说明俭比奢好。

御孙曰："俭，德之共也；侈，恶之大也。"⑩共，同也，言有德者皆由俭来也。夫俭则寡欲，君子寡欲则不役于物⑪，可以直道而行⑫，小人寡欲则能谨身节用⑬，远罪丰家⑭，故曰："俭，德之共也。"侈则多欲，君子多欲则贪慕富贵，枉道速祸⑮，小人多欲则多求妄用⑯，败家丧身，是以居官必贿⑰，居乡必盗⑱，故曰："侈，恶之大也。"

――――――

①〔清约〕清廉节俭。 ②〔公孙布被之讥〕《汉书·公孙弘传》："弘位在三公，奉（俸）禄甚多，然为布被，此诈也。"公孙弘，汉武帝时为丞相，封平津侯。 ③〔少从众〕稍微照一般人那样。《论语·子罕》有"吾从众"的话。 ④〔举家〕全家。〔玉食〕珍贵的饮食。 ⑤〔顾〕但是。 ⑥〔一旦〕有一天。 ⑦〔顿〕立刻。 ⑧〔失所〕饥寒无所依。 ⑨〔大贤〕指上文所说李、鲁、张三人。 ⑩〔"御孙曰："俭，德之共也；侈，恶之大也。"〕见《左传》庄公二十四年。御孙，鲁国的大夫。 ⑪〔君子〕指有地位的人。〔不役于物〕不为外物所役使，不受外物的牵制。 ⑫〔直道而行〕行正直之道，任何事情都敢于诚实不欺地去做。《论语·卫灵公》有"直道而行"的话。 ⑬〔小人〕指没有地位的人，百姓。〔谨身节用〕约束自己，节约用费。《孝经·庶人章》："谨身节用，以养父母，此庶人之孝也。" ⑭〔远罪丰家〕避免犯罪，丰裕家室。 ⑮〔枉道速祸〕不循正道而行，招致祸患。枉，屈。速，招。 ⑯〔多求妄用〕多方营求，随意浪费。 ⑰〔贿〕（做官就）贪赃受贿。 ⑱〔居乡〕指平民。

更深入一步，举古人的名言为训，说明应俭不应奢。

昔正考父饘粥以糊口，孟僖子知其后必有达人①。季文子相三君②，妾不衣帛，马不食粟，君子以为忠③。管仲镂簋朱纮④，山节藻棁⑤，孔子鄙其小器⑥。公叔文子享卫灵公，史鰌知其及祸，及戌，果以富得罪出亡⑦。何曾日食万

---

①〔正考父饘（zhān）粥以糊口，孟僖子知其后必有达人〕正考父用饘粥维持生活，孟僖子因此推知他的后代必出显达的人。见《左传》昭公七年。正考父，宋国的大夫，孔子的远祖。饘，稠粥。粥，稀粥。孟僖子，鲁国大夫仲孙貜（jué）。②〔季文子相三君〕见《左传》襄公五年。季文子，鲁国大夫季孙行父。三君，鲁文公、鲁宣公、鲁襄公。③〔君子以为忠〕《左传》襄公五年："君子是以知季文子之忠于公室也。"君子，当时有名望的人。④〔管仲〕齐桓公的国相。〔镂（lòu）簋（guǐ）〕刻有花纹的簋。镂，刻。簋，盛食物的器具。〔朱纮（hóng）〕红色的帽带。⑤〔山节〕上边刻着山岳的斗栱（gǒng）。节，柱子上的斗栱。〔藻棁（zhuō）〕上边画着水藻的梁上的短柱。镂簋朱纮，山节藻棁，是形容管仲奢侈。⑥〔孔子鄙其小器〕孔子看不起他，批评他器量狭小。鄙，鄙视。《论语·八佾（yì）》："子曰：'管仲之器小哉！'"⑦〔公叔文子享卫灵公，史鰌（qiū）知其及祸，及戌（shù），果以富得罪出亡〕《左传》定公十三年："初，卫公叔文子朝（cháo）而请享灵公，退见史鰌而告之。史鰌曰：'子必祸矣！子富而君贪，其及子乎。'及文子卒，卫侯始恶于公叔戌，以其富也。"定公十四年春，卫侯逐公叔戌，戌逃往鲁国。公叔文子，卫国大夫公叔发。享卫灵公，请卫灵公到家中宴会。史鰌，也是卫国大夫。及祸，遭到灾祸。公叔戌，公叔文子的儿子。出亡，逃亡于外。

钱，至孙以骄溢倾家①。石崇以奢靡夸人，卒以此死东市②。近世寇莱公豪侈冠一时③，然以功业大，人莫之非④，子孙习其家风⑤，今多穷困。其余以俭立名，以侈自败者多矣，不可遍数⑥，聊举数人以训汝。汝非徒身当服行⑦，当以训汝子孙，使知前辈之风俗云⑧。

　　承上段，举古事为例，证明俭是大善，奢是大恶，以勉励子孙力行。

【研读参考】一、本册选文中有一篇《范县署中与舍弟墨第四书》，文体虽与本篇不同，主旨却都在教训子弟。对比着读一读，可以体会训诫文的风格。

　　二、讲道理，抽象的议论固然重要，但如果能够辅以证明道理的事实，议论就显得浅明实在，更有说服力。本篇所举事实很多，都典型而有力，要学习这种写法。

　　三、本篇中的"非"字有什么不同的用法？

――――――

①〔何曾日食万钱，至孙以骄溢倾家〕何曾，字颖考，晋武帝时官至太傅。《晋书·何曾传》说：何曾"性奢豪，务在华侈，食日万钱，犹曰'无下箸处'"。又说何曾的子孙都奢侈傲慢，到永嘉（晋怀帝的年号）末年，"何氏灭亡无遗焉"。溢，满。②〔石崇以奢靡夸人，卒以此死东市〕石崇，字季伦。《晋书·石崇传》说：石崇"财产丰积，室宇宏丽。……与贵戚王恺、羊琇之徒以奢靡相尚。崇有妓曰绿珠，美而艳，善吹笛。孙秀使人求之，崇竟不许。秀怒，乃劝赵王伦诛崇。车载诣东市，崇乃叹曰：'奴辈利吾家财。'收者答曰：'知财致害，何不早散之？'崇不能答"。东市，洛阳城东行刑的地方。③〔近世寇莱公豪侈冠一时〕寇准，字平仲，宋真宗初年为宰相，后封莱国公。《宋史·寇准传》说："准少年富贵，性豪侈，家未尝爇（ruò）油灯，虽庖匽（yàn）所在，必燃炬烛（爇，燃；匽，厕所；炬，烛）。"④〔以功业大，人莫之非〕这是客气的批评，并不是认为寇准可以如此奢侈。⑤〔习〕习染。⑥〔遍数（shǔ）〕列举。⑦〔非徒〕不只。〔身〕本身，自己。〔服行〕实行。服，从事。⑧〔云〕语末助词。

三二　方山子传　苏轼

【解说】本篇选自《苏东坡集》。方山子，即陈慥（zào），字季常，号龙丘先生，宋朝青神（今四川青神）人。他是苏轼的朋友，苏轼的诗文里常常提到他。陈慥的父亲陈希亮（字公弼）中过进士，官至太常少卿。陈慥是世家子弟，有机会做官，过豪华生活，年轻时候也曾有大志，可是后来偏偏愿意过隐居生活，这一点确是与一般人不同。作者为他写这篇传，重点就在赞扬他清高，不追求利禄，可以称为异人。

写法与一般的传记不同，不是以陈慥的经历为线索，而是以自己的观感为线索。这样写，内容就显得更真实，更富于情趣。文中描写陈慥的语句，简洁而生动，能够使读者如闻其声，如见其人，也值得注意吟味。

作者苏轼（1037—1101），字子瞻，号东坡居士，宋朝眉山（今四川眉山）人。仁宗嘉祐二年（1057）进士，欧阳修主持考试，很赞赏他的文章。官祠部员外郎，知密州、徐州、湖州。因为有人告他作诗讽刺新法，被捕入狱，后于宋神宗元丰二年（1079）年底被贬为黄州（今湖北黄冈市黄州区）团练副使。宋哲宗元祐元年（1086）召回京做中书舍人、翰林学士兼侍读等官。后来又被贬官至琼州（今海南岛），直到宋徽宗即位（1100）才赦还，不久死在常州（今江苏常州）。苏轼是宋朝天才极高的全能作家，诗、词、文章都很出色，写字画画也有很高的造诣。文笔清新流畅，他自己说："意之所到，则笔力曲折，无不尽意。"学习文言，宜多读他的作品。

　　方山子，光、黄间隐人也①。少时慕朱家、郭解为人②，闾里之侠皆宗之③。稍壮，折节读书④，欲以此驰骋当世⑤，然终不遇⑥。晚乃遁于光、黄间⑦，曰岐亭⑧。庵居蔬食⑨，不与世相闻⑩。弃车马，毁冠服⑪，徒步往来山中，人莫识也。见其所著帽，方屋而高⑫，曰："此岂古方山冠之遗像乎⑬？"因谓之方山子⑭。

　　总叙方山子的经历和为人，并说明得名的由来。

　　余谪居于黄⑮，过岐亭，适见焉⑯，曰："呜呼！此吾故

---

①〔光〕光州，今河南潢川。〔黄〕黄州。〔隐人〕隐居不做官的人。②〔朱家、郭解〕西汉两个有名的游侠，好交游，重信义，敢冒犯法令，救人于急难。《史记·游侠列传》里有他们的传。③〔闾（lǘ）里〕乡里。闾，里巷的门。〔宗〕归附。④〔折节〕改变过去的志向和行为。⑤〔驰骋（chěng）〕奔驰。这里是施展才能的意思。⑥〔不遇〕不得志。遇，遇合，如意。⑦〔遁〕隐避。⑧〔岐亭〕在今麻城市西南。⑨〔庵（ān）〕小草屋。〔蔬〕青菜之类。⑩〔相闻〕来往。⑪〔冠服〕指上等人的装束。⑫〔屋〕（帽）顶。⑬〔方山冠〕汉朝祭宗庙时乐（yuè）师戴的帽子。〔遗像〕遗留的样子。⑭〔谓之〕称呼他。⑮〔谪（zhé）〕贬官。⑯〔适见〕恰巧遇见。苏轼《岐亭五首》叙："元丰三年正月，余始谪黄州，至岐亭北二十五里，山上有白马青盖来迎者，则余故人陈慥季常也。为留五日，赋诗一篇而去。"

三二　方山子传

人陈慥季常也①，何为而在此？"方山子亦矍然问余所以至此者②。余告之故，俯而不答，仰而笑。呼余宿其家，环堵萧然③，而妻子奴婢皆有自得之意④。余既耸然异之⑤。

> 写亲眼看到的方山子的隐居生活，以表现方山子是个异人。

独念方山子少时，使酒好剑⑥，用财如粪土。前十有九年，余在岐下⑦，见方山子从两骑⑧，挟二矢⑨，游西山。鹊起于前，使骑逐而射之，不获。方山子怒马独出⑩，一发得之⑪。因与余马上论用兵及古今成败，自谓一世豪士⑫。今几日耳！精悍之色犹见于眉间⑬，而岂山中之人哉⑭？

> 承上段，追述方山子少年时期的豪侠，用对比法以显示方山子是少有的异人。

然方山子世有勋阀⑮，当得官，使从事于其间⑯，今已显闻⑰。而其家在洛阳，园宅壮丽，与公侯等。河北有田⑱，岁得帛千匹⑲，亦足以富乐。皆弃不取，独来穷山中，此岂

---

① 〔故人〕老朋友。 ② 〔矍（jué）然〕惊讶的样子。 ③ 〔环堵〕四面墙之内。〔萧然〕萧条寂寥，空空荡荡。 ④ 〔自得〕心情舒畅。 ⑤ 〔既〕已经。〔耸然〕震惊的样子。〔异之〕以为奇怪。 ⑥ 〔使酒〕借酒使气。 ⑦ 〔岐下〕县名，在今陕西岐山东北，宋朝时属凤翔府。那时苏轼任凤翔府签判。 ⑧ 〔从两骑（旧读jì）〕有两人骑马随着。 ⑨ 〔挟二矢〕带着两支箭。 ⑩ 〔怒马〕纵马。 ⑪ 〔发〕放箭。 ⑫ 〔自谓〕自己觉得是。 ⑬ 〔精悍〕精明强干。 ⑭ 〔岂〕哪里是。〔山中之人〕隐居山林的人。 ⑮ 〔世〕代代。〔勋阀〕功勋门第，官宦人家。陈慥的父亲官至太常少卿，照规定，子弟可以得官。 ⑯ 〔使〕假若。〔从事〕营谋任职。〔其间〕指官场。 ⑰ 〔显闻〕名声显赫。意思是做了高官。 ⑱ 〔河北〕指洛河以北。 ⑲ 〔帛千匹〕地租值一千匹绸子。

无得而然哉①!

> 写方山子的家世,可富贵而不取,用意与上一段相同。

余闻光、黄间多异人,往往阳狂垢污②,不可得而见,方山子傥见之与③?

> 推开一笔,由叙光、黄间多异人以暗示方山子确是异人。

【研读参考】一、苏轼是古文家(后人推为唐宋八大家之一),可是作品的风格与一般古文家不同:流利自然,不故作艰涩语。这同他性格旷达有关,也同他学力雄厚有关。读苏轼的作品,要注意这一点。

二、好的文章表意,常常用暗示的手法,就是只写出一点点,其中的含意由读者去想。例如本篇中"俯而不答,仰而笑",写的是陈慥有无限感慨,可是没有明说,却留待读者去体会。这样写,留有余地,表现力却更强,读时要多注意。

三、从本篇中把"使"字找出来,讲讲每个的用法。

---

① 〔得〕内心修养有收获。 ② 〔阳狂〕装疯。阳,通"佯",假装。〔垢污〕不洁,如蓬头垢面之类。 ③ 〔傥见之与(yú)〕或许会看见他们吧? 与,同"欤"。

三三　记游二篇　苏轼

【解说】本篇中"记游定惠院"选自《苏长（zhǎng）公小品》，"游沙湖"选自《东坡志林》。苏轼于宋神宗元丰二年底被贬官黄州做团练副使，于元丰三年（1080）二月一日到黄州，住在定惠院（僧寺，在湖北黄冈市东南）。不久迁居临皋亭。其后求得旧营地耕种，名东坡，在东坡建筑雪堂（因为冬日大雪中建，在堂内四壁画雪景，所以名雪堂）。游此两地都是元丰五年筑成雪堂之后，元丰七年四月移官汝州之前的事。

　　文章是随笔性质，所以布局像是漫不经意。可是并不是毫无线索，线索就是自己的观感：见到什么，对什么感兴趣，就多写；否则就少写。这样写成的游记，常常能够情景融合，更引人入胜。加以作者文笔清丽，叙事写景都简练而有声有色，所以读起来，会在行云流水的语句中体会到深挚的情趣。

记游定惠院

　　黄州定惠院东，小山上有海棠一株，特繁茂。每岁盛开，必携客置酒①,已五醉其下矣②。今年复与参寥师二三子访焉③,则园已易主④。主虽市井人⑤,然以予故,稍加培治⑥。

写游定惠院东的缘由及游伴。

山上多老枳⑦,木性瘦韧⑧,筋脉呈露⑨,如老人项颈。花白而圆,如大珠累累⑩,香色皆不凡⑪。此木不为人所喜,稍稍伐去,以予故,亦得不伐。

写小山的特点,多老枳。

既饮⑫,往憩于尚氏之第⑬。尚氏亦市井人也,而居处修洁⑭,如吴越间人,竹林花圃皆可喜⑮。醉卧小板阁上⑯。稍醒,闻坐客崔成老弹雷氏琴⑰,作悲风晓月⑱,铮铮然⑲,意非人间也⑳。

写饮宴于尚氏的雅趣:醉卧,听琴。

晚,乃步出城东,鬻大木盆㉑,意者谓可以注清泉,瀹

---

① 〔置酒〕设置酒席。 ② 〔五醉其下〕在它(海棠)下面畅饮过五次。 ③ 〔参寥师〕俗姓何,法名道潜,号参寥子,住杭州智果寺。能作诗,是苏轼的朋友。师,对僧人的敬称。〔二三子〕两三个朋友。子,对人的敬称。 ④ 〔易主〕换了主人,卖与别人。 ⑤ 〔市井人〕商人。 ⑥ 〔培治〕培育花木,修整园容。 ⑦ 〔枳(zhǐ)〕又名臭橘。落叶灌木。 ⑧ 〔瘦韧(rèn)〕瘦,就是下文说的"筋脉呈露"。韧,柔而不易折断。 ⑨ 〔呈露〕露在外面。 ⑩ 〔累累〕接连成串。 ⑪ 〔不凡〕特别好。 ⑫ 〔既饮〕饮毕,喝过。 ⑬ 〔憩(qì)〕休息。〔尚氏〕姓尚的。〔第〕住宅。 ⑭ 〔修洁〕整齐洁净。 ⑮ 〔圃(pǔ)〕园。 ⑯ 〔板阁〕倚墙的高板床。 ⑰ 〔坐客〕在座的客人。〔崔成老〕崔闲,字诚老,号玉涧道人。善弹琴。〔雷氏琴〕唐朝开元年间雅州(今四川雅安一带)雷家制的琴。 ⑱ 〔悲风晓月〕琴曲名。 ⑲ 〔铮(zhēng)铮〕金属撞击的响亮声。 ⑳ 〔意〕想,疑。 ㉑ 〔鬻(yù)〕卖。这里是"买"的意思。

瓜李①。遂夤缘小沟②，入何氏韩氏竹园。时何氏方作堂竹间③，既辟地矣④，遂置酒竹阴下。有刘唐年主簿者⑤，馈油煎饵⑥，其名为甚酥，味极美。客尚欲饮，而予忽兴尽⑦，乃径归⑧。道过何氏小圃，乞其藂橘⑨，移种雪堂之西。

承上一段的日游，写余兴的夜游，直至兴尽而归。

坐客徐君得之将适闽中⑩，以后会未可期⑪，请余记之，为异日拊掌⑫。时参寥独不饮，以枣汤代之。

写作记的由来。补说参寥饮枣汤，余韵不尽。

游沙湖

黄州东南三十里为沙湖，亦曰螺师店。予买田其间，因往相田得疾⑬。闻麻桥人庞安常善医而聋⑭，遂往求疗。

写往沙湖的缘由：求庞安常治病。

安常虽聋而颖悟绝人⑮，以纸画字，书不数字辄深了人意⑯。

---

①〔瀹（yuè）〕浸。②〔夤（yín）缘〕攀附。这里是顺着的意思。③〔时〕当时。〔作堂竹间〕在竹林里盖大厅。④〔辟（pì）地〕（伐去竹子）腾出地基。⑤〔刘唐年〕生平不详。〔主簿〕管理文书簿籍的小官。⑥〔馈（kuì）〕赠送。〔油煎饵〕用油煎的糕点。⑦〔兴（xìng）尽〕没兴趣了。⑧〔径（jìng）〕直接。⑨〔藂（cóng）橘〕橘树名。⑩〔徐君得之〕徐君猷，字得之，当时任黄州知州。〔适〕往。〔闽（mǐn）中〕今福建省。⑪〔后会〕以后会面。〔未可期〕不能预先规定日期。⑫〔拊（fǔ）掌〕拍掌。形容高兴。⑬〔相（xiàng）田〕察看田地。⑭〔麻桥〕蕲（qí）水〔今湖北浠（xī）水〕的一个地名。〔庞安常〕庞安时，字安常，蕲州蕲水人。宋朝的名医，有不少医学著作。⑮〔颖（yǐng）〕聪明。〔绝人〕超过别人。⑯〔深了（liǎo）〕透彻地了解。

余戏之曰①:"余以手为口,君以眼为耳,皆一时异人也。"

很自然地过渡到写庞安常。

疾愈,与之同游清泉寺。寺在蕲水郭门外二里许②,有王逸少洗笔泉③,水极甘,下临兰溪④。溪水西流,余作歌云⑤:"山下兰芽短浸溪⑥,松间沙路净无泥。萧萧暮雨子规啼⑦。谁道人生无再少?君看流水尚能西⑧。休将白发唱黄鸡⑨。"是日剧饮而归⑩。

转入正题写游。以作歌结束,情味深远。

[研读参考] 一、随笔是一时兴之所至写的文章,可以记事实,可以写景物,还可以发议论。写好了自然也不容易,不过初学写文章,由此入门,可以事半功倍。要多读,多体会,试着多写。

二、《游沙湖》中《浣溪沙》词分上下二片,上片三句写景物,下片三句写思想感情。串起来讲一讲。

三、写文章要注意前后照应。《游沙湖》中"溪水西流"是同哪里照应的?

---

① 〔戏〕开玩笑。 ② 〔郭门〕城门。郭,原指外城。 ③ 〔王逸少(shào)〕王羲之,字逸少,东晋人。官右军将军,世称王右军。有名的书法家。他写完字后洗笔,池水都被染黑。 ④ 〔下临兰溪〕洗笔泉之下有一条小河,名兰溪。 ⑤ 〔歌〕这是一首词,调名《浣溪沙》。 ⑥ 〔兰芽〕初生的兰。〔浸溪〕在溪水里泡着。 ⑦ 〔萧萧〕同"潇潇",小雨的声音。〔子规〕杜鹃,鸣声凄厉,最能引起人的哀思。 ⑧ 〔看〕读平声(kān)。 ⑨ 〔白发〕表示年老。〔黄鸡〕白居易《醉歌》:"谁道使君不解歌?听唱黄鸡与白日。黄鸡催晓丑时鸣,白日催年酉时没。腰间红绶(shòu)系未稳,镜里朱颜看已失。"意思是时间过得快,好景不长。这里用黄鸡的典故,是作者劝慰同游诸人不要担心时间流逝,好景不长。 ⑩ 〔剧饮〕畅饮,大量喝酒。

三三 记游二篇

三四　答李几仲书　黄庭坚

【解说】本篇选自《豫章黄先生文集》。李几（jī）仲，生平不详，是个能写作的年轻人，推测是在宜州（今广西壮族自治区河池市宜州区一带）或附近做小官，颇自负而成就并不很高。其时黄庭坚在宜州贬所，已经六十岁或六十一岁，文名很高，所以李写信，送文章给黄看，一方面求教，一方面也有显示之意。因此黄庭坚针对他的弱点，写了这封恳切教导的信。

信的内容和措辞都很得体。因为并不相识，所以通篇都写得委婉、客气；但立意却很严正，说到"壁间题字""称述古今"，都暗示年轻人不该这样自负，因为还是"未及古人"。"天难于生才"一段，正面发挥劝勉的意思，接着说还要"继此有进于左右"，既正大，又恳切，就是今天看来也还有教育意义。

作者黄庭坚（1045—1105），字鲁直，号山谷道人、涪（fú）翁，宋朝分宁（古属豫章郡，今江西修水）人。英宗治平四年（1067）进士。任校书郎、起居舍人等官。一生不得志，被贬到四川、安徽、广西等边远地区做小官。六十一岁死在宜州贬所。同苏轼交好，诗、文、词都很有名，苏轼推重他说："环伟之文，妙绝当世；孝友之行，追配古人。"作诗求奇涩，创立江西诗派，对后代影响很大。字写得好，是宋代四大书法家〔苏轼、黄庭坚、米芾（fú）、蔡襄〕之一。

庭坚顿首①。几仲司户足下②：昨从东来③，道出清湘、八桂之间④，每见壁间题字，以其枝叶⑤，占其本根⑥，以为是必磊落人也⑦。问姓名于士大夫，与足下一游旧者皆曰⑧："是少年而老气有余者也。"如是已逾年⑨，恨未识足下面耳。

> 虽未见面，已知为磊落老成的人。书信开始要客气，这是先表示钦慕之意。

今者乃蒙赐教⑩，称述古今⑪，而归重于不肖⑫。又以平生得意之文章，倾囷倒廪⑬，见畁而不吝⑭。秋日楼台⑮，万

---

① 〔顿首〕叩头。表示很恭敬地写信。 ② 〔司户〕司户参军，州里管户口、赋税等政务的属员。这里是以官名表示对李几仲的尊重。 ③ 〔昨〕日前。〔从东来〕宋徽宗崇宁二年（1103），黄庭坚在鄂州（今湖北武汉）做官，被贬到宜州。次年经湖南往广西，夏天到宜州贬所。从东来指这次的行程。 ④ 〔道出〕路上经过。〔清湘、八桂〕湖南、广西一带。清湘，湘水，指湖南。八桂，代广西。 ⑤ 〔枝叶〕指所题的字。意思是文字不过是外表。 ⑥ 〔占（zhān）〕推想。占，本义是占卜。〔本根〕为人。指人的品德。 ⑦ 〔是〕此（人）。〔磊（lěi）落〕心地坦白。 ⑧ 〔一游旧〕曾有同游的交谊。旧，以前有交往。 ⑨ 〔逾（yú）〕超过。 ⑩ 〔乃蒙赐教〕却受到您的教诲。意思是接到来信。乃，竟然，表示意想不到。赐教，客气话。 ⑪ 〔称述古今〕评价古今人物。 ⑫ 〔归重于不肖〕推重我。不肖，不贤，谦词。 ⑬ 〔倾囷（qūn）倒廪（lǐn）〕全部拿出来。囷、廪，都是粮仓。这里指所有的作品。 ⑭ 〔见畁（bì）〕给了我。〔吝（lìn）〕吝惜，舍不得给人（看）。 ⑮ 〔秋日楼台〕晴朗的秋天，在楼台上消闲。

事不到胸次①,吹以木末之风②,照以海滨之月③,而咏歌呻吟足下之句④,实有以激衰愞而增高明也⑤。幸甚。

> 写相识的经过：几仲拿作品向自己请教。承上文,进一步表示敬意。

庭坚少孤⑥,窘于衣食⑦,又有弟妹婚嫁之责⑧。虽蚤知从先生长者学问⑨,而偏亲白发⑩,不得已而从仕⑪。故少之日⑫,得学之功十五⑬,而从仕之日,得学之功十三。所以衰愞不进,至今落诸公之后也⑭。

> 由上文的受推重而想到自己,说几句谦逊的话。是下文勉励人的准备。

窃观足下天资超迈⑮,上有亲以为之依归⑯,旁有兄弟以为之佽助⑰,春秋未三十⑱,耳目聪明⑲,若刻意于德义经术⑳,所至当不止此耳。非敢谓足下今日所有㉑,不足以豪

---

①〔不到胸次〕不往心里来。次,处所。 ②〔木末之风〕轻风,仅仅摇动树梢的风。 ③〔海滨之月〕特别明朗的月光。 ④〔咏歌〕朗诵。〔呻吟〕低吟。 ⑤〔激衰愞（nuò）〕激励我的衰颓软弱。愞,怯懦。〔增高明〕增加我的高明。 ⑥〔少（shào）孤〕年幼时父亲死了。 ⑦〔窘（jiǒng）〕困乏。 ⑧〔有弟妹婚嫁之责〕意思是还要养育弟妹直到婚嫁。 ⑨〔蚤(zǎo)〕通"早"。〔先生长者〕长辈学者。〔学问〕学习,研求。 ⑩〔偏亲〕父母双亲只余其一。这里指母亲。〔白发〕年老。 ⑪〔从仕〕做官。做官得俸,可以养亲,所以说不得已。 ⑫〔少之日〕年少的岁月。 ⑬〔功〕功力,用功。〔十五〕十分之五。 ⑭〔诸公〕指一些有学问的名人。 ⑮〔超迈〕超过（一般人）,高。 ⑯〔上〕上面。〔亲〕指父亲。〔依归〕依从,楷模。 ⑰〔佽（cì）〕帮助。 ⑱〔春秋〕年龄。 ⑲〔耳目聪明〕耳聪目明。 ⑳〔刻意〕加深意念,加倍努力。〔德义〕指品格方面。〔经术〕指知识方面。 ㉑〔所有〕所具有的道德学问。

于众贤之间①；但为未及古人②，故为足下惜此日力耳③。

　　指出几仲学习条件很好，但成就还不大，所以应该及时努力。

天难于生才④，而才者须学问琢磨⑤，以就晚成之器⑥；其不能者，则不得归怨于天也⑦。世实须才，而才者未必用⑧，君子未尝以世不用而废学问；其自废惰欤⑨，则不得归怨于世也。

　　正面论述不管遭遇如何，人必须勤学，不可荒废。

凡为足下道者⑩，皆在中朝时闻天下长者之言也⑪，足下以为然⑫，当继此有进于左右⑬。

　　恳切希望几仲能够采纳前辈的良言。

秋热虽未艾⑭，伏惟侍奉之庆⑮。龙水风土比湖南更热⑯，老人多病眩⑰，奉书草草⑱。唯为亲为己自重⑲。

---

①〔豪〕才力胜人，称雄。②〔但为（wéi）〕只是。③〔为〕读 wèi。〔日力〕好时候的精力。④〔难于生才〕天资高不容易。⑤〔琢磨〕研究。琢，雕刻玉石。磨，磨治玉石，使之光润。琢磨有精益求精的意思。⑥〔就〕成就。〔晚成之器〕卓越的人才。《老子》第四十一章："大方无隅，大器晚成。"⑦〔归怨于天〕怨恨天。⑧〔用〕受任用。⑨〔废〕不学。〔惰〕懒于学。〔欤〕语气词。⑩〔道〕说。⑪〔中朝〕中央政府。黄庭坚曾在朝中做官。⑫〔然〕是，对。⑬〔继此有进于左右〕再写些（长者之言）给你。左右，跟前伺候的人。这是客气地称呼对方。⑭〔艾（ài）〕止。⑮〔伏惟〕敬祝，一般用在书信中。伏，伏地。惟，思惟，想。〔侍奉之庆〕养亲的生活安好。⑯〔龙水〕县名，今广西壮族自治区河池市宜州区。〔风土〕这里指气候。⑰〔眩（xuàn）〕头晕眼花。⑱〔奉〕奉上，表示尊敬的客气话。〔草草〕杂乱，不整齐。⑲〔唯〕这里表示希望。〔亲〕父母。〔自重〕自己保重。

以祝愿的话收尾。

【研读参考】 一、文言书札中常有些客气的说法，如"顿首""左右"之类，虽然未必都是写实，但我们读了，觉得写信的人彬彬有礼，话说得谦恭委婉。本篇中还有类似的说法，指出来。

二、"倾困倒廪"是比喻，"木末之风""海滨之月"是形容，都是引用具体事物来表达意思，所以能够使读者得到比较生动的印象。这种写法值得注意。

三五 《唐语林》选 　王谠

【解说】本篇中"乐工罗程"选自《唐语林》卷二,"陆少保"、"徐大理"(有删节)、"狄梁公"选自同书卷三,题目都是编者加的。《唐语林》是宋朝王谠(dǎng)模仿《世说新语》辑录的记载唐朝遗闻逸事的书。《世说新语》分为德行、言语、政事、文学等三十六门,除"捷悟"一门外,《唐语林》全部采用,此外又增加嗜好、俚俗等十七门,共计五十二门,八卷。今本已不全。故事都是从其他笔记(五十种)选录来的,所据的书,有的后代已经不存。

本篇的四则,"乐工罗程"属于政事门,"陆少保""徐大理"属于方正门,"狄梁公"属于雅量门。故事都不长,文笔是朴实的叙事,可是所表现的人物都很生动。故事的内容有教育意义,今天仍可以借鉴。

编者王谠(生卒年不详),字正甫,宋朝长安(今陕西西安)人。只知道编《唐语林》是在北宋末年宋徽宗时代(1101—1125),其他不清楚。

乐工罗程①

乐工罗程者，善弹琵琶，为第一，能变易新声②。得幸于武宗③，恃恩自恣④。宣宗初亦召供奉⑤。程既审上晓音律⑥，尤自刻苦。往往令倚嫔御歌⑦，必为奇巧声动上⑧，由是得幸。程一日果以眦睚杀人⑨，上大怒，立命斥出⑩，付京兆⑪。他工辈以程艺天下无双⑫，欲以动上意⑬。会幸苑中⑭，乐将作⑮，遂旁设一虚坐，置琵琶于其上。乐工等罗列上前⑯，连拜且泣。上曰："汝辈何为也？"进曰⑰："罗程负陛下⑱，万死不赦⑲。然臣辈惜程艺天下第一，不得永奉陛下⑳，以是为恨㉑。"上曰："汝辈所惜罗程艺耳，我所重者高祖、太宗法也㉒。"卒不赦程㉓。

---

①〔乐工〕以演奏为业的人。②〔变易新声〕创制新曲调。③〔得幸〕受宠爱。〔武宗〕唐武宗李炎，年号会昌。④〔恃恩〕依仗皇帝的宠爱。〔恣（zì）〕放肆。⑤〔宣宗〕武宗的儿子李忱（chén），年号大中。〔召供奉〕叫他到宫廷演奏。供奉，在宫廷当差。⑥〔审〕深知。〔上〕皇上。⑦〔倚嫔（pín）御歌〕为妃嫔唱歌伴奏。倚，照格律作。嫔、御，都是侍奉皇帝的女子。⑧〔动上〕使皇帝感动。⑨〔一日〕有一天。〔眦（zì）睚（yá）〕也作"睚眦"，瞪眼睛，发怒。指极小的仇恨。眦，眼眶。睚，眼边。⑩〔立〕立刻。〔斥出〕赶出去。⑪〔京兆〕京兆尹，京城长安地区的长官和衙门。⑫〔他工辈〕其他乐工们。⑬〔动〕触动。〔上意〕皇帝怜惜的心。⑭〔会〕适值。〔幸苑中〕皇帝到花园去。⑮〔作〕演奏。⑯〔罗列〕排成队。⑰〔进〕向前来。⑱〔负〕对不起。〔陛下〕尊称皇帝。⑲〔万死不赦〕无论怎样都不能赦免他的罪。万死，死一万次。⑳〔奉〕伺候。㉑〔是〕这件事。〔恨〕遗憾。㉒〔高祖〕唐开国皇帝李渊。〔太宗〕唐太宗李世民。㉓〔卒〕终于。

不因偏爱而违背国法。

陆少保①

陆少保，字元方，曾于东都卖一小宅②。家人将受直矣③，买者求见，元方因告其人曰④："此宅子甚好，但无出水处耳⑤。"买者闻之，遽辞不买⑥。子侄以为言⑦，元方曰："不尔⑧，是欺之也⑨。"

宁牺牲小利而不骗人。

徐大理⑩

徐大理有功每见武后将杀人⑪，必据法廷争⑫。尝与武后反复⑬，词色愈厉⑭。后大怒，令拽出斩之⑮，犹回顾曰：

---

① 〔陆少保〕名元方，字希仲，唐朝苏州人。官至同平章事（宰相职）。东宫官只做过太子右庶子，没做过太子少保。文中称他为少保，字元方，可能是传闻之误。② 〔东都〕洛阳。③ 〔直〕同"值"，价钱。④ 〔因〕于是。⑤ 〔但〕只是。〔出水处〕泄水于宅外的处所。⑥ 〔遽（jù）辞〕立即推却。遽，匆忙。⑦ 〔以为言〕为此说了埋怨的话。⑧ 〔不尔〕不这样（如实告诉买主）。⑨ 〔欺之〕欺骗他。⑩ 〔徐大理〕原名弘敏，字有功，后来用字作名字，唐朝偃师（今河南洛阳市偃师区）人。曾官司刑少卿，死后赠司刑卿。大理寺是管刑狱的官署，武则天称帝时改为司刑寺。徐有功是司刑寺卿，所以这里称他为徐大理。⑪ 〔武后〕武则天，唐高宗的皇后。高宗死后独揽政权，后来称帝，改国号为周。⑫ 〔据法〕依据法律。〔廷争〕在朝廷同皇帝争论是非。⑬ 〔反复〕再三（争论）。⑭ 〔词色〕言辞、态度。⑮ 〔拽（yè）出〕拉出去。

三五 《唐语林》选 167

"身虽死，法终不可改。"至市①，临刑得免②，除为庶人③。如是再④，终不挫折⑤。朝廷倚赖⑥，至今犹忆之⑦。

为维护正道宁死不屈。

狄梁公⑧

狄梁公与娄师德同为相⑨。狄公排斥师德非一日⑩，则天问狄公曰："朕大用卿⑪，卿知所自乎⑫？"对曰："臣以文章直道进身⑬，非碌碌因人成事⑭。"则天久之曰："朕比不知卿⑮，卿之遭遇⑯，实师德之力。"因命左右取筐箧⑰，得十许通荐表⑱，以赐梁公。梁公阅之，恐惧引咎⑲，则天不责。出于外曰："吾不意为娄公所涵⑳！"而娄公未尝有矜色㉑。

---

①〔市〕刑场。旧时代处死刑在闹市。 ②〔免〕赦免。 ③〔除〕免官。〔庶人〕百姓。 ④〔再三〕多次（遭到死刑威胁）。再，两次。 ⑤〔挫折〕屈服。 ⑥〔倚赖〕依靠（他的刚正不阿）。 ⑦〔忆〕怀念。 ⑧〔狄梁公〕狄仁杰，字怀英，唐朝太原人。武则天时有名的大臣。死后追封为梁国公。 ⑨〔娄师德〕字宗仁，唐朝原武（今河南原阳）人。唐代有名的大臣，为将相三十年。以能容人著名，"唾面自干"就是他教导他弟弟的话。 ⑩〔非一日〕不是一天，意思是很长时间。 ⑪〔朕（zhèn）〕皇帝自称。〔大用〕重用。〔卿〕君主对臣子的客气称呼。 ⑫〔所自〕原因。 ⑬〔直道〕品行端正。〔进身〕受任用。 ⑭〔碌碌〕凡庸，无所作为。〔因人〕依靠别人。 ⑮〔比（旧读 bǐ）〕过去，原来。 ⑯〔遭遇〕遇合（指做高官）。 ⑰〔筐箧（qiè）〕竹笼、竹箱。这里指盛文件的箱子。 ⑱〔十许通〕十件左右。许，表约数。〔荐表〕推荐（狄仁杰）的奏本。 ⑲〔引咎（jiù）〕认错。 ⑳〔不意〕没想到。〔涵〕包涵，容纳。 ㉑〔矜（jīn）色〕骄傲的表现。

以国事为重,不计个人恩怨。

【研读参考】 一、《世说新语》《唐语林》这类记录遗闻逸事的书,其中的记事,就可靠性说并不一致:有的是事实,可以补史料的不足;有的是道听途说,距离事实很远。不过,即使是不合史实的记事,我们也可以从中看出古人的是非观念。读这种文章要知道这一点。

二、文言中"是"字、"因"字用法多与现代汉语不同,就本篇举例说一说。

三六　唐明皇出走　资治通鉴

【解说】本篇节选自《资治通鉴》卷二一八，题目是编者加的。《资治通鉴》是宋朝司马光主编的一部编年体（以时间先后为纲）的通史（不止一朝），记录由战国到五代（前403—959）共一千三百六十二年的历史大事。全书二百九十四卷。内容虽然只是记史实，可是在选材方面和叙述措辞方面常常寓褒贬，明是非，可供后人借鉴。这里选的三段是唐玄宗（"明"是谥号，"玄宗"是庙号）天宝十五载（756，这一年七月玄宗的儿子肃宗即位，改为至德元载；从天宝三年起改"年"为"载"，十四年后恢复称"年"）六月十三日到十四日两天的事。唐明皇李隆基于公元713年即位，到744年宠爱杨贵妃，以后又信任杨国忠和安禄山，贪图享乐，拒绝谏诤，多次有人反映安禄山要反叛他都不信，终于酿成差一点亡国的大祸。这里只选他刚逃出长安的一点点记述，也可以看出政治腐败的后果是如何严重。

　　《资治通鉴》的文章是记史事的，质朴无华。可是值得效法的优点很多，如选材精审，文笔简练，叙述详略得当，写人写事都能做到形象逼真，尤其能于记事之中显示善恶，分清是非，这些都值得我们深入体会。

编者司马光的介绍,见本书《训俭示康》的解说。

乙未①,黎明②,上独与贵妃姊妹、皇子、妃、主、皇孙、杨国忠、韦见素、魏方进、陈玄礼及亲近宦官、宫人出延秋门③,妃、主、皇孙之在外者,皆委之而去④。上过左藏⑤,杨国忠请焚之,曰:"无为贼守⑥。"上愀然曰⑦:"贼来不得⑧,必更敛于百姓⑨;不如与之,无重困吾赤子⑩。"是日,百官犹有入朝者⑪,至宫门,犹闻漏声⑫,三

---

①〔乙未〕唐玄宗天宝十五载六月十三日(公元756年7月14日),这一天用干支表示是乙未。 ②〔黎明〕天将明,一大早。黎,黑,黎明就是半明半暗。 ③〔上〕皇上,指唐玄宗李隆基。〔贵妃姊妹〕杨贵妃和她的两个姐姐。杨贵妃,杨太真(做女道士的名字),小字玉环,唐朝蒲州永乐(今山西永济)人。选入宫后深受玄宗宠爱,于天宝四载封为贵妃。杨贵妃有三个姐姐受封,大姐封韩国夫人,三姐封虢(guó)国夫人,八姐封秦国夫人。安禄山攻破潼关后,六月十一日,杨国忠让韩国夫人和虢国夫人进宫,劝玄宗入蜀。〔主〕公主,皇帝的女儿。〔杨国忠〕杨贵妃的堂兄,本名钊(zhāo),因贵妃受宠而数次升官,并赐名国忠。天宝十一载起任宰相。〔韦见素〕任武部(兵部)尚书、同平章事(宰相职)。〔魏方进〕原为京兆尹,随玄宗入蜀时任御史大夫兼置顿使(预备前站的钦差)。〔陈玄礼〕任右龙武将军,玄宗时宫中的警卫。〔亲近宦官〕侍奉皇帝的太监。唐宋时宦官还有监察或统率军队的。〔宫人〕宫女,管君王的日常生活事务的。〔延秋门〕唐代长安禁苑(皇帝养花木禽兽的园林)的西门。 ④〔委〕弃(来不及通知)。 ⑤〔左藏(zàng)〕政府的财物库房。 ⑥〔无为贼守〕不要再给贼(安禄山)留着。守,保持,保留。 ⑦〔愀(qiǎo)然〕凄惨的样子。 ⑧〔不得〕得不到(财物)。 ⑨〔敛(liǎn)〕征收。 ⑩〔重困〕更加搅扰。〔赤子〕百姓(原指婴儿)。 ⑪〔入朝者〕进入朝廷的。 ⑫〔漏声〕报时刻的钟鼓声。漏,古代滴水计时的一种仪器,也借指时刻。

卫立仗俨然①。门既启，则宫人乱出，中外扰攘②，不知上所之③。于是王公、士民四出逃窜④，山谷细民争入宫禁及王公第舍⑤，盗取金宝，或乘驴上殿。又焚左藏大盈库⑥。崔光远、边令诚帅人救火⑦，又募人摄府、县官分守之⑧，杀十余人，乃稍定。光远遣其子东见禄山⑨，令诚亦以管钥献之⑩。

写唐明皇等由宫中逃出，非常狼狈，京城因而混乱。

上过便桥，杨国忠使人焚桥。上曰："士庶各避贼求生，奈何绝其路？"留内侍监高力士⑪，使扑灭乃来。上遣

---

①〔三卫立仗俨（yǎn）然〕禁卫军陈设仪仗庄严整齐。三卫，唐朝禁卫军有亲卫、勋卫、翊（yì）卫，通称三卫，都是选高级官员或有功勋的官员的子孙充任，遇有朝会时手持仪仗排列在殿廷左右，充当仪卫。立，陈列。仗，兵器。俨然，严整的样子。②〔中外〕宫里宫外。〔扰攘（rǎng）〕混乱。③〔之〕往。④〔王公〕泛指贵族和高官。〔士民〕读书人和一般平民。⑤〔山谷〕指离都城远的地方。〔细民〕小民，穷苦百姓。〔宫禁〕帝王居住的地方，由于禁卫森严，所以称宫禁。〔第舍〕宅院。⑥〔大盈库〕唐玄宗的私库，供皇帝宫中私用。⑦〔崔光远〕玄宗时任京兆尹，后官至礼部尚书。〔边令诚〕将军，掌管宫内钥匙。⑧〔募〕募集。〔摄〕代理职务。〔府、县官〕府尹和县令。⑨〔禄山〕安禄山，唐朝营州柳城（今辽宁朝阳南）的胡人。骁勇善战，曾任营州都督等职。后取得唐玄宗和杨贵妃的信任，兼任平卢、范阳、河东三节度使。天宝十四载，他以讨杨国忠为名，起兵反叛；第二年自称雄武皇帝，立国号燕。至德二载（757），他的儿子为争帝位，将他杀死。⑩〔管钥〕钥匙。⑪〔内侍监〕内侍省的长官，由皇帝最亲信的宦官担任，管理宫廷内部事务。〔高力士〕宦官，唐朝高州良德（今广东高州）人。本姓冯，后为宦官高延福的养子，改姓高。玄宗时得宠，封渤海郡公，权力极大。安禄山破潼关后随玄宗入蜀。

宦者王洛卿前行，告谕郡县置顿①。食时，至咸阳望贤宫②，洛卿与县令俱逃，中使征召③，吏民莫有应者。日向中，上犹未食，杨国忠自市胡饼以献④。于是民争献粝饭⑤，杂以麦豆；皇孙辈争以手掬食之⑥，须臾而尽⑦，犹未能饱。上皆酬其直⑧，慰劳之。众皆哭，上亦掩泣⑨。有老父郭从谨进言曰⑩："禄山包藏祸心，固非一日；亦有诣阙告其谋者⑪，陛下往往诛之⑫，使得逞其奸逆⑬，致陛下播越⑭。是以先王务延访忠良以广聪明⑮，盖为此也。臣犹记宋璟为相⑯，数进直言⑰，天下赖以安平。自顷以来⑱，在廷之臣以言为讳⑲，惟阿谀取容⑳，是以阙门之外㉑，陛下皆不得而知。草野之臣㉒，必知有今日久矣，但九重严邃㉓，区区之

---

①〔置顿〕安排吃饭休息的地方。 ②〔咸阳〕县名，位于长安西四十里，在今陕西咸阳东北。〔望贤宫〕在县城东边。 ③〔中使〕宫廷派出的使者，多由宦官充任。 ④〔市〕买。〔胡饼〕烧饼。 ⑤〔粝（lì）饭〕粗米饭。 ⑥〔掬（jū）〕用两手捧起。 ⑦〔须臾〕一会儿。 ⑧〔直〕同"值"，价钱。 ⑨〔掩泣〕蒙着脸哭。 ⑩〔父（fǔ）〕尊称老年人。 ⑪〔诣〕到。〔阙〕宫阙，指朝廷。〔谋〕图谋，阴谋。 ⑫〔陛下〕对皇帝的敬称。〔诛〕杀。 ⑬〔使〕使（安禄山）。〔奸逆〕邪恶叛逆。 ⑭〔播越〕流亡，流离失所。播，迁。越，逸，逃跑。 ⑮〔务〕务必，一定要。〔延访〕引进、访问。延，请。〔广〕扩大。 ⑯〔宋璟〕唐代著名的大臣。武后时任左台御史中丞，睿（ruì）宗时任吏部尚书、同中书门下三品，玄宗时任刑部尚书、尚书左丞相，有很好的政绩。 ⑰〔数（旧读 shuò）〕屡次。〔进〕进谏。 ⑱〔顷〕不久，最近。 ⑲〔在廷之臣〕朝内的官。〔讳〕忌讳，(有话)不敢说。 ⑳〔阿（ē）谀（yú）〕委曲逢迎。阿，迎合。谀，奉承。〔取容〕取悦，逢迎以求得上边的喜欢。 ㉑〔阙门〕宫门。 ㉒〔草野之臣〕老父自称。草野，乡野。 ㉓〔九重（chóng）严邃（suì）〕宫禁森严。九重，宫中，因为帝王的门有九重（多重）。邃，深。

心无路上达①。事不至此，臣何由得睹陛下之面而诉之乎？"上曰："此朕之不明，悔无所及。"慰谕而遣之②。俄而尚食举御膳而至③，上命先赐从官④，然后食之。令军士散诣村落求食⑤，期未时皆集而行⑥。夜将半，乃至金城⑦。县令亦逃，县民皆脱身走⑧，饮食器皿具在，士卒得以自给。时从者多逃，内侍监袁思艺亦亡去⑨。驿中无灯⑩，人相枕藉而寝⑪，贵贱无以复辨⑫。王思礼自潼关至⑬，始知哥舒翰被擒⑭；以思礼为河西、陇右节度使，即令赴镇⑮，收合散卒⑯，以俟东讨⑰。

写离开京城后的困顿情况。插入郭从谨进言一段，以表现唐明皇的昏愦。

丙申⑱，至马嵬驿⑲，将士饥疲，皆愤怒。陈玄礼以祸

---

①〔区区〕形容微小。②〔慰谕而遣之〕用好话安慰他并让他走。③〔俄〕不久。〔尚食〕管皇帝膳食的官。〔御膳〕皇帝的饭食。④〔从官〕随从的官员。⑤〔村落〕村庄。落，居住的地方。⑥〔期〕约定。〔未时〕下午一点至三点。⑦〔金城〕县名，在长安西八十五里。⑧〔脱身〕抽身逃出。⑨〔亡〕逃走。⑩〔驿〕驿站，中途休息的地方。⑪〔枕藉〕横竖相压。⑫〔辨〕分别。⑬〔王思礼〕高丽人，因有战功任关西兵马使。安禄山反叛后，收复东京（洛阳）时他有战功，升任兵部尚书。〔潼关〕关名，在陕西潼关北，是东方往长安的要道。⑭〔哥舒翰〕唐大将，突厥族哥舒部人。初任陇右节度使，后兼河西节度使，封西平郡王。安禄山叛乱时任兵马副元帅，统军二十万，守潼关。因杨国忠的猜忌，被逼出战，大败被俘，后被杀。⑮〔赴镇〕前去任所。⑯〔散卒〕散兵。⑰〔俟〕待。〔东讨〕安禄山在洛阳称帝，洛阳在陕西东边，所以说东讨。⑱〔丙申〕六月十四日。⑲〔马嵬（wéi）驿〕在今陕西兴平西。

由杨国忠,欲诛之,因东宫宦者李辅国以告太子①,太子未决。会吐蕃使者二十余人遮国忠马②,诉以无食,国忠未及对,军士呼曰:"国忠与胡虏谋反③!"或射之④,中鞍。国忠走至西门内⑤,军士追杀之,屠割支体⑥,以枪揭其首于驿门外⑦,并杀其子户部侍郎暄及韩国、秦国夫人⑧。御史大夫魏方进曰:"汝曹何敢害宰相⑨!"众又杀之。韦见素闻乱而出,为乱兵所挝⑩,脑血流地⑪。众曰:"勿伤韦相公。"救之,得免。军士围驿。上闻喧哗,问外何事,左右以国忠反对⑫。上杖屦出驿门⑬,慰劳军士,令收队,军士不应。上使高力士问之,玄礼对曰:"国忠谋反,贵妃不宜供奉⑭,愿陛下割恩正法⑮。"上曰:"朕当自处之。"入门,倚杖倾首而立⑯。久之,京兆司录韦谔前言曰⑰:"今众怒难犯,安

---

① 〔因〕借。〔东宫宦者〕侍奉太子的宦官。东宫,太子居住的宫,常用来指太子。〔太子〕李亨,就是不久后代唐明皇做皇帝的肃宗。 ② 〔会〕恰巧。〔吐蕃〕古代藏族政权名。唐代与吐蕃通使频繁,文化和经济关系都很密切。〔遮〕拦住。 ③ 〔胡虏〕古代对北方或西方异族的贬称。 ④ 〔或〕有人。 ⑤ 〔走〕快跑。〔西门〕马嵬驿的西门。 ⑥ 〔屠割支体〕肢解躯体。 ⑦ 〔揭〕高举,挂起。 ⑧ 〔户部侍郎〕户部的副长官。户部,六部之一,掌管全国土地、户籍、赋税、财政收支等的官署。〔秦国夫人〕疑系笔误,应作虢国夫人。据《新唐书·杨贵妃传》:"秦国早死。" ⑨ 〔汝曹〕你们。曹,辈。 ⑩ 〔挝(zhuā)〕击,打。 ⑪ 〔脑血〕头血。 ⑫ 〔左右以国忠反对〕左右的人用国忠谋反回答。 ⑬ 〔杖屦(jù)〕拿着拐杖,穿着鞋子(意思是走着)。 ⑭ 〔不宜供奉〕不适合再侍奉皇上。 ⑮ 〔割恩正法〕割舍情义处以死罪。 ⑯ 〔倾首〕歪着头(表示思索,犹豫不决)。 ⑰ 〔京兆司录韦谔(è)〕韦谔是韦见素的儿子,任京兆府司录参军。

三六 唐明皇出走

危在晷刻①,愿陛下速决!"因叩头流血。上曰:"贵妃常居深宫,安知国忠反谋?"高力士曰:"贵妃诚无罪②,然将士已杀国忠,而贵妃在陛下左右,岂敢自安?愿陛下审思之③,将士安则陛下安矣。"上乃命力士引贵妃于佛堂④,缢杀之⑤。舆尸置驿庭⑥,召玄礼等入视之。玄礼等乃免胄释甲⑦,顿首请罪⑧。上慰劳之,令晓谕军士⑨。玄礼等皆呼万岁,再拜而出。

写杨氏兄妹之死。由表面看,重点是写杨贵妃的下场,实际还是写唐明皇的自作自受。

【研读参考】一、《资治通鉴》所记是史实,与小说不同,所以时间、地点及人物活动都要确切,有根有据。我们写记事的文章,也要学习这种谨严的态度。

二、本篇记唐明皇的言谈,难免有溢美的地方。这是因为在旧时代,尊君是无上的美德,所以遇到有小的优点,就要加重说,有大的缺点,也要委婉地说,甚至只暗示一下。读古书,遇到记皇帝的事,要了解这一点。

三、把本篇中表时间的词语按次序排列一下,看看作者是怎样组织材料的。

---

① 〔安危在晷(guǐ)刻〕意思是现在非常危险,要立刻决定。晷,日影,时间。② 〔诚〕实在。③ 〔审思〕周密考虑。④ 〔引〕牵挽。⑤ 〔缢(yì)杀之〕勒死她。⑥ 〔舆尸置驿庭〕抬来尸体放在驿站的庭院里。⑦ 〔免胄(zhòu)释甲〕摘掉头盔,脱下战衣,表示不再动武。⑧ 〔顿首〕叩头。⑨ 〔晓谕军士〕告诉军士让他们安心。

三七　诗话四则　洪迈等

【解说】本篇中"诗词改字"节选自《容斋续笔》卷八,"推敲"节选自《苕（tiáo）溪渔隐丛话》卷十九,"文章如作家书"选自《苕溪渔隐丛话》卷十二,"语贵自然"节选自《苕溪渔隐丛话》卷十三,题目都是编者加的。《容斋续笔》是宋朝洪迈著的《容斋随笔》的一部分。《容斋随笔》是记录作者见闻以及读书所得等内容的一部笔记,包括"随笔""续笔""三笔""四笔""五笔",共七十四卷,内容很丰富。《苕溪渔隐丛话》是宋朝胡仔（zī）从许多典籍中辑录的谈论诗文的笔记,以时间先后及作家为纲,排比材料。分前后二集,前集六十卷,后集四十卷。他引用的典籍,有些现在已经不存,所以有较大的参考价值。

这里选的几则,都是谈论诗的作法和优缺点的,文字不多,却写得有情趣,意思也可供我们写作时参考。

作者洪迈（1123—1202）,字景卢,别号野处,宋朝鄱阳（今江西鄱阳）人。高宗绍兴十五年（1145）进士。官至端明殿学士。勤于读书,学问很渊博。胡仔,字元任,南宋初年绩溪（今安徽绩溪）人。官至奉议郎。晚年隐居吴兴,自号苕溪（吴兴的别名）渔隐。

诗词改字

王荆公绝句云①:"京口瓜洲一水间②,钟山只隔数重山③。春风又绿江南岸,明月何时照我还。"吴中士人家藏其草④,初云"又到江南岸",圈去"到"字,注曰"不好"⑤,改为"过"。复圈去而改为"入"。旋改为"满"⑥。凡如是十许字⑦,始定为"绿"。

黄鲁直诗⑧:"归燕略无三月事⑨,高蝉正用一枝鸣⑩。""用"字初曰"抱",又改曰"占",曰"在",曰"带",曰"要",至"用"字始定。予闻于钱伸仲大夫如此⑪。

写作要用心改,以求完全妥善。

---

①〔王荆公〕王安石(1021—1086),字介甫,号半山,宋朝临川(今江西抚州)人。著名的政治家、思想家、文学家。宋神宗时任宰相,行新法。因为封荆国公,所以人称王荆公。〔绝句〕诗的题目是《泊船瓜洲》。绝句,一首四句的格律诗。 ②〔京口〕在今江苏镇江。〔瓜洲〕在今江苏扬州市西南四十里江滨。 ③〔钟山〕在南京,也叫紫金山。〔重(chóng)〕层。 ④〔吴中〕苏州。〔草〕草稿,底稿。 ⑤〔注〕旁边注明。 ⑥〔旋〕随后。 ⑦〔凡如是〕总起来照这样(改动)。〔十许字〕十来个字。 ⑧〔黄鲁直〕见本书《答李几仲书》的解说。 ⑨〔归燕〕将要飞回南方的燕子。燕子南归,在秋分前后。〔略〕大略。〔三月事〕指衔泥筑巢育雏等事。 ⑩〔高蝉〕栖止在高树上的蝉。 ⑪〔钱伸仲大夫〕钱绅,字伸仲,宋朝无锡(今江苏无锡)人。宋徽宗大观年间中进士。做过知州等官。大夫,官衔名,如光禄大夫等。这里是尊称。

推 敲

　　《刘公嘉话》云①：岛初赴举京师②，一日于驴上得句云③："鸟宿池边树，僧敲月下门④。"始欲着"推"字，又欲着"敲"字，练之未定⑤，遂于驴上吟哦⑥，时时引手作推敲之势⑦。时韩愈吏部权京兆⑧，岛不觉冲至第三节⑨。左右拥至尹前⑩，岛具对所得诗句云云⑪。韩立马良久⑫，谓岛曰："作敲字佳矣。"遂与并辔而归⑬，留连论诗⑭，与为布衣之交⑮。

　　写作少至一字，也要用心斟酌。

---

① 〔《刘公嘉话》〕《刘公嘉话录》，唐朝韦绚（xuàn）著。因为所记之事都是听刘禹锡（唐朝诗人，曾任太子宾客）讲的，所以名《刘公嘉话录》。今传本名《刘宾客嘉话录》，没有这一条。　②〔岛〕唐朝诗人贾岛，字阆（làng）仙。〔初〕当初。〔赴举〕去考进士。〔京师〕京城长安。　③〔句〕诗句，一般指两句或一句。　④〔鸟宿池边树，僧敲月下门〕原诗八句，题目是《题李凝幽居》。这两句分别是原诗的第三、四句。　⑤〔练〕用心琢磨使词句精美。　⑥〔吟哦（é）〕吟咏，用有韵律的声音念。　⑦〔引手〕伸手。〔势〕姿态。　⑧〔韩愈吏部〕韩愈，见本书《赠序二篇》的解说。因为官吏部侍郎，所以称为韩吏部。〔权〕代理。〔京兆〕京兆尹，京师的地方长官。　⑨〔第三节〕仪卫队伍的第三部分。　⑩〔左右〕跟前的随从人员。　⑪〔具对〕细答。　⑫〔立马〕停马不走。〔良久〕好久。　⑬〔并辔（pèi）〕骑马一同走。辔，缰绳。　⑭〔留连〕多时不离开。　⑮〔布衣之交〕官员与普通百姓交朋友。布衣，没有官阶的人。

文章如作家书

《唐子西语录》云①：古之作者，初无意于造语②，所谓因事以陈辞③。如《北征》一篇④，直纪行役耳⑤，忽云："或红如丹砂⑥，或黑如点漆⑦，雨露之所濡⑧，甘苦齐结实⑨。"此类是也。文章只如人作家书乃是⑩。

文章贵在能写实感，不要过分修饰。

语贵自然

《蔡宽夫诗话》云⑪：诗语大忌用工太过⑫，盖炼句胜则意必不足⑬，语工而意不足则格力必弱⑭，此自然之理也。"红稻啄余鹦鹉粒，碧梧栖老凤凰枝"⑮，可谓精切⑯，而在

---

① 〔唐子西〕唐庚，字子西，宋朝眉州（今四川眉山）人。著有《唐子西语录》。 ② 〔初〕本来。〔造语〕修饰辞藻。 ③ 〔因〕就。〔陈〕陈述。 ④ 〔《北征》〕杜甫从长安往鄜（fū）县（今改为富县）去看家属时作的一首五言古诗。 ⑤ 〔纪〕记。〔行役〕行旅。 ⑥ 〔丹砂〕朱砂。 ⑦ 〔点漆〕黑而有光的小物体。 ⑧ 〔濡（rú）〕浸湿。 ⑨ 〔甘苦〕果实甜的苦的，意思是各种果实。 ⑩ 〔家书〕家信。〔乃是〕才对。 ⑪ 〔蔡宽夫〕蔡居厚，字宽夫，宋朝临安（今浙江杭州）人。官至户部侍郎。著有《蔡宽夫诗话》。 ⑫ 〔大忌〕十分忌讳，最不应当。〔用工太过〕过分地加工锤炼。 ⑬ 〔炼句〕锤炼字句。〔胜〕过于用力。 ⑭ 〔格力〕风格笔力。诗文风格有高低，笔力有强弱。 ⑮ 〔红稻啄余鹦鹉粒，碧梧栖老凤凰枝〕杜甫《秋兴八首》里的一联。按正常说法，应是鹦鹉啄余红稻粒，凤凰栖老碧梧枝。 ⑯ 〔精切〕精练妥帖。

其集中本非佳处①。不若"暂止飞鸟将数子,频来语燕定新巢"为天然自在②。

出语要自然,过分雕琢字句就会适得其反。

【研读参考】一、"春风又绿江南岸","绿"字改得好吗?为什么?

二、"僧敲月下门","僧推月下门",一个字的差异,不只意境不同,还表示幽居里的情况有分别。比如说,幽居内总不会没有一个人,门即使是虚掩,可以用"推"字吗?说说看。

三、作文,修饰太过反而不好,你能说说这个道理吗?

---

① 〔集〕指《杜工部诗集》。 ②〔不若〕不如。〔暂止飞鸟将数子,频来语燕定新巢〕杜甫《堂成》里的一联。〔将〕携带。〔子〕小乌鸦。〔频来〕飞来飞去。〔语燕〕像在说话的燕子。

三八　笔记三则　陆游

【解说】本篇分别选自《老学庵笔记》卷五、卷七（有删节）、卷八，题目都是编者加的。《老学庵笔记》是陆游晚年隐居故乡山阴（今浙江绍兴）镜湖旁写的一部笔记，十卷。陆游是爱国诗人，读书多，见闻广，有学问，有见识，所以这部书量虽不很大，可是内容丰富，材料和意见都大有参考价值。

本篇选的几则都是讽刺社会上种种不合理现象的。文笔简洁淡雅，故事生动，作者虽然很少发表议论，我们却能从事迹的描述中看出作者的见解和爱憎来。

作者陆游（1125—1210），字务观，号放翁，南宋初年山阴人。南宋的大诗人。曾有军旅生活。官至宝谟阁待制。他生在北宋灭亡、南宋屈服于金国的时期，主张清内政，整军备，坚决抗金，恢复中原。可是他一直受投降派的排挤，因而把愤懑发挥在诗歌里。他作诗很多，传世的有九千多首，风格以雄浑豪放著称。著作还有《剑南诗稿》《渭南文集》《南唐书》等。

田登作郡①

田登作郡,自讳其名②,触者必怒③,吏卒多被榜笞④。于是举州皆谓灯为火⑤。上元放灯⑥,许人入州治游观⑦,吏人遂书榜揭于市曰⑧:"本州依例放火三日⑨。"

小官僚作威作福,荒唐可笑。

今人解杜诗⑩

今人解杜诗,但寻出处⑪,不知少陵之意初不如是⑫。且如岳阳楼诗⑬:"昔闻洞庭水,今上岳阳楼。吴楚东南坼⑭,乾坤日夜浮⑮。亲朋无一字⑯,老病有孤舟。戎马关山

---

①〔作郡〕这里指做州的长官。 ②〔讳(huì)其名〕忌讳在语言文字中用他的名字,甚至与名字同音的字也不许用。 ③〔触者〕触犯的人,即用"登"字或与"登"字同音的字的人。 ④〔榜〕打。〔笞(chī)〕用鞭子或板子打。 ⑤〔举州〕全州。 ⑥〔上元〕阴历正月十五日。 ⑦〔州治〕这里指州官的衙门。 ⑧〔书榜〕写布告。〔揭〕张贴。 ⑨〔依例〕按照旧例。 ⑩〔解〕解释。〔杜诗〕杜甫(唐朝大诗人)的诗。 ⑪〔但〕只。〔出处〕词句所依据的古典,诗句的来历。 ⑫〔少陵〕杜甫,杜甫自称少陵野老。少陵在西安市附近,杜甫在那里住过。〔初〕本来。 ⑬〔岳阳楼诗〕原题是《登岳阳楼》,唐代宗大历三年(768)冬所作。岳阳楼是湖南岳阳城的西门楼,下临洞庭湖。 ⑭〔吴楚东南坼(chè)〕吴楚二地被洞庭湖隔开。吴在东,楚在南。坼,分裂。 ⑮〔乾坤〕天地,或指日月。 ⑯〔无一字〕没有信来。

北①，凭轩涕泗流②。"此岂可以出处求哉？纵使字字寻得出处，去少陵之意益远矣③。盖后人元不知杜诗所以妙绝古今者在何处④，但以一字亦有出处为工⑤。如《西昆酬唱集》中诗⑥，何曾有一字无出处者，便以为追配少陵⑦，可乎？

诗文高妙是由于内容可取，而不是由于用典多，故以追寻出处解杜诗是错误的。

北方民家⑧

北方民家，吉凶辄有相礼者⑨，谓之"白席"⑩，多鄙俚可笑⑪。韩魏公自枢密归邺⑫，赴一姻家礼席⑬，偶取盘中一荔枝欲啖之⑭，白席者遽唱言曰⑮："资政吃荔枝⑯，请众客同吃荔枝。"魏公憎其喋喋⑰，因置不复取⑱，白席者又曰：

---

① 〔戎马关山北〕指北方还有战事。这一年吐蕃入侵。戎，兵器和军队。② 〔凭轩〕靠着（岳阳楼的）栏槛（远望）。〔涕〕眼泪。〔泗（sì）〕鼻涕。③ 〔去〕离。〔益远〕更远。④ 〔元〕本来。⑤ 〔工〕巧妙，精致。⑥ 〔《西昆酬唱集》〕书名。宋杨亿编，收杨亿、刘筠等十七个人的唱和诗。他们的诗多用典故，以致语僻难晓。⑦ 〔追配少陵〕向上比杜甫。⑧ 〔北方〕泛指黄河流域。⑨ 〔吉凶〕喜事、丧事。〔相（xiàng）礼者〕引导行礼的人。相，辅助。⑩ 〔白席〕席上说话，席上指点。⑪ 〔鄙俚（lǐ）〕粗陋、庸俗。⑫ 〔韩魏公〕韩琦，字稚圭，宋朝相州安阳（今河南安阳）人。曾任枢密使，封魏国公。〔自枢密归邺（yè）〕以枢密使的官衔判（兼管）相州，回到安阳。邺，安阳的古名。⑬ 〔姻（yīn）家〕亲戚家。〔礼席〕依礼设的筵席。⑭ 〔啖（dàn）〕吃。⑮ 〔遽（jù）〕急忙。〔唱言〕高声说。⑯ 〔资政〕韩琦曾官资政殿学士、大学士。⑰ 〔喋（dié）喋〕说话多。⑱ 〔因〕于是，就。〔置〕放下。

"资政恶发也①,却请众客放下荔枝。"魏公为一笑。恶发,犹云怒也②。

势力眼的丑态令人作呕。

【研读参考】 一、用笔记的体裁记事,文字可长可短,只要选材得当,就能于朴实的叙述中显情趣,寓褒贬。用现代语写作,也可以吸收这类文章的优点。

二、举本篇为例,讲讲文言中"但""去""初"的通常用法。

---

① 〔恶〕读 wù。 ② 〔犹云〕如同说。

三九　题跋三则　朱熹

【解说】本篇选自《晦庵先生朱文公文集》卷八十三至八十四，有删节。题跋是一种文体，一般写在别人作品（各种著作、法书、图画、碑帖拓片等）的后面（严格地说，写在前面是题，写在后面是跋），以表示自己对该作品的评价和观感等。篇幅一般都不长，但要见解深刻，语言精练，着眼一点两点，三笔五笔带过，使读者感到意深情挚，余韵不尽。这种文体，就写法的灵活方面说近于随笔，但它是针对某一件实物写的，所以内容不像随笔那样广泛。

这里选的三则，前两则是题画的。画的内容不同，所以措辞的重点也就不同：说牛是着重画得逼真，说武侯是着重忠心国事。第三则内容与《参同契》关系很小，却写得很有感情，我们于此可以体会"文无定法"的道理。

作者朱熹（1130—1200），字元晦，号晦庵，宋朝徽州婺（wù）源（今江西婺源）人。高宗绍兴十八年（1148）进士。官至秘阁修撰。谥文。他是宋朝的大哲学家、教育家。著作很多，主要有《诗集传》《楚辞集注》《四书章句集注》《朱子语类》，在经学、理学方面对后代影响很大。

跋唐人暮雨牧牛图①

予老于农圃②,日亲犁耙③,故虽不识画而知此画之为真牛也。彼其前者却顾而徐行④,后者骧首而腾赴⑤,目光炯然⑥,真若相语以雨而相速以归者⑦。览者未必知也⑧,良工独苦⑨,渠不信然⑩?

盛赞图上的牛画得逼真。

延平余无竞出示此卷⑪。卷中有刘忠定、邹忠公题字⑫,览之并足使人起敬。而龙山老人又先君所选士而余所尝趋走焉者也⑬,俯仰存没⑭,为之慨然。因识其后而归之⑮。

---

①〔唐人〕这里指唐朝人画的。 ②〔老于农圃〕在农田中生活到老年。圃,菜园。 ③〔日亲犁耙(bà)〕每天和犁耙在一起。耙,平地的农具。 ④〔其〕语气词,没有意义。〔却顾〕回头看。〔徐行〕慢走。 ⑤〔骧(xiāng)首〕马疾行而高抬头。〔腾赴〕跳着跑来。 ⑥〔炯(jiǒng)然〕明亮的样子。 ⑦〔相语(旧读yù)以雨〕互相告诉说下雨了。〔速〕催促。 ⑧〔览者〕看(画)的人。 ⑨〔良工〕优秀的工匠,这里指画家。〔独苦〕一个人苦苦用心。 ⑩〔渠〕通"讵(jù)",岂,难道。〔信然〕实在如此。 ⑪〔延平〕南剑州,古名延平,在今福建南平一带。〔余无竞〕生平不详。〔出示此卷〕把这画卷拿出来给我看。卷,横幅的画卷。 ⑫〔刘忠定〕刘安世,字器之,北宋末官至谏议大夫,以刚正著名,谥忠定。〔邹忠公〕邹浩,字志完,北宋末官至兵部尚书,谥忠。 ⑬〔龙山老人〕余良弼,字岩起,南宋初中进士,官直秘阁。藏书很多。著有《龙山文集》。〔先君〕称死去的父亲朱松,字乔年。〔选〕选拔(指充考官时所录取)。〔余所尝趋走〕我曾经拜谒过。 ⑭〔俯仰存没〕思念活着的和死去的亲朋。俯,低头。没,通"殁",死。 ⑮〔识(zhì)其后〕在后面记下几句话。识,通"志",记。〔归〕还。这句后面是作者的署名,从略。下面两则同。

由图上题字引起怀念昔贤的感慨。

跋武侯像赞[1]

乾道丁亥岁[2]，予游长沙，见张敬夫书室有武侯画像甚古[3]，云是刘丈子驹家藏[4]，唐阎立本笔[5]。因谓敬夫："盍为之赞[6]？"敬夫欣然，口占立就[7]，语简意到[8]，闻者叹服，以为非深知武侯心事者不能道也[9]。王兄齐贤因摹本[10]，而属敬夫手题其上[11]。

写有关像赞的几件小事。

后二十九年，齐贤诸子出以视予[12]。俯仰畴昔[13]，如昨日事，而三君子皆不可见矣[14]，为之太息[15]！记其下方[16]。

由像赞的重见慨叹今昔的变化。

---

①〔武侯〕诸葛亮。〔赞〕文体名，内容是赞美或评论，常用韵语写。②〔乾道〕宋孝宗的年号。〔丁亥岁〕乾道三年（1167）。③〔张敬夫〕张栻（shì），字敬夫。宋朝理学家。和朱熹是好朋友。④〔云〕说。〔刘丈子驹〕刘芮（ruì），字子驹。丈，对长辈的敬称。⑤〔阎立本〕唐朝初年的名画家。〔笔〕手笔，亲手所作。⑥〔盍（hé）〕何不。〔为之赞〕为它作一篇赞。⑦〔口占（zhàn）〕作诗不起草，随口念出。〔立就〕立刻完成。⑧〔到〕深切。⑨〔道〕说出来。⑩〔王兄齐贤〕王师愈，字齐贤。南宋初年的学者。〔摹（mó）本〕模拟原作而另画一幅。⑪〔属（zhǔ）〕通"嘱"，托付。〔手题〕亲手题写。⑫〔出以视予〕拿出来给我看。视，通"示"。⑬〔俯仰畴昔〕怀念过去。畴昔，从前。畴，助词，没有意义。⑭〔三君子〕指张敬夫、刘子驹、王齐贤三人。〔不可见〕人已不在世。⑮〔太息〕深深地叹气。⑯〔记其下方〕写在画的下面。

题袁机仲所校《参同契》后①

予顷年经行顺昌②，憩筼筜铺③，见有题"煌煌灵芝④，一年三秀⑤，予独何为，有志不就⑥"之语于壁间者，三复其词而悲之⑦。不知题者何人，适与予意会也⑧。

　　由追忆昔年见到题壁诗的感伤写起。

庆元丁巳八月七日⑨，再过其处，旧题固不复见⑩，而屈指岁月⑪，忽忽余四十年⑫，此志真不就矣。道间偶读此书⑬，并感前事，戏题绝句⑭："鼎鼎百年能几时⑮？灵芝三秀欲何为？金丹岁晚无消息⑯，重叹筼筜壁上诗⑰。"

　　转入本题，重过旧地，感慨题诗。

---

①〔袁机仲〕袁枢，字机仲，宋朝建安（今福建建瓯）人。著有《通鉴记事本末》。〔校（jiào）〕校订。〔《参同契》〕东汉魏伯阳作，全名为《周易参同契》，是阐述《易经》大旨的书。　②〔顷年〕前几年。〔经行〕经过。〔顺昌〕今福建顺昌。　③〔憩（qì）〕休息。〔筼（yún）筜（dāng）铺〕村镇名。筼筜，一种高大的竹子。　④〔煌煌〕光明的样子。〔灵芝〕古代把灵芝草看作祥瑞的草。这里比喻得意的人物。　⑤〔三秀〕三次开花。影射有些人官运亨通，连连升官。　⑥〔有志不就〕有志愿而不能实现。　⑦〔三复〕重复念几次。　⑧〔会〕相合。　⑨〔庆元〕宋宁宗的年号。〔丁巳〕庆元三年（1197）。　⑩〔旧题〕原来的题字。〔固〕诚然。　⑪〔屈指岁月〕弯曲手指数年头。　⑫〔忽忽〕很快地。〔余〕超过。　⑬〔此书〕指《参同契》。　⑭〔戏题绝句〕随便写一首绝句。绝句，一首四句的格律诗。　⑮〔鼎鼎〕盛大的样子。〔百年〕指人的一生。　⑯〔金丹〕古代道士设炉用黄金和丹砂炼成，宣称服食后可以长生不死，以至白日飞升。〔岁晚〕一年快过完了，比喻人已年老。〔无消息〕指丹还没有炼成。意思是功业没有成就。　⑰〔重（chóng）叹〕再一次慨叹。

【研读参考】一、题跋这种文体,现在,尤其年轻人,很少用。但是它那短小精悍、情文并茂的风格还是值得学习的。如果看到什么书籍、图画之类,也可以用现代语写写看。

二、本篇中"识"字、"道"字都不止一种意义,举例说说。

四〇　辨惑四则　王若虚

【解说】本篇分别选自《滹（hū）南遗老集》卷五、卷二十七、卷二十八、卷三十六，题目都是编者加的。辨惑，意思是辨明可疑之点，也就是指出错误。《滹南遗老集》四十五卷，前四十卷是读书笔记性质，除了《诗话》两卷以外，都是评论古书里的文和事的，如《五经辨惑》《诸史辨惑》等。作者学问渊博，有怀疑精神，对于古书里的记载，不盲目信从，总是根据人情事理，提出自己的见解。这种深入思考、实事求是、不随波逐流的精神，可以启发我们：读书论事，要有见识，善于思考，敢于坚持正确的意见。所以值得深入体会。

作者行文朴实恳切，简洁明白，不刻意修饰，不求古奥。这种朴素的风格也值得注意。

作者王若虚（1174—1243），字从之，号慵（yōng）夫，藁（gǎo）城（今河北石家庄市藁城区）人。他生在金朝，章宗承安二年（1197）中经义进士。做过国史院编修、直学士等官。金亡以后不再做官。因为他家在滹沱（tuó）河以南，是金朝的遗民，所以别号又叫"滹南遗老"。他是金朝著名的学者、文学家。著有《滹南遗老集》《滹南诗话》。

不可盲从

　　子在川上曰："逝者如斯夫！不舍昼夜①。"注疏以为叹时事之不留②。古今多取此意③。程氏曰④："此道体也⑤。天运而不已⑥，日往则月来⑦，寒往则暑来，水流而不息，物生而不穷⑧，皆与道为体⑨，运乎昼夜⑩，未尝已也⑪。君子法之⑫，自强不息⑬，及其至也⑭，纯而不已⑮。自汉以来，儒者皆不识此意。"予谓孔子指水而云⑯，其所寓意未可晓也⑰。诸子之言亦俱说得去⑱，然安知其果然哉⑲？程氏之论

---

①〔子在川上……不舍昼夜〕和下文"此道体也……皆不识此意"，都是从朱熹《论语集注》的《子罕》篇引来的。子，孔子。在川上，站在河边。逝者如斯夫，流过去的像这样啊！逝，往。夫，语气助词。不舍昼夜，昼夜不停。舍，停息。　②〔注疏（旧读 shù）〕注和疏都是注解的意思。古书有《论语注疏》，是三国时魏何晏作的注，宋朝邢昺（bǐng）作的疏。　③〔多取此意〕大都采用这个解释。　④〔程氏〕宋朝学者程颐（yí）。《论语集注》里引用他许多话。　⑤〔此〕这，指孔子说的话。〔道体〕大致相当于现在说的自然规律的根本。　⑥〔天运〕大自然发展变化。　⑦〔日往则月来〕日落则月升，时间连续不断。　⑧〔物〕万物。　⑨〔与道为体〕以自然规律为根本。　⑩〔乎〕于。　⑪〔已〕停止。　⑫〔君子〕有德的上等人。〔法之〕学习它。之，指大道运行不息。　⑬〔自强不息〕《易经·乾（qián）》卦："天行健，君子以自强不息。"　⑭〔至〕修养到很高的程度。　⑮〔纯〕纯粹，完全做到。　⑯〔指水而云〕对水说这样的话。　⑰〔其所寓意〕他那话所包含的深意。其，代孔子的话。　⑱〔诸子〕指作注疏的一些人。〔说得去〕说得过去，言之成理。　⑲〔安知〕怎么知道。

虽有益学者①，要为出于肊度②，而遂谓自汉以来无识之者，何其自信之笃邪③？盖未敢从④。

> 读书，解释词句，推究含义，要虚心，不可武断。对于武断的话更不该盲从。

管宁、华歆⑤

管宁、华歆共锄园菜，见地有金，宁挥锄与瓦石不异，歆捉而掷之⑥，世皆优宁而劣歆⑦。予谓以心术观之⑧，固如世之所论；至其不近人情，不尽物理⑨，则相去亦无几矣⑩。毕竟金玉与瓦石岂无别者哉？此庄、列之徒自以为达⑪，而好名之士闻风而悦之者也。若夫君子之正论则不然⑫，贵贱轻重未尝不与人同，特取舍之际有义存焉耳⑬。

> 品行端正，不妄取财物是对的，但不可因好名而举动不近人情。不近人情是造作，不可取。

---

①〔学者〕求学的人（与现在用法不同）。 ②〔要为〕总是。〔肊度（旧读 duó）〕主观猜测。肊，同"臆"。 ③〔笃〕深厚，坚定。〔邪〕同"耶"。 ④〔盖〕大概（这里有表谦逊的作用）。〔未敢从〕不敢相信。"敢"也是表示谦逊。 ⑤〔管宁、华歆（xīn）〕都是三国时魏人。下面讲的故事见南朝宋刘义庆《世说新语·德行》。 ⑥〔捉〕拿起来。〔掷之〕扔掉它。 ⑦〔世〕社会上。〔优宁而劣歆〕以管宁为优，以华歆为劣。优、劣是意动用法。 ⑧〔予谓〕我说，我认为。〔心术〕居心。 ⑨〔不尽物理〕不通达外界的实际。 ⑩〔相去亦无几〕距离也差不多。去，距离。无几，没多少。 ⑪〔庄、列之徒〕庄子、列子一类人。〔达〕通达，不在乎小节。 ⑫〔夫〕语气助词。 ⑬〔特〕只是。〔取舍之际〕要和不要的关节上。〔有义存焉〕有当不当的标准放在心里。

四〇 辨惑四则

晋王述①

晋王述初以家贫②,求试宛陵令③,所受赠遗千数百条④。王导戒之⑤,答曰:"足自当止⑥。"时人未之达也⑦。其后屡居州郡⑧,清洁绝伦⑨,宅宇旧物不革于昔,始为当时所叹⑩。予尝读而笑之。夫所谓廉士者,唯贫而不改其节⑪,故可贵也;今以不足而贪求,既足而后止,尚可为廉乎?而史臣著之⑫,以为美谈,亦已陋矣⑬。

穷而不贪才值得赞扬;有钱之后才不贪,算不得廉洁,不值得赞扬。

文字多少

《湘山野录》云⑭:谢希深、尹师鲁、欧阳永叔各为钱

---

①〔晋王述〕王述,字怀祖,晋朝的大官。以下的故事见《晋书·王述传》。②〔初〕起初,以前。③〔求试宛陵令〕求得宛陵(今安徽宣城)县的县官。求试,要求试试看(这是客气的说法)。令,县令。④〔所受赠遗(旧读 wèi)千数百条〕接受的礼物有上千项。遗,赠送。⑤〔王导〕当时的丞相。〔戒〕劝告。⑥〔足自当止〕富裕之后自然就不再受礼。⑦〔未之达〕未达之,不明白他的品格。文言否定句,动词的宾语是代词的时候,动宾用倒装句法。⑧〔屡居州郡〕屡次做州(刺史)和郡(太守)的长官。⑨〔清洁〕不贪赃。〔绝伦〕超过一般人。伦,同类。⑩〔叹〕赞叹。⑪〔节〕节操,不做坏事的品行。⑫〔史臣〕指唐朝编《晋书》的房玄龄等。〔著〕写。⑬〔陋〕没见识。⑭〔《湘山野录》〕宋朝一个和尚文莹作的笔记性质的书。

思公作《河南驿记》①,希深仅七百字,欧公五百字,师鲁止三百八十余字。欧公不伏在师鲁之下②,别撰一记,更减十二字③,尤完粹有法④。师鲁曰:"欧九真一日千里也⑤!"予谓此特少年豪俊一时争胜而然耳⑥;若以文章正理论之,亦惟适其宜而已⑦,岂专以是为贵哉⑧?盖简而不已⑨,其弊将至于俭陋而不足观也已⑩。

　　写文章,要求文字能够恰如其分地表现内容,需要的时候一万字不嫌多,不需要的时候一百字也嫌累赘。片面地以字数少为好是不对的。

【研读参考】一、读书,听别人的议论,自己要有见地,能够明辨是非;尤其在别人有不同意见的时候,更要深思熟虑之后再定取舍。读过这几则,以后自己读书,也可以试着写些这类的笔记,以锻炼辨识能力,从而提高自己写作的质量。

　　二、文章好坏,与字数的关系如何?你过去想过这个问题吗?现在有什么认识?

　　三、根据本篇,说说"达""叹""盖"有什么不同的用法。

----

①〔谢希深……《河南驿记》〕谢绛(字希深),尹洙(zhū)(字师鲁),欧阳修,都是宋朝的文学家。钱思公,钱惟演,字希圣,宋朝的大官,谥思。"公"是尊称。《河南(府名)驿记》,记叙河南驿的一篇文章。驿,驿站,过往官吏、公差暂驻的地方。　②〔伏〕通"服"。　③〔更减〕(比师鲁的短篇)又少。　④〔完粹有法〕(文章)完整精练,合乎作文的法度。　⑤〔欧九〕唐宋时代常用排行(háng)称呼人,欧阳修排行(同曾祖或同祖的兄弟或姐妹)第九。〔一日千里〕表示进步极快。　⑥〔然〕这样。　⑦〔适其宜〕恰好做到应该的那样。　⑧〔是〕这个(指字数少)。"是"在文言里多用作代词。　⑨〔盖〕表示"因为",意思稍轻。　⑩〔俭陋〕单薄而少学识。〔不足观〕不值得看。

四一　杜环小传　宋濂

【解说】本篇选自《宋文宪公全集》。杜环，元末明初南京人。据傅维鳞《明书》卷一三七，他是杜一元的小儿子，"博通经史，长于翰墨（能作诗作文、写字）。其书法端妍，至于行草，亦各臻（zhēn，到）妙。太学（中央的最高学府）初建，环以儒士荐，除学录（授予学录的官职）。……故环之书名大盛。迁（升官）太常赞礼郎，终太常寺丞"。可知杜环还是明初的书法家。小传，不叙述一生经历、只记一些突出事迹的传记。作者和杜环同过事，又是朋友，为了表彰杜环的义烈品格，以劝勉世人，所以写了这篇文章。

文章只记奉养常母一件事。故事虽然不复杂，可是写得入情入理，人物性格通过具体活动刻画得很细致，加以用谭敬先和常伯章二人的无情义来对比，更显得杜环的行为真是可歌可泣。末尾一段评论，引古人的话，证明义烈行为的难得，含意很深。

作者宋濂（1310—1381），字景濂，号潜溪，元末明初浦江（今浙江浦江）人。年轻时候勤苦读书，学问很渊博。明朝初年任江南儒学提举，主持修《元史》，朝廷中很多重要文章由他写成。文笔精练典重，是明初的大散文家。因为受孙子连累，老年被流放，死在外边。后来追谥文宪。

杜环，字叔循，其先庐陵人①，侍父一元游宦江东②，遂家金陵。一元固善士③，所与交皆四方名士④。环尤好学，工书⑤；谨饬⑥，重然诺⑦，好周人急⑧。

先概括地介绍杜环，突出他的优良品质。

父友兵部主事常允恭死于九江⑨，家破，其母张氏年六十余，哭九江城下，无所归。有识允恭者，怜其老，告之曰："今安庆守谭敬先非允恭友乎⑩？盍往依之⑪？彼见母，念允恭故⑫，必不遗弃母。"母如其言⑬，附舟诣谭⑭。谭谢不纳⑮。母大困，念允恭尝仕金陵⑯，亲戚交友或有存者，庶万一可冀⑰，复哀泣从人至金陵⑱。问一二人⑲，无存者。

---

①〔先〕祖先。〔庐陵〕今江西吉安一带。　②〔侍父一元游宦江东〕意思是，小时候他父亲杜一元在江南做官，他随父亲在外面长大。游宦，在外面做官。杜一元，杜元，字一元，元末人。住在金陵（南京）。勤学，能作诗。为人尚义，曾帮助常允恭家救火，保存财物。卒于明太祖洪武五年（1372）。江东，江南。　③〔固〕本来（是）。　④〔所与交〕所交往的人。　⑤〔工书〕字写得好。　⑥〔谨饬（chì）〕为人正派。饬，修整。　⑦〔重然诺〕答应人家的话一定履行。然，诺，都是答应说"是"。　⑧〔周人急〕援助旁人的急难。周，通"赒（zhōu）"，救济。　⑨〔兵部主事〕隋唐以后，中央政权设有吏、户、礼、兵、刑、工六部。主事是部里中下级的官。〔九江〕今江西九江。　⑩〔安庆守〕安庆府（今安徽安庆）的知府。守，太守（这是古名）。　⑪〔盍（hé）〕何不。〔依〕依靠。　⑫〔念允恭故〕念及老友允恭的缘故，因为想到允恭。　⑬〔如其言〕照他说的去做。　⑭〔附舟〕搭乘别人的船。〔诣〕往见。　⑮〔谢〕拒绝。〔不纳〕不收留。　⑯〔仕金陵〕在南京做官。　⑰〔庶〕庶几，也许。〔可冀〕有希望。　⑱〔哀泣从人〕哭着请求跟随别人。　⑲〔问一二人〕探问允恭相识的一两个人。

因访一元家所在①,问一元今无恙否②。道上人对以一元死已久,惟子环存③,其家直鹭洲坊中④,门内有双橘,可辨识⑤。

> 以上具体写。先说常母困苦无依,这是杜环义烈事迹的缘起。

母服破衣⑥,雨行至环家⑦。环方对客坐⑧,见母,大惊,颇若尝见其面者⑨。因问曰:"母非常夫人乎?何为而至于此⑩?"母泣告以故。环亦泣,扶就座⑪,拜之;复呼妻子出拜⑫。妻马氏解衣更母湿衣⑬,奉糜食母⑭,抱衾寝母⑮。母问其平生所亲厚故人及幼子伯章⑯。环知故人无在者,不足付⑰,又不知伯章存亡,姑慰之曰⑱:"天方雨,雨止为母访之。苟无人事母⑲,环虽贫,独不能奉母乎⑳?且环父与允恭交好如兄弟㉑,今母贫困,不归他人而归环家㉒,此二父导之也㉓。愿母无他思㉔!"

> 写义烈的初步表现。

①〔因〕于是。 ②〔无恙(yàng)〕没有疾病,健在。 ③〔惟〕只有。 ④〔直〕在,位于。〔鹭洲坊〕地名。坊,里巷。 ⑤〔辨识〕辨认。 ⑥〔服〕穿。 ⑦〔雨行〕冒雨走。 ⑧〔方〕正在。 ⑨〔颇若〕有点像。〔其〕代常母。 ⑩〔何为(wèi)〕为什么。 ⑪〔扶就座〕扶(她)坐到座位上。 ⑫〔妻子〕妻和孩子。 ⑬〔解衣〕脱下自己的衣服。〔更(gēng)〕换。 ⑭〔奉〕进献。〔糜(mí)〕粥。〔食(sì)〕给……吃。 ⑮〔衾(qīn)〕被。〔寝〕安排……睡。 ⑯〔其〕代常母。〔故人〕旧相识。〔幼子〕常母的小儿子。 ⑰〔付〕托付。 ⑱〔姑〕暂且。 ⑲〔苟〕假如。〔事〕侍奉,奉养。 ⑳〔独〕难道。 ㉑〔且〕再说。 ㉒〔归〕投奔到。 ㉓〔二父〕两位老人(常允恭和杜一元)。〔导〕引导。意思是,两位老人在天之灵把老夫人领来。 ㉔〔无〕通"毋",不要。〔他思〕想别的。

时兵后岁饥①，民骨肉不相保②。母见环家贫，雨止，坚欲出问他故人③。环令媵女从其行④。至暮，果无所遇而返⑤，坐乃定⑥。环购布帛，令妻为制衣衾。自环以下皆以母事之⑦。母性褊急⑧，少不惬意辄诟怒⑨，环私戒家人顺其所为⑩，勿以困故轻慢与较⑪。母有痰疾，环亲为烹药⑫，进匕箸⑬。以母故，不敢大声语。

　　深入一步，写义烈的长久表现。

越十年⑭，环为太常赞礼郎⑮，奉诏祀会稽⑯。还，道嘉兴⑰，逢其子伯章，泣谓之曰："太夫人在环家⑱，日夜念少子成疾，不可不早往见。"伯章若无所闻⑲，第曰⑳："吾亦知之，但道远不能至耳。"环归半岁，伯章来。是日，环初度㉑，母见少子，相持大哭㉒。环家人以为不祥㉓，止之㉔，

---

①〔兵后岁饥〕战乱（指元朝末年的战乱）之后，谷物收成不好。岁，年成。饥，因灾荒而收成不好。　②〔骨肉〕最亲近的亲属，如父子兄弟。〔保〕保护。　③〔坚〕坚决。　④〔媵（yìng）女〕使女。媵，原指陪嫁的女子。　⑤〔无所遇〕没有遇见（所探访的）任何一个。　⑥〔坐乃定〕才安心地住下来。　⑦〔自环以下〕从杜环以下。从杜环和他的妻子到奴婢。〔以母事之〕把她当母亲侍奉。　⑧〔褊（biǎn）急〕性情急躁。褊，急。　⑨〔惬（qiè）意〕合意，满意。〔诟（gòu）〕骂。　⑩〔私〕暗地里。〔戒〕告诫，嘱咐。　⑪〔以困故〕因为（她）艰难的缘故。〔轻慢〕轻视怠慢。〔与较〕和（她）计较。　⑫〔烹（pēng）〕煎，煮。　⑬〔进〕递送。〔匕（bǐ）箸〕羹匙和筷子。　⑭〔越〕过。　⑮〔赞礼郎〕太常寺的小官名。赞礼，相当于现在的司仪。　⑯〔奉诏〕受皇帝的命令。〔祀（sì）〕祭祀。〔会（kuài）稽〕指南镇（五镇之一）会稽山之神。会稽山，在浙江绍兴。　⑰〔道〕路过。〔嘉兴〕今浙江嘉兴。　⑱〔太夫人〕称人家的母亲——老太太。　⑲〔若无所闻〕好像没听见什么。　⑳〔第〕只。　㉑〔初度〕生日。　㉒〔相持〕互相抱持。　㉓〔不祥〕不吉利。　㉔〔止〕拦阻。

四一　杜环小传　199

环曰:"此人情也,何不祥之有①?"既而伯章见母老②,恐不能行,竟绐以他事辞去③,不复顾④。

中间插入亲生子的无情无义,用对比法以显示杜环的崇高。

环奉母弥谨⑤。然母愈念伯章,疾顿加⑥。后三年,遂卒⑦。将死,举手向环曰:"吾累杜君⑧,吾累杜君!愿杜君生子孙咸如杜君⑨。"言终而气绝。环具棺椁殓殡之礼⑩,买地城南钟家山葬之,岁时常祭其墓云⑪。

承前,再进一步,写杜环的义烈行为有始有终。

环后为晋王府录事⑫,有名,与余交。

点出杜环和自己的关系,借以说明言之有据。

史官曰⑬:交友之道难矣!翟公之言曰⑭:"一死一生,

---

①〔何不祥之有〕有什么不祥呢?"有何不祥"颠倒为"何不祥之有",语气比较强烈,这是文言里一种常用的句式。②〔既而〕过后。③〔绐(dài)以他事〕撒谎说有别的事。绐,欺骗。④〔不复顾〕不再看顾(母亲)。⑤〔弥(mí)〕越发。⑥〔顿加〕骤然加重。⑦〔卒〕死。⑧〔累(lèi)〕带累。⑨〔咸(xián)〕全,都。⑩〔具棺椁(guǒ)殓(liàn)殡(bìn)之礼〕备办丧葬的礼节。椁,套棺。殓,给死者穿衣装进棺木。殡,把灵停放起来。以上这些各有规定的礼节。⑪〔岁时〕节令。⑫〔晋王〕明太祖朱元璋的第三个儿子朱㭎(gāng),封晋王,卒谥恭。他曾向宋濂学文章,向杜环学书法。〔录事〕王府里掌管文书簿籍的官。⑬〔史官〕作者自称,因为他那时正主持修《元史》。⑭〔翟(zhái)公之言〕《史记·汲郑列传》:"始翟公(汉文帝时人)为廷尉(管刑狱的官),宾客阗(tián)充满)门;及废,门外可设雀罗(支网捉雀,极言其冷落)。翟公复为廷尉,宾客欲往,翟公乃大署其门曰:'一死一生,乃知交情;一贫一富,乃知交态;一贵一贱,交情乃见。'"

乃知交情。"彼非过论也①,实有见于人情而云也②。人当意气相得时③,以身相许④,若无难事⑤;至事变势穷⑥,不能蹈其所言而背去者多矣⑦,况既死而能养其亲乎?吾观杜环事,虽古所称义烈之士何以过⑧?而世俗恒谓今人不逮古人⑨,不亦诬天下士也哉⑩?

  写自己对杜环之为人的钦佩,并为当世有如此义烈之士而赞叹。

【研读参考】 一、本篇叙事简而明,于人物的言谈举止则绘影绘声,无不毕肖,所以能使读者获得清晰而深刻的印象。要多读几遍,体会这种写法的优点。

  二、有些词,文言中的意义现在少用,如"工书"的"工","重然诺"的"然","谢不纳"的"谢"。看看本篇中还有哪些,举出来。

---

① 〔过论〕过激之论,夸大的话。 ② 〔云〕说。 ③ 〔意气相得〕情投意合。 ④ 〔以身相许〕把性命许给对方。 ⑤ 〔若无难事〕好像没什么困难。 ⑥ 〔事变势穷〕情况改变,地位、权势没有了。 ⑦ 〔蹈其所言〕实践当初的诺言。〔背去〕违背诺言而逃掉。 ⑧ 〔所称〕说的。〔何以过〕怎么超过。 ⑨ 〔恒〕常。〔不逮(dài)〕不及。 ⑩ 〔诬(wū)〕欺罔,诬蔑。

四二　《郁离子》选　刘基

【解说】本篇选自《诚意伯文集·郁离子》,题目都是编者加的。《郁离子》是元朝末年刘基隐居青田(今属浙江文成)山中时所作,包括《千里马》《鲁般》等十八篇。一篇包括几则,有些是议论,有些是先举史实然后评论,还有些是先叙寓言然后评论,主旨都在发表作者对社会上各种事物的看法。这里选的三则是寓言,"工之侨献琴"见《千里马》篇,"贾(gǔ)人渡河"见《灵丘丈人》篇,"粤人食芝"见《瞽(gǔ,眼睛瞎)聩(kuì,聋)》篇,都删去后面的评论。

　　故事都不长,文字简洁浅易,讽刺的意思很明显。"工之侨献琴"讽刺世上很多人没有见识,只重虚名而不认识真才实学。"贾人渡河"讽刺有些人爱财如命,贪小利而受大害。"粤人食芝"讽刺有些人愚昧而自以为聪明,至死而不悟。作者推崇的显然是真才学和好品格,所以意义是积极的。

　　作者刘基(1311—1375),字伯温,元末明初青田人。博学,通天文、兵法。元顺帝元统元年(1333)进士,做浙江儒学副提举、江浙行省都事等官。后来辅佐朱元璋平定天下,官御史中丞、弘文馆学士。封诚意伯。谥文成。诗和散文都很有名。

工之侨献琴①

工之侨得良桐焉②,斫而为琴③,弦而鼓之④,金声而玉应⑤。自以为天下之美也⑥,献之太常⑦。使国工视之⑧,曰:"弗古⑨。"还之。

　　工之侨献琴,琴真好而遭到贬抑。

工之侨以归⑩,谋诸漆工⑪,作断纹焉⑫;又谋诸篆工⑬,作古窾焉⑭。匣而埋诸土⑮,期年出之⑯,抱以适市⑰。贵人过而见之⑱,易之以百金⑲,献诸朝⑳。乐官传视㉑,皆曰:"希世之珍也㉒。"

　　将琴伪装之后由贵人献上,竟得到极高的评价。

工之侨闻之,叹曰:"悲哉世也㉓!岂独一琴哉㉔?莫不然矣㉕。"

---

①〔工之侨〕虚构的人名。 ②〔桐〕桐木,制古琴的材料。 ③〔斫(zhuó)〕砍削。 ④〔弦(xián)〕琴弦。这里作动词用,装上弦。〔鼓〕弹。古代多说"鼓琴"。 ⑤〔金声而玉应〕发声和应和声如金玉之声(形容琴声清亮幽美)。 ⑥〔天下之美〕天下最美好的(琴)。 ⑦〔太常〕太常寺,掌管祭祀礼乐的官署。 ⑧〔国工〕最优秀的工匠。这里指乐师。 ⑨〔弗古〕不古老。琴以古为贵。 ⑩〔以归〕以琴归,带琴回家。 ⑪〔诸〕之于。 ⑫〔断纹〕断裂的纹理。漆面年久就会裂出小缝。 ⑬〔篆(zhuàn)工〕刻字工匠。刻字多用篆体字。 ⑭〔古窾(kuǎn)〕古代的款识。 ⑮〔匣〕装在匣子里。 ⑯〔期(jī)年〕周年。 ⑰〔适〕往。 ⑱〔贵人〕大官。 ⑲〔易〕交换,买。 ⑳〔朝〕朝廷。 ㉑〔乐(yuè)官〕掌管音乐的官吏。〔传视〕大家传递着看。 ㉒〔希世〕世上少有。 ㉓〔悲哉世也〕可悲啊,这个社会! ㉔〔独〕只。 ㉕〔莫不然〕无不如此。

四二　《郁离子》选

慨叹世人不辨真假。

贾人渡河①

　　济阴之贾人②，渡河而亡其舟③，栖于浮苴之上④，号焉⑤。有渔者以舟往救之，未至，贾人急号曰："我，济上之巨室也⑥，能救我，予尔百金⑦。"渔者载而升诸陆⑧，则予十金⑨。渔者曰："向许百金而今予十金⑩，无乃不可乎⑪？"贾人勃然作色⑫，曰："若⑬，渔者也，一日之获几何⑭？而骤得十金⑮，犹为不足乎⑯？"渔者黯然而退⑰。

　　贾人得救后因吝啬而立即食言。

　　他日⑱，贾人浮吕梁而下⑲，舟薄于石⑳，又覆，而渔者在焉。人曰㉑："盍救诸㉒？"渔者曰："是许金而不酬者也㉓。"立而观之，遂没。

---

①〔贾（gǔ）人〕商人。②〔济（jǐ）阴〕济水的南岸。济水，发源于河南济源市西王屋山，向东南流入黄河。③〔亡〕亡失。这里是沉没的意思。④〔栖〕栖止，停留。〔浮苴（chá）〕水上漂浮的枯草。⑤〔号（háo）〕喊叫。⑥〔济上〕济水沿岸。〔巨室〕世家大族，阔人家。⑦〔予〕给。〔尔〕你。〔百金〕一百两银子。⑧〔载〕装载。〔升〕登。⑨〔则〕却。⑩〔向〕从前。这里是刚才的意思。⑪〔无乃〕岂不是。⑫〔勃然〕因发怒而脸变颜色的样子。〔作色〕变为怒气冲冲。⑬〔若〕你。⑭〔获〕收获。这里指打鱼卖得的钱。〔几何〕多少。⑮〔骤（zhòu）〕忽然之间。⑯〔犹〕还。⑰〔黯（àn）然〕情绪低沉。〔退〕走开。⑱〔他日〕以后的某一天。⑲〔浮〕乘船在水上。〔吕梁〕山名，在山西西部。〔下〕顺水下行。⑳〔薄〕迫近，触。㉑〔人〕他人，在场的人。㉒〔盍〕何不。〔诸〕之乎。㉓〔酬〕报，偿还。

失信者受到应得的惩罚。

粤人食芝①

粤人有采山而得菌②,其大盈箱③,其叶九成④,其色如金,其光四照。以归,谓其妻子曰⑤:"此所谓神芝者也,食之者仙⑥。吾闻仙必有分⑦,天不妄与也⑧。人求弗能得而吾得之,吾其仙矣⑨!"乃沐浴,齐三日而烹食之⑩,入咽而死⑪。

自作聪明,吃"神芝"(其实是毒菌)中毒而死。

其子视之,曰:"吾闻得仙者必蜕其骸⑫,人为骸所累⑬,故不得仙。今吾父蜕其骸矣,非死也。"乃食其余,又死。于是同室之人皆食之而死⑭。

家中人不吸取教训,仍自作聪明,至死不悟。

[研读参考] 一、寓言是讲故事,小说也是讲故事。你能从篇幅长短、内容安排、写作目的等方面说说两种体裁的分别吗?

二、"献诸朝"的"诸"等于"之于",所以不能改说"献诸于朝"。在现代汉语中,有人用"借诸于友人",这类说法是错的。

---

① 〔粤〕广东省的别称。〔芝〕灵芝。传说吃了可以成仙。 ② 〔采山〕在山中打柴或采药。〔菌〕蘑菇之类。有的有毒。 ③ 〔盈箱〕可以装满一箱。这是夸张。 ④ 〔九成〕九层。 ⑤ 〔妻子〕妻和孩子。 ⑥ 〔仙〕成仙。 ⑦ 〔分(fèn)〕应得的命运。 ⑧ 〔妄〕胡乱。 ⑨ 〔其〕表示推测的助词,可要。 ⑩ 〔齐〕同"斋",斋戒,行大礼前的洁身清心行为。沐浴也是为洁身。 ⑪ 〔入咽〕吞下去。 ⑫ 〔蜕(tuì)〕虫类脱皮。〔骸(hái)〕形骸,躯体。 ⑬ 〔累〕牵挂。 ⑭ 〔同室之人〕全家人。

四三　南宫生传　高启

【解说】本篇选自《高太史凫（fú）藻集》。南宫生是宋克的别名。宋克（1327—1387），字仲温，长洲（今江苏苏州）人。他生于元朝，明朝初年做凤翔府同知（知府的副手）。他的字写得很好，是著名的书法家。

　　写传记，一般着重写一个人的经历，他做过什么官，有什么功绩，有什么著作等。宋克在这方面可写的不多，可是他的性格、为人有不同于一般人的地方，所以作者就着重写这方面。写这方面主要突出两点：一是任侠好客，有大志；二是壮年和老年有极大的变化。写这两点都意在表现宋克是个奇人。作者表现宋克的"奇"，引的事例都很突出，叙述、描写很生动，所以能够予读者以深刻的印象。末尾着重推崇宋克由进取变为退隐，这是旧时代一部分士大夫的思想，应该批判地对待。

　　作者高启（1336—1374），字季迪，号槎（chá）轩，也是长洲人。高启也生于元朝。元朝末年在吴淞江畔的青丘隐居，别号青丘子。明朝初年，他官翰林院编修，参加编《元史》。不久回青丘隐居。传说他曾作诗讽刺明朝的宫中生活，明太祖很不高兴。不久苏州知府魏观得罪，高启给魏观作过知府衙门的上梁文，于是借这机会，明太祖把高启腰斩了，死时还不到四十岁。高启是明朝有名的诗人，诗的风格清新俊逸，在文学史上得到很高的评价。传世有文集、诗集、词集，合为《高太史大全集》。

南宫生①，吴人②。伟躯干③，博涉书传④。少任侠⑤，喜击剑走马⑥，尤善弹⑦，指飞鸟下之⑧。家素厚藏⑨，生用周养宾客⑩，及与少年饮博游戏⑪，尽丧其资。逮壮⑫，见天下乱⑬，思自树功业，乃谢酒徒去⑭，学兵⑮，得风后握奇陈法⑯。将北走中原⑰，从豪杰计事⑱，会道梗⑲，周流无所合⑳。遂溯大江㉑，游金陵㉒，入金华、会稽诸山㉓，渡浙

---

① 〔生〕称呼读书人，如张生、李生。 ② 〔吴人〕苏州人。苏州是春秋时代吴国的都城。 ③ 〔伟躯干〕身材高大。 ④ 〔博涉书传（zhuàn）〕读书很多。涉，涉猎，泛泛地看书。传，古代指解释经书的书。 ⑤ 〔任侠〕以行侠义事自任，喜好侠义的行为。 ⑥ 〔走马〕骑着马跑。走，文言里多是"跑"的意思。"走"在这里是使动用法。 ⑦ 〔善弹（dàn）〕长于用弹弓。 ⑧ 〔指飞鸟下之〕对准飞的鸟就能击落它。之，代飞鸟。 ⑨ 〔素〕向来。〔厚藏〕财物多。 ⑩ 〔用周养宾客〕用财物供养宾客。周，同"赒（zhōu）"，救济。 ⑪ 〔饮博〕喝酒赌钱。 ⑫ 〔逮（dài）壮〕到壮年。 ⑬ 〔天下乱〕指元朝末年很多地方有战事。 ⑭ 〔谢〕谢绝，不同人来往。〔去〕离开。 ⑮ 〔学兵〕学习兵法。 ⑯ 〔风后握奇陈（zhèn）法〕风后，传说是黄帝时一个大官，曾作《握奇经》（讲兵法的书）。陈，同"阵"。 ⑰ 〔北走中原〕往北到中原去。中原，黄河中下游一带。 ⑱ 〔从〕跟随，伴随。〔计事〕图谋做政治、军事方面的大事业。 ⑲ 〔会道梗〕正赶上道路不通。梗，阻塞。 ⑳ 〔周流〕各处走动。〔无所合〕不如意，都合不来。 ㉑ 〔溯（sù）〕逆着水流往上走。〔大江〕长江。 ㉒ 〔金陵〕南京。 ㉓ 〔金华〕山名，在浙江金华北边。〔会稽〕山名，在浙江绍兴市东南。

江①,泛具区而归②。

先概括介绍南宫生的经历,重点说他"少任侠","思自树功业",漫游江南山水,这可以表明他的为人确是与众不同。

家居以气节闻③,衣冠慕之④,争往迎候⑤,门止车日数十两⑥。生亦善交,无贵贱⑦,皆倾身与相接⑧。有二军将恃武横甚⑨,数殴辱士类⑩,号虎冠⑪。其一尝召生饮,或曰⑫:"彼酗⑬,不可近也。"生笑曰:"使酒人恶能勇⑭?吾将柔之矣⑮。"即命驾往⑯,坐上座,为语古贤将事⑰。其人竦

----

① 〔浙江〕钱塘江,浙江省的一条大河,往东流,到杭州附近入海。② 〔泛〕在水面游行。〔具区〕就是太湖,江苏、浙江二省间的大湖。《周礼·夏官·职方氏》说扬州情况:"其泽薮曰具区。" ③ 〔以气节闻〕因有气节而出名。以,拿,凭借。气节,志气和节操(品格严正)。闻,闻于世。 ④ 〔衣冠〕指穿戴讲究的人,上层人,士大夫。 ⑤ 〔迎〕请(他来)。〔候〕问候(到他家访问)。 ⑥ 〔门止车日数十两〕门前停放(来宾的)车一天有几十辆。两,同"辆"。 ⑦ 〔无〕不论。 ⑧ 〔倾身〕弯着身子(表示恭敬)。 ⑨ 〔军将(jiàng)〕武官。〔恃武横(hèng)甚〕靠着有武力,很蛮横。 ⑩ 〔数(旧读 shuò)〕屡次。〔士类〕读书人。 ⑪ 〔号〕(人们)称说(他)。〔虎冠(guàn)〕穿戴像人的老虎(形容特别横暴)。冠,动词,戴帽子。《史记·酷吏列传》:"其爪牙吏,虎而冠。" ⑫ 〔或曰〕有人说。 ⑬ 〔酗(xù)〕酒醉行凶。 ⑭ 〔使酒〕倚仗酒醉撒酒疯。《史记·魏其武安侯列传》:"灌夫(人名)为人,刚直使酒。"〔恶(wū)〕怎么。 ⑮ 〔柔之〕使他变软,制服他。之,代找他喝酒的那个军将。 ⑯ 〔命驾〕命仆人套车,也就是坐车。 ⑰ 〔为(wèi)语古贤将事〕给(那个军将)讲说古代好将帅的故事(目的在教导那个军将)。

听①,居樽下拜起为寿②,至罢会③,无失仪④。其一尝遇生客次⑤,顾生不下己⑥,目慑生而起⑦。他日见生独骑出⑧,从健儿⑨,带刀策马踵生后⑩,若将肆暴者⑪。生故缓辔当中道进⑫,不少避⑬。知生非懦儒⑭,遂引去⑮,不敢突冒呵避⑯。明旦介客诣生谢⑰,请结欢⑱。生能以气服人类如此⑲。

> 接着上文写,进一步举出豪侠的具体事迹。这里主要突出一个"勇"字。

性抗直多辩⑳,好箴切友过㉑。有忤己㉒,则面数之㉓,无留怨㉔。与人论议,蕲必胜㉕,然援事析理㉖,众终莫能

---

① 〔竦(sǒng)听〕非常恭敬地听着。竦,恭敬。 ② 〔居樽(zūn)下拜起为寿〕在下面行礼敬酒。樽,酒杯。为寿,把酒或财物献给别人。 ③ 〔罢会〕宴会完毕。 ④ 〔无失仪〕没有失礼的地方。仪,礼节。 ⑤ 〔客次〕做客的处所,别人家。次,名词,停留的地方。 ⑥ 〔顾生不下己〕看到南宫生不尊敬自己。下己,在自己之下。 ⑦ 〔慑(shè)〕恐惧,这里是怒目而视的意思。〔起〕离开。 ⑧ 〔他日〕(以后的)某一天。〔独骑(旧读jì)〕一个人骑马。骑,名词,指一人一马。 ⑨ 〔从健儿〕健儿跟着(他),带着一些打手。 ⑩ 〔策〕动词,用鞭子打。〔踵〕动词,跟随。 ⑪ 〔肆暴〕逞凶,动手打人。 ⑫ 〔故〕故意。〔缓辔(pèi)〕放松缰绳,慢走。〔当中道〕在路当中。 ⑬ 〔不少避〕一点不躲避。 ⑭ 〔非懦儒〕不是软弱的人。儒,旧指读圣贤书的人。 ⑮ 〔引去〕走开。引,避开。 ⑯ 〔突冒〕冲撞冒犯。〔呵避〕大声喊使人躲开。 ⑰ 〔明旦〕第二天早晨。〔介客〕由客人介绍。〔诣生谢〕到南宫生那里赔礼。 ⑱ 〔请结欢〕请求交好。 ⑲ 〔类如此〕都像这样子。 ⑳ 〔性抗直〕性格刚直。〔多辩〕善于谈论。 ㉑ 〔好(hào)〕喜好。〔箴(zhēn)切友过〕规劝朋友的过错。箴,规劝。切,切磋。 ㉒ 〔忤〕抵触。 ㉓ 〔面数(shǔ)之〕当面指出他的过错。数,详细举出。之,代忤己者。 ㉔ 〔无留怨〕不记仇。 ㉕ 〔蕲〕通"祈",求。 ㉖ 〔援事析理〕引证事实,分析道理。

折①。时藩府数用师②,生私策其隽蹶多中③。有言生于府④,欲致生幕下⑤,不能得,将中生法⑥,生以智免⑦。家虽以贫⑧,然喜事故在⑨,或馈酒肉⑩,立召客与饮啖相乐⑪。四方游士至吴者,生察其贤,必与周旋款曲⑫,延誉上下⑬。所知有丧疾不能葬疗者⑭,以告生,辄令削牍疏所乏⑮,为请诸公间营具之⑯,终饮其德不言⑰。故人皆多生⑱,谓似楼君卿、原巨先而贤过之⑲。

仍是承接第一段写,进一步举出豪侠的具体事迹。
这里意思加深一步,主要突出一个"义"字。

久之⑳,稍厌事㉑,阖门寡将迎㉒。辟一室㉓,庋历代法

---

①〔折〕驳倒。 ②〔时〕那时候。〔藩府〕指元朝末年张士诚占据苏州,称吴王。〔数(旧读shuò)〕屡次。〔用师〕用兵打仗。师,军队。 ③〔私〕私自。〔策〕计算,推断。〔其〕指藩府。〔隽(jùn)蹶(jué)〕胜败。隽,通"俊",俊秀。蹶,跌倒。〔中(zhòng)〕打中目标,应验。 ④〔有言生于府〕有人到藩府说南宫生(如何推断军事胜败)。 ⑤〔致生幕下〕招致南宫生到藩府做幕客(谋士)。幕,幕府,将帅的衙门。 ⑥〔中(zhòng)生法〕使南宫生受到法律制裁,也就是捉进监狱。 ⑦〔以智免〕靠巧妙的主意没有受到危害。 ⑧〔虽以贫〕虽然因为受人陷害的事穷了。 ⑨〔喜事〕好交往。〔故在〕仍然那样。 ⑩〔馈(kuì)〕赠送。 ⑪〔啖(dàn)〕吃。 ⑫〔款曲〕殷勤恳切。 ⑬〔延誉〕宣扬其美。〔上下〕在各种场合。上,上层人。下,平民。 ⑭〔所知〕相识的人。〔丧(sāng)〕家里死了人。 ⑮〔辄(zhé)〕就。〔削牍〕用纸。牍,原指写字用的木简(木要削平才能写字)。〔疏〕叙说。〔所乏〕缺少什么。 ⑯〔诸〕之于。〔公间〕公众之中。〔营具〕筹划办理。 ⑰〔饮其德不言〕做了好事不说。饮,吞没,隐藏。 ⑱〔多〕称赞。 ⑲〔楼君卿、原巨先〕西汉末年楼护,字君卿,原涉,字巨先,都是任侠好客的人。 ⑳〔久之〕很长时间以后。 ㉑〔稍厌事〕渐渐不愿意到外面活动了。 ㉒〔阖〕通"合",关闭。〔寡将迎〕少接待宾客。将,送。 ㉓〔辟一室〕清扫出一间屋。

书、周彝、汉砚、唐雷氏琴①,日游其间以自娱②。素工草隶③,逼钟、王④,患求者众⑤,遂自閟⑥,希复执笔⑦。歆慕静退⑧,时赋诗见志⑨,怡然处约⑩,若将终身⑪。

> 写南宫生晚期生活的大变化:由志在四方变为闭门隐居,由击剑走马变为怡然处约。这样写,意在表示南宫生能够集两种气质于一身,所以奇而可传。

生姓宋,名克,家南宫里,故自号云⑫。

> 补说南宫生的姓名和别号的由来,意在使读者印象更深。

赞曰:生之行凡三变⑬,每变而益善⑭。尚侠末矣⑮。欲奋于兵固壮⑯,然非士所先⑰。晚乃刮磨豪习⑱,隐然自将⑲,

---

①〔庋(guǐ)〕藏。〔法书〕名书家写的可资效法的字。〔周彝(yí)〕周朝的铜器。〔雷氏琴〕传说唐朝雷威用松木制的琴(一般用桐木)。 ②〔日〕天天。 ③〔工草隶〕草隶写得好。草隶,指章草。 ④〔逼钟、王〕近于钟繇(三国时的大书法家)和王羲之(东晋的大书法家)、王献之(王羲之的儿子,也是大书法家)的造诣。 ⑤〔患〕以……为苦。 ⑥〔閟〕通"秘",隐藏不露。 ⑦〔希复执笔〕很少再拿笔(写字)。希,通"稀"。 ⑧〔歆(xīn)〕羡慕。〔静退〕安静退隐。 ⑨〔时〕常常。〔赋诗见志〕作诗来表示自己的心意。 ⑩〔怡(yí)然〕安乐的样子。〔处(chǔ)约〕过朴素谦退的生活。约,简朴,收敛。 ⑪〔若将终身〕像是要这样度过一生。 ⑫〔云〕语气助词,没有意义。 ⑬〔凡〕总共。 ⑭〔益〕更加。 ⑮〔尚〕推崇,爱好。〔末〕微小不足道。 ⑯〔奋〕致力。〔固〕自然是。 ⑰〔所先〕首先要做的,特别重视的。 ⑱〔晚〕晚年,最后。〔刮磨豪习〕去掉好武的脾气。韩愈《曹成王碑》:"丧除,痛(极力)刮磨豪习。" ⑲〔隐然自将〕淡泊自持。隐然,沉静无所表现的样子。将,修养。

履藏器之节①,非有德能之乎?与夫不自知返②,违远道德者异矣③。

　　班固作《汉书》,在本纪、列传之后,有作者的一些话,名"赞曰",里面写作者的赞美和评论。这里"赞曰"也是这个意思。这一段意在表明南宫生是奇人,越变越好,所以值得为他立传。

【研读参考】一、文章是作者思想感情的写照。根据本篇"赞曰"里的话,你能说说这个道理吗?

　　二、从本篇中找出例证,说说词的"使动用法"。

---

①〔履〕行。〔藏器〕有才能而不显示。器,才能。《易经·系辞下》:"君子藏器于身,待时而动。"〔节〕节操,品行。 ②〔夫〕语气助词。〔返〕返于道德。 ③〔违〕违背。〔远〕离开。〔道德〕立身处世的大道理(与现在的用法不同)。〔异〕不同。

四四　客谈二事　方孝孺

【解说】本篇选自《逊志斋集》卷六。作者写这两个故事，曾在文后写明自己的用意："右《越巫》《吴士》二篇。余见世人之好诞者死于诞，好夸者死于夸，而终身不自知其非者众矣，岂不惑哉！游吴越间，客谈二事，类（排列在一起）之，书以为世戒。"可见作者是用此来讽刺社会上一些诞妄的人，使读者引以为戒的。

体裁是寓言，也就是以故事形式发表议论的一种文体。写这种文章，故事要近于真实，蕴涵的道理要明显、正大，而用语最好能含蓄，不明说教训而能使人受到启发，明白道理。在这些方面，本篇写得都恰到好处。

作者方孝孺（1357—1402），字希直，一字希古，明朝初年宁海（今浙江宁海）人。建文帝时任侍讲学士。燕王朱棣（dì）（明成祖）起兵攻南京，夺得政权，让他写登极的诏书，他坚决拒绝，被杀，宗族亲友受牵连而死的八百多人。他学问很好，品行严正，文章也很有名。

越 巫①

越巫自诡善驱鬼物②。人病，立坛场③，鸣角④，振铃⑤，跳掷⑥，叫呼，为胡旋舞禳之⑦。病幸已⑧，馈酒食⑨，持其资去⑩；死则诿以他故⑪，终不自信其术之妄⑫。恒夸人曰⑬："我善治鬼，鬼莫敢我抗⑭。"

先介绍越巫的驱鬼伎俩和他骗人的假话。

恶少年愠其诞⑮，瞷其夜归⑯，分五六人栖道旁木上⑰，相去各里所⑱。候巫过，下砂石击之⑲。巫以为真鬼也，即旋其角⑳。且角且走㉑，心大骇，首岑岑加重㉒，行不知足所

---

①〔越〕古越国，在今浙江一带。〔巫（wū）〕旧社会以装神弄鬼替迷信者驱鬼治病的人，多是女性。这里的越巫是男性。②〔诡〕说假话。〔鬼物〕妖魔鬼怪之类。③〔立〕设立。〔坛（tán）场〕祭神的地方。坛，用土或砖石筑起的高台。④〔鸣角〕吹角。角，用动物的角做的一种乐器。⑤〔振〕摇动。⑥〔跳掷〕跳跃。掷，腾跃。⑦〔胡旋舞〕原是唐代西北少数民族的一种舞蹈，多旋转动作。这里指旋转着跳。〔禳（ráng）〕祭祀鬼神，祈求消除灾祸。⑧〔幸已〕碰巧好了。已，停止。⑨〔馈（zhuàn）〕吃喝。⑩〔其〕代有病的人家。〔资〕财物。⑪〔诿（wěi）〕推脱。〔他故〕别的原因。⑫〔妄〕荒谬。⑬〔恒夸人〕常向人夸耀。⑭〔莫敢我抗〕莫敢抗我。文言的否定句宾语是代词时，宾语放在动词前边。⑮〔愠（yùn）其诞〕恨他说大话。诞，虚妄。⑯〔瞷（jiàn）〕窥伺。⑰〔栖〕停留。〔木〕树。⑱〔去〕距离。〔里所〕一里左右。所，用在数量词后边，表示约计。⑲〔下〕落，向下扔。⑳〔旋〕旋转。㉑〔角〕这里用作动词，即吹角。〔走〕跑。㉒〔首〕头。〔岑（cén）岑〕头胀疼的样子。

在。稍前，骇颇定①，木间砂乱下如初。又旋而角②，角不能成音，走愈急。复至前，复如初。手栗气慑③，不能角，角坠；振其铃，既而铃坠，惟大叫以行④。行间履声及叶鸣谷响，亦皆以为鬼。号⑤，求救于人甚哀。

靠说假话自欺欺人的伎俩被戳穿。

夜半，抵家⑥，大哭叩门。其妻问故，舌缩不能言，惟指床曰："亟扶我寝⑦，我遇鬼，今死矣⑧！"扶至床，胆裂死⑨，肤色如蓝⑩。巫至死不知其非鬼。

说假话骗人的下场是自食其果，正是"好诞者死于诞"。

吴　士⑪

吴士好夸言⑫，自高其能⑬，谓举世莫及⑭。尤善谈兵⑮，谈必推孙、吴⑯。

---

①〔颇定〕稍微镇静一些。　②〔旋而角〕旋转着角而吹。而，连词。　③〔栗〕因害怕而发抖。〔慑（shè）〕害怕。　④〔惟〕只，只有。〔以〕而。　⑤〔号（háo）〕大声哭叫。　⑥〔抵〕到。　⑦〔亟（jí）〕赶快。〔寝〕躺到床上。　⑧〔死矣〕就要死了。　⑨〔胆裂〕旧时传说，过于恐惧能吓破胆。　⑩〔蓝〕蓝靛（diàn），一种深蓝色的染料。　⑪〔吴士〕吴地的一个士人。吴，今江苏长江下游一带。　⑫〔夸言〕说大话，自吹。　⑬〔自高其能〕自己认为自己的本领高。高，作动词用。　⑭〔举世〕世间。举，全。　⑮〔善谈兵〕喜好谈论用兵的方法。善，擅长。　⑯〔推〕推崇。〔孙、吴〕古代兵法家孙武和吴起。孙武，春秋末期在吴国做过将领，著有《孙子兵法》十三篇。吴起，战国初年先后在魏国和楚国执掌政权，著有《吴起兵法》（这部书已失传，流传的《吴子》是后人伪托的）。

先概括介绍吴士好说大话，尤其喜欢谈兵法。

遇元季乱①，张士诚称王姑苏②与国朝争雄③，兵未决④。士谒士诚曰⑤："吾观今天下，形势莫便于姑苏⑥，粟帛莫富于姑苏⑦，甲兵莫利于姑苏⑧，然而不霸者⑨，将劣也⑩。今大王之将，皆任贱丈夫⑪。战而不知兵，此鼠斗耳⑫。王果能将吾⑬，中原可得⑭，于胜小敌何有⑮?"士诚以为然，俾为将⑯，听自募兵⑰，戒司粟吏勿与较赢缩⑱。

叙述吴士自我吹嘘，夸夸其谈，骗得张士诚的信任，竟受到重用。

---

①〔元季〕元朝末年。季，末。一代的晚期称为季世。 ②〔张士诚称王姑苏〕张士诚，元朝泰州（今江苏泰州）人。原以贩盐为业，元朝末年起兵，占据江浙一带富庶地区，称吴王。后被朱元璋消灭。姑苏，今江苏苏州市，张士诚建都在这里。 ③〔国朝〕本朝，这里指明朝。不过张士诚被擒是在朱元璋称帝之前。 ④〔兵未决〕战争（指张士诚和朱元璋交战）的胜负未见分晓。兵，兵事。 ⑤〔士〕和下文"士尝游钱塘""士及麾下遁去"的"士"都指吴士。〔谒（yè）〕拜见。 ⑥〔莫便于姑苏〕没有比姑苏更好的了。便，便利，有利。 ⑦〔粟帛〕粮食和布帛等财物。 ⑧〔甲兵〕军服和武器。甲，作战时穿的护身衣服。兵，兵器。〔利〕锐利。这里的"利"是就"甲"和"兵"两种东西说，应该含有"坚固"和"锋利"两意。 ⑨〔霸〕诸侯之长，这里作动词用，意思是称霸（做当时起兵者的领袖）。 ⑩〔将劣〕将帅本领差。 ⑪〔贱丈夫〕贪图私利、行为卑鄙的人。丈夫，泛指男子。 ⑫〔战而不知兵，此鼠斗耳〕作战而不懂兵法，这不过是老鼠打架而已。 ⑬〔将吾〕以我为将。"将"作动词用。 ⑭〔中原〕指黄河中下游地区。 ⑮〔于胜小敌何有〕对于战胜小小的敌人（指朱元璋）又算什么。何有，有什么。 ⑯〔俾（bǐ）〕使。下边省略了宾语"之"。 ⑰〔听〕听凭，任凭。〔募〕招募。 ⑱〔戒司粟吏勿与较赢（yíng）缩〕吩咐管粮食的官吏不要跟（他）计较多少。意思是尽量供应。戒，告。"与"字下边省略了宾语"之"。赢，通"赢"，"盈"，满。缩，不足。

士尝游钱塘①,与无赖懦人交②。遂募兵于钱塘,无赖士皆起从之③。得官者数十人,月靡粟万计④。日相与讲击刺坐作之法⑤,暇则斩牲具酒⑥,燕饮其所募士⑦。实未尝能将兵也⑧。

李曹公破钱塘⑨,士及麾下遁去⑩,不敢少格⑪。搜得⑫,缚至辕门诛之⑬。垂死犹曰⑭:"吾善孙、吴法。"

吴士浮夸不实,以致失败而被杀,正是"好夸者死于夸"。尤其可悲的是垂死时还说大话,讽刺意味极深。

[研读参考] 一、用故事讲道理,有的以议论为主,中间加说一两个故事(包括史实)以证明道理;有的以故事为主,后面附几句作者的评论;有的只讲故事,作者不加评论。本篇是用最后一种写法,这样写有什么好处?

二、本篇中"鬼莫敢我抗"是文言中习用的一种倒装句式。

---

① 〔游〕闲住闲玩。〔钱塘〕今浙江杭州。 ② 〔无赖懦人〕没有职业的胆小的人。 ③ 〔无赖士〕游手好闲的人。〔起〕出来。 ④ 〔靡(mí)〕耗费。〔万计〕用"万"来计算,意思是有几万担之多。 ⑤ 〔日相与讲击刺坐作之法〕每天在一块讲究击剑、扎枪、跪下、起立的战术。 ⑥ 〔斩牲具酒〕杀牲口,准备酒宴。 ⑦ 〔燕〕同"宴"。 ⑧ 〔将兵〕统帅军队。这里包括练兵、用兵。 ⑨ 〔李曹公〕姓李名文忠,是朱元璋姐姐的儿子,洪武(朱元璋的年号)年间因有战功,官至大都督府左都督,封曹国公。 ⑩ 〔麾(huī)下〕(吴士的)部下。麾,古代用来指挥军队的旗子。 ⑪ 〔少格〕稍微抵抗。格,抗拒。 ⑫ 〔搜得〕搜索到(吴士)。 ⑬ 〔辕门〕李曹公军营的大门。 ⑭ 〔垂死〕将死,临死。

这种形式的倒装要具备两个条件：（1）是否定句（这里是"莫"）；（2）作宾语的词是代词（这里是"我"）。这是一种特殊的句式，要熟悉它。

三、本篇中"高其能"，"高"本是形容词，这里是意动用法（以为他的能力高）；"将吾"，"将"本是名词，这里是使动用法（使吾为将）。这是文言词的特殊用法，要记住。

四五　猫说　薛瑄

【解说】本篇选自《薛文清集》。这是一篇寓言,讽刺那种不能克尽本职反而多行不义的弃才,认为这样的弃才不应任用。与柳宗元《三戒》中的《黔之驴》用意相近(柳文讽刺的人于无能之外还有骄傲),写法很明显是学柳文。

篇幅不长,故事却细致生动,写猫写鼠,都能表现出动物的精神面貌。末尾说"笞而放之",很含蓄地写出作者的评论,余韵不尽。

作者薛瑄(1389—1464),字德温,号敬轩,明朝河津(今山西河津)人。明成祖永乐十九年(1421)进士。官至礼部右侍郎兼翰林院学士。谥文清。为人刚正,曾因触犯宦官王振下狱,险些被处死。通理学,着重修养并教诲后学,受到当时人的崇敬。

余家苦鼠暴①,乞诸人②,得一猫,形魁然大③,爪牙铦

---

① 〔苦鼠暴〕以鼠暴为苦,由于老鼠为害而苦恼。暴,逞凶。　② 〔乞诸人〕求之于人。　③ 〔魁然〕壮大的样子。

且利①。余私计鼠暴当不复虑矣②。以其未驯也③,縶维以伺④,候其驯焉。群鼠闻其声,相与窥其形⑤,类有能者⑥,恐其噬己也⑦,屏不敢出穴者月余日⑧。

先写猫的"类有能",是下文"一无所为"的伏笔。

既而以其驯也⑨,遂解其维縶。适睹出壳鸡雏⑩,鸣啾啾焉⑪,遽起而捕之⑫,比家人逐得⑬,已下咽矣。家人欲执而击之⑭,余曰:"勿庸⑮,物之有能者必有病⑯,噬雏是其病也,独无捕鼠之能乎⑰?"遂释之⑱。已则伈伈泯泯⑲,饥哺饱嬉⑳,一无所为。群鼠复潜视㉑,以为彼将匿形致己也㉒,犹屏伏不敢出㉓。

转入本意,写猫的无能。

既而鼠窥之益熟,觉其无他异㉔,遂历穴相告曰㉕:"彼无为也。"遂偕其类㉖,复出为暴如故。余方怪甚㉗,然复有

----

① 〔铦(xiān)〕锋利。〔利〕锐利。 ② 〔私计〕自己认为。计,估量。 ③ 〔驯(xùn)〕顺从。 ④ 〔縶(zhí)维〕缚住。下文"维縶"是名词。〔伺(sì)〕观察。 ⑤ 〔相与〕共同。 ⑥ 〔类〕好像。〔能〕本领。 ⑦ 〔噬(shì)〕咬。 ⑧ 〔屏(bǐng)〕退避。 ⑨ 〔既而〕不久之后。〔以〕因为。 ⑩ 〔适睹(dǔ)〕恰好看见。〔鸡雏(chú)〕初生小鸡。 ⑪ 〔啾(jiū)啾〕细碎的鸣声。 ⑫ 〔遽(jù)〕急忙。 ⑬ 〔比〕等到。〔家人〕妻、子、仆人等。 ⑭ 〔执〕捉。 ⑮ 〔勿庸〕不用,不必。 ⑯ 〔病〕弊害,缺点。 ⑰ 〔独〕难道。 ⑱ 〔释之〕放了它,饶了它。 ⑲ 〔已〕过后。〔伈(xǐn)伈〕瑟缩的样子。〔泯(mǐn)泯〕无所用心的样子。 ⑳ 〔哺(bǔ)〕喂。这里是吃的意思。〔嬉(xī)〕玩耍。 ㉑ 〔潜视〕偷看。 ㉒ 〔匿形致己〕藏起来捕我。致,得到。 ㉓ 〔犹〕仍然。 ㉔ 〔无他异〕没有什么特别(本领)。 ㉕ 〔历穴相告〕各鼠穴一一告知。历,普遍。 ㉖ 〔偕〕同。 ㉗ 〔方〕正。〔怪甚〕十分奇怪。

鸡雏过堂下者①，又亟往捕之而走②，追则啮者过半矣③。余之家人执之至前，数之曰④："天之生材不齐⑤，有能者必有病。舍其病，犹可用其能也。今汝无捕鼠之能而有噬鸡之病，真天下之弃才也哉⑥！"遂笞而放之⑦。

更进一步，写猫不仅无能且有大病，因此彻底失望，逐之了结。

【研读参考】一、如能找到柳宗元的《三戒》，可对比着读一读，以进一步了解寓言的写法。

二、"是"字在文言里通常当"此"字讲，可是，尤其晚期的文言，也可以同现在用法一样，如本篇中"是其病也"的"是"。学文言，要注意词在不同地方的不同用法。

三、文言中词性比较灵活，如"縶""维"既可以作名词，又可以作动词。所以解释词义要多注意上下文的联系。

---

①〔堂下〕堂屋前。 ②〔亟（jí）〕急忙。〔走〕跑开。 ③〔啮（niè）〕咬，啃。 ④〔数（shǔ）〕列举（罪状），责骂。 ⑤〔天之生材〕天赋的才能、资质。〔不齐〕高低不同。 ⑥〔弃才〕废料。 ⑦〔笞（chī）〕鞭打。〔放〕赶走。

四六　项脊轩志　归有光

【解说】本篇选自《震川先生集》。项脊轩，作者的书斋名。大概是因为作者的祖先住在太仓县项脊泾（jīng），为了纪念，所以叫这个名字。志，记。生活中常常接触的事物，容易引起一些感触，古人喜欢为此写文章，既记叙有关的事物，又抒发自己的心情，这篇文章就是这种性质的。文章本是作者结婚前在轩中读书时写的，以议论收尾。十几年后补写一段，怀念死去的妻子，因为都是怀旧，所以情调和谐，能够使读者对项脊轩的印象更加深刻。

通篇用疏朗淡雅的文笔写项脊轩内外的琐事，题材简单，事情微细，可是由于取材具体，有典型性，作者随笔点染都富于深情，所以感染力很强。篇中有不少地方，写景物能够以细琐显示全面，写人物能够以一言半语显示性情，这样的写作技巧值得注意。

作者归有光（1507—1571），字熙甫，号震川，明朝昆山（今江苏昆山）人。死前几年（1565）才考中进士，只做过知县和南京太仆寺丞的小官，大部分时间在老家附近教书。勤学，能写文章，是明朝后期优秀的散文家。

项脊轩，旧南阁子也。室仅方丈①，可容一人居。百年老屋，尘泥渗漉②，雨泽下注③，每移案，顾视无可置者④。又北向，不能得日，日过午已昏。余稍为修葺⑤，使不上漏。前辟四窗⑥，垣墙周庭，以当南日⑦，日影反照，室始洞然⑧。又杂植兰桂竹木于庭，旧时栏楯⑨，亦遂增胜⑩。借书满架，偃仰啸歌⑪，冥然兀坐⑫，万籁有声⑬。而庭阶寂寂⑭，小鸟时来啄食，人至不去⑮。三五之夜⑯，明月半墙，桂影斑驳⑰，风移影动，珊珊可爱⑱。

写项脊轩的由来及环境的幽美。

然余居于此，多可喜，亦多可悲。先是庭中通南北为一⑲。迨诸父异爨⑳，内外多置小门墙，往往而是㉑。东犬西吠㉒，客逾庖而宴㉓，鸡栖于厅㉔。庭中始为篱，已为墙㉕，凡再变矣。

由可喜转而写可悲。先泛泛写项脊轩外的变化。

---

① 〔方丈〕一丈见方。 ② 〔渗漉（lù）〕由小孔渗水。 ③ 〔雨泽〕雨水。 ④ 〔顾视〕到处看。 ⑤ 〔修葺（qì）〕修理。 ⑥ 〔辟〕打开。 ⑦ 〔垣墙周庭，以当南日〕意思是，轩北面有院墙围着，对着南面射来的日光。 ⑧ 〔洞然〕明亮的样子。 ⑨ 〔栏楯（shǔn）〕栏杆。直的叫栏，横的叫楯。 ⑩ 〔增胜〕使景色更美。 ⑪ 〔偃（yǎn）仰〕安卧。 ⑫ 〔冥然〕沉寂的样子。〔兀（wù）坐〕危坐，端坐。 ⑬ 〔万籁（lài）〕一切自然音响。 ⑭ 〔寂寂〕寂静无声。 ⑮ 〔去〕离去。 ⑯ 〔三五〕阴历每月十五日。 ⑰ 〔斑驳〕杂乱。 ⑱ 〔珊珊〕形容树影晃动时轻盈的样子。 ⑲ 〔先是〕从前。 ⑳ 〔迨（dài）〕等到。〔诸父〕伯父、叔父们。〔异爨（cuàn）〕各自做饭，指分居。 ㉑ 〔往往而是〕各处都这样，哪里都有。 ㉒ 〔东犬西吠（fèi）〕东院狗朝西院叫。 ㉓ 〔客逾庖（páo）而宴〕这院客人到那院吃喝。庖，厨房。 ㉔ 〔栖（qī）〕停留。 ㉕ 〔已〕过后。

家有老妪①，尝居于此。妪，先大母婢也②，乳二世③，先妣抚之甚厚④。室西连于中闺⑤，先妣尝一至。妪每谓余曰："某所，而母立于兹⑥。"妪又曰："汝姊在吾怀，呱呱而泣⑦，娘以指扣门扉曰⑧：'儿寒乎？欲食乎？'吾从板外相为应答⑨。"语未毕，余泣，妪亦泣。余自束发读书轩中⑩，一日，大母过余曰⑪："吾儿⑫，久不见若影⑬，何竟日默默在此⑭，大类女郎也⑮？"比去⑯，以手阖门⑰，自语曰："吾家读书久不效⑱，儿之成则可待乎？"顷之⑲，持一象笏至⑳，曰："此吾祖太常公宣德间执此以朝㉑，他日汝当用之㉒！"瞻顾遗迹，如在昨日，令人长号不自禁㉓。

继写轩内，通过忆旧表现悲伤的感情。

轩东故尝为厨㉔，人往，从轩前过。余扃牖而居㉕，久之能以足音辨人。轩凡四遭火，得不焚，殆有神护者㉖。

————

①〔妪（yù）〕老年妇女（这里指女仆）。②〔先大母〕死去的祖母。〔婢（bì）〕使女。③〔乳〕哺育。〔二世〕两代，指作者父亲一代和作者一代。④〔先妣（bǐ）〕死去的母亲。〔抚〕这里是对待的意思。⑤〔室〕即轩中。〔中闺〕妇女居室。⑥〔而〕通"尔"，你。〔兹〕这个地方。⑦〔呱（gū）呱〕小儿哭声。⑧〔扉〕门扇。⑨〔板〕板壁。⑩〔束发〕童子尚未成年之时。⑪〔过余〕来看我。⑫〔儿〕孩子。⑬〔若〕你。⑭〔竟日〕整天。⑮〔类〕像是。⑯〔比〕等到。⑰〔阖（hé）门〕关门。⑱〔不效〕没有成效，指没有人考取功名。⑲〔顷之〕一会儿。⑳〔象笏（hù）〕象牙制的狭长板子，古代大臣手持它见皇帝，用以记事。㉑〔太常公〕作者祖母的祖父夏昶（字仲昭，又是著名的画家），曾任太常寺卿。〔宣德〕明宣宗的年号。㉒〔他日〕将来。㉓〔长号（háo）〕大声哭。〔不自禁（jīn）〕忍不住。㉔〔故〕原来。㉕〔扃（jiōng）牖（yǒu）〕关闭窗户。㉖〔殆（dài）〕大概。

末尾写项脊轩能够长时期维持原状。

项脊生曰①：蜀清守丹穴②，利甲天下③，其后秦皇帝筑女怀清台④。刘玄德与曹操争天下⑤，诸葛孔明起陇中⑥。方二人之昧昧于一隅也⑦，世何足以知之？余区区处败屋中⑧，方扬眉瞬目⑨，谓有奇景，人知之者，其谓与坎井之蛙何异⑩？

由幽居轩中的生活而引起自愧的感慨，结束全文。

余既为此志⑪，后五年，吾妻来归⑫，时至轩中⑬，从余问古事⑭，或凭几学书⑮。吾妻归宁⑯，述诸小妹语曰："闻姊家有阁子，且何谓阁子也？"其后六年，吾妻死，室坏不修。其后二年，余久卧病，无聊，乃使人复葺南阁子，其制稍异于前⑰。然自后余多在外，不常居。庭有枇杷树，吾妻死之年所手植也⑱，今已亭亭如盖矣⑲。

若干年之后，补写一段，表示对亡妻的怀念。

---

①〔项脊生〕作者自称。 ②〔蜀清〕巴蜀（四川）一个名叫清的寡妇。〔守〕守护。〔丹穴〕出产朱砂的矿山。 ③〔甲〕数第一。 ④〔女怀清台〕在今重庆市长寿区南，纪念蜀清的。事见《史记·货殖列传》。 ⑤〔刘玄德〕刘备。 ⑥〔诸葛孔明〕诸葛亮。〔陇中〕陇亩之中，田地里。诸葛亮曾在湖北襄阳耕田隐居。 ⑦〔方〕正当。〔二人〕指蜀清和诸葛亮。〔昧昧〕无声无息。〔隅（yú）〕角落。 ⑧〔区区〕微小的样子。〔败屋〕破屋。 ⑨〔扬眉瞬目〕得意高兴的样子。 ⑩〔坎（kǎn）井之蛙〕浅井里的蛙，比喻看不见大世面。《庄子·秋水》："子独不闻夫坎井之蛙乎？" ⑪〔此志〕指《项脊轩志》。 ⑫〔来归〕嫁过来。 ⑬〔时〕时常。 ⑭〔古事〕指古书上的事。 ⑮〔学书〕学写字。 ⑯〔归宁〕回娘家。宁，问安。《诗经·周南·葛覃》："归宁父母。" ⑰〔制〕规模。 ⑱〔手植〕（妻）亲手种植。 ⑲〔亭亭〕高高耸立。〔盖〕伞。

四六 项脊轩志

【研读参考】一、归有光的散文,句子短,文字质朴,像是平平淡淡,然而写得好,使人感到有清爽秀丽的美。要多读,细细体会。

二、写感情,可以明写,也可以暗写。如"珊珊可爱""令人长号不自禁"是明写;"某所,而母立于兹","今已亭亭如盖矣"是暗写。暗写有什么好处?说一说。

三、文言中有些词语的意义与现代汉语不同,如"诸父""先大母"之类,要记住,以免误解。

四七　西湖游记三则　袁宏道

【解说】本篇选自《解脱集》。西湖在浙江省杭州市，因为风景佳丽，自宋朝以来就成为游览胜地。袁宏道在明朝晚年游西湖，写了十几篇游记。其中以"西湖"为标题的有四篇，这里选的是前两篇。此外还有"孤山""飞来峰""灵隐""龙井"等十篇，这里选"灵隐"一篇。

明朝一代，复古的文风很盛，有所谓"前七子""后七子"，都是标榜"文必秦汉（当然也推崇韩愈、柳宗元等古文家）、诗必盛唐"的。袁宏道兄弟三人（大哥袁宗道，字伯修；三弟袁中道，字小修）反对复古，认为一个时代有一个时代的文章，文章好坏，就看它能不能辞达，不在于古不古。他们自己写文章就打破古文的传统，不求诘屈聱（áo）牙，而是用浅易流利的文字写自己的所知所感。因此，他们的作品就显得清新，富于生活气息。袁氏兄弟是公安（今湖北公安）人，所以人称他们为"公安派"。他们的散文对后来有不小的影响。

袁宏道在兄弟三人中成就最大。由这里选的三则游记可以看出来，无论记事写景，都能够用简练清丽的文笔，抓住外界事物和内心感受的特点，予读者以清晰的印象和美的感受。又，因为行文任其自然，所以变化多，能够行云流水，涉笔成趣，这从布局方面看也值得注意。

作者袁宏道（1568—1610），字中郎，号石公。万历二十年（1592）进士。曾做吴县知县、顺天教授、礼部主事等官，有廉能之称。好游山水。能诗文，散文造诣尤高。卒时年四十三。著有《锦帆集》《解脱集》《瓶花斋集》等，后人辑为《袁中郎全集》。

西湖一

从武林门而西①，望保叔塔突兀层崖中②，则已心飞湖上也。午刻入昭庆③，茶毕，即棹小舟入湖④。山色如娥⑤，花光如颊⑥，温风如酒⑦，波纹如绫⑧，才一举头，已不觉目酣神醉⑨。此时欲下一语描写不得⑩，大约如东阿王梦中初

---

① 〔武林门〕杭州城北面偏西的门，又名北关门。〔西〕向西行。 ② 〔保叔塔〕多写作"保俶（chù）塔"，在西湖西面宝石山上，北宋初年吴越国建。〔突兀（wù）〕高耸的样子。这里作动词用，高高地立在。〔层崖〕层层叠叠的山崖。 ③ 〔午刻〕午时，中午。〔昭庆〕寺名，在西湖东北岸上，吴越时建。 ④ 〔棹（zhào）〕船桨。这里作动词用，划船。 ⑤ 〔娥〕这里指眉上的色彩"黛"（青黑色）。 ⑥ 〔颊（jiá）〕面颊。这是说桃花艳丽如少女的颜面。 ⑦ 〔如酒〕意思是能使人醉。 ⑧ 〔如绫〕形容极细软平滑。 ⑨ 〔目酣（hān）〕形容非常爱看。酣，喝足了酒。 ⑩ 〔下一语〕用一个词语。

遇洛神时也①。余游西湖始此②,时万历丁酉二月十四日也③。

初见西湖,即为湖山景物之美而陶醉。

晚同子公渡净寺④,觅阿宾旧住僧房⑤,取道由六桥、岳坟、石径塘而归⑥。草草领略⑦,未及遍赏⑧。

简略地写归程。

次早得陶石篑帖子⑨。至十九日,石篑兄弟同学佛人王静虚至⑩,湖山好友⑪,一时凑集矣⑫。

写游侣聚集,是以下几篇写游湖的张本。

----

① 〔东阿王梦中初遇洛神〕东阿王,三国时曹植,字子建,曹操的儿子,封东阿(地名,在山东省)王。著名的文学家。他作过一篇《洛神赋》,说他由京都洛阳回封地,路过洛水,"精移神骇,忽焉思散"(意思是精神迷离恍惚),忽见水边有个美女,是河洛之神。于是用大量华丽的文字形容洛神的美以及自己爱慕的心情。原文没有说是做梦。 ② 〔始此〕从这一次开始。 ③ 〔万历〕明神宗的年号。〔丁酉〕万历二十五年(1597)。 ④ 〔子公〕姓方,字子公。能诗文。一生不得意,早死。其他不详。〔渡〕过,到。〔净寺〕净慈寺,在西湖南面南屏山麓,吴越时建。 ⑤ 〔阿宾〕不详。 ⑥ 〔取道〕由……路走。〔六桥〕苏堤上由南而北有六座石拱桥,名映波、锁澜、望山、压堤、东浦、跨虹。〔岳坟〕宋朝岳飞的墓,在西湖西北岸上。〔石径塘〕当在西湖北岸,岳坟之东。 ⑦ 〔草草〕潦草,不细致。〔领略〕了解情况和韵味。 ⑧ 〔遍赏〕全部观赏。 ⑨ 〔次早〕次日清晨。〔陶石篑(kuì)〕陶望龄,字周望,号石篑,会稽(今浙江绍兴)人。万历进士。曾官编修、国子祭酒。〔帖(旧读 tiě)子〕便柬,信札。 ⑩ 〔学佛人〕学习佛法的人,指王静虚。 ⑪ 〔湖山好友〕游览湖山胜景的好朋友,游伴。 ⑫ 〔一时〕一个时间内。

四七 西湖游记三则

西湖二

西湖最盛，为春为月①。一日之盛，为朝烟②，为夕岚③。今岁春雪甚盛，梅花为寒所勒④，与杏桃相次开发⑤，尤为奇观。

春日来游，正是西湖最盛之时，今年则尤为奇观。石篑数为余言⑥："傅金吾园中梅⑦，张功甫家故物也⑧，急往观之⑨。"余时为桃花所恋⑩，竟不忍去湖上⑪。由断桥至苏堤一带⑫，绿烟红雾⑬，弥漫二十余里⑭，歌吹为风⑮，粉汗为雨⑯，罗纨之盛⑰，多于堤畔之草，艳冶极矣⑱。

重点写看桃花。"弥漫二十余里"是由正面写，应看梅而不看是由侧面写。

---

①〔为春为月〕是春天，是月下。 ②〔朝（zhāo）烟〕早晨烟雾迷蒙。 ③〔夕岚（lán）〕向晚的山光。岚，山气。 ④〔勒〕抑制。 ⑤〔相次开发〕一个接一个地开放。按常规，梅花比杏花早，接不上，这一年梅花推迟开，接上了，所以下文说是奇观。 ⑥〔数（旧读 shuò）〕屡次。 ⑦〔傅金吾〕做金吾官的傅某。金吾，执金吾，汉朝主管京城治安的官。这里指明朝锦衣卫的官。 ⑧〔张功甫〕张镃（zī）字功甫，号约斋，宋朝成纪（今甘肃天水）人。宋朝大将张俊的孙子。官奉议郎。能诗能画。曾在西湖建梅园。〔故物〕原有的东西。 ⑨〔急往观之〕意思是应该赶紧去看。 ⑩〔恋〕迷住。 ⑪〔去〕离开。 ⑫〔断桥〕西湖北面白堤东端的桥。〔苏堤〕苏轼知杭州时在湖上筑堤，由南到北，把西湖分为里湖、外湖两部分。 ⑬〔绿烟红雾〕指绿柳红桃，颜色浓艳。 ⑭〔弥漫〕扩散而充满。 ⑮〔歌吹（旧读 chuì）〕唱歌奏乐。这是说歌伎很多。吹，名词，管乐器的演奏。 ⑯〔粉汗〕年轻妇女的汗。 ⑰〔罗纨（wán）〕精细的丝织品。这里指富贵人家的装束。 ⑱〔艳冶（yě）〕艳丽。冶，修饰打扮。

然杭人游湖，止午、未、申三时①。其实湖光染翠之工②，山岚设色之妙③，皆在朝日始出，夕舂未下④，始极其浓媚⑤。月景尤不可言⑥，花态柳情，山容水意⑦，别是一种趣味。此乐留与山僧游客受用⑧，安可为俗士道哉⑨！

西湖以晨、暮和月景为最美，只有高雅之士才能享受。

灵　隐⑩

灵隐寺在北高峰下⑪。寺最奇胜，门景尤好⑫。由飞来峰至冷泉亭一带⑬，涧水溜玉⑭，画壁流青⑮，是山之极胜处。

写灵隐寺门前的景色，是灵隐山的极胜处。

亭在山门外。尝读乐天记有云⑯："亭在山下水中，寺

---

①〔午〕上午十一时至下午一时。〔未〕下午一时至三时。〔申〕下午三时至五时。 ②〔湖光染翠〕湖水成为绿色。〔工〕巧妙。 ③〔设色〕用颜色描画。 ④〔夕舂（chōng）〕夕阳。《淮南子·天文训》说，太阳落到虞渊叫高舂，到连石叫下舂。 ⑤〔极其浓媚〕把它的浓媚姿态发挥到极点。极，动词。 ⑥〔不可言〕难于用言语形容。 ⑦〔花态柳情，山容水意〕花的姿态，柳的情调，山的容颜，水的意境。意思是一切景物。 ⑧〔受用〕享受。 ⑨〔安可〕怎么能够。 〔俗士〕指为利禄奔走的人。〔道〕说。 ⑩〔灵隐〕寺名，在西湖西北灵隐山麓，晋朝僧人慧理所建。 ⑪〔北高峰〕在灵隐寺后。 ⑫〔门景〕门前的景象。 ⑬〔飞来峰〕灵隐寺前的一座小山，传说是从印度飞来的。〔冷泉亭〕在灵隐寺门前飞来峰下，唐朝所建。 ⑭〔溜玉〕像玉石往下溜一样。形容水特别清。 ⑮〔画壁流青〕千姿百态的崖壁青翠欲流。形容草木特别茂盛。 ⑯〔乐天记〕白居易（字乐天）曾于长庆三年（823）作《冷泉亭记》，今本文字与这里所引不尽同。

四七　西湖游记三则　　231

西南隅，高不倍寻①，广不累丈②，撮奇搜胜③，物无遁形④。春之日，草薰木欣⑤，可以导和纳粹⑥；夏之日，风泠泉渟⑦，可以蠲烦析酲⑧。山树为盖⑨，岩石为屏⑩，云从栋生⑪，水与阶平。坐而玩之⑫，可濯足于床下；卧而狎之⑬，可垂钓于枕上。潺湲洁澈⑭，甘粹柔滑⑮。眼目之嚣⑯，心舌之垢⑰，不待盥涤⑱，见辄除去⑲。"观此记，亭当在水中，今依涧而立⑳，涧阔不丈余㉑，无可置亭者，然则冷泉之景，比旧盖减十分之七矣。

由古今之变写冷泉亭的幽美。

韬光在山之腰㉒。出灵隐后一二里，路径甚可爱，古木婆娑㉓，草香泉渍㉔，淙淙之声㉕，四分五路㉖，达于山厨㉗。

---

①〔高不倍寻〕高不到两寻。寻，八尺。②〔广不累丈〕宽不到两丈。累，重叠。③〔撮（cuō）奇搜胜〕（在亭中）可以看到一切美景。撮，摘取。④〔遁形〕隐蔽形象，逃出眼目。⑤〔薰〕香。〔木〕树。〔欣〕欣欣向荣，充满生意。⑥〔导和纳粹〕疏导心境，使之平和，收敛粹然之气于胸中。粹，精华。粹然之气，指胸中毫无杂念。⑦〔风泠（líng）泉渟（tíng）〕风和水静。渟，水停滞不流。⑧〔蠲（juān）烦析酲（chéng）〕解除烦躁，减轻酒后醉意。蠲，除去。酲，酒醒后困惫如病的状态。⑨〔盖〕伞。⑩〔屏〕屏风。⑪〔栋〕脊檩（lǐn），房屋最高处横架在屋顶上的大木。这里指屋顶。⑫〔玩〕观赏。⑬〔狎（xiá）〕亲昵。⑭〔潺（chán）湲（yuán）〕水缓流的样子。〔洁澈〕水清见底。⑮〔甘〕水味甜。〔粹〕水质纯。〔柔滑〕使人感到温润可亲。⑯〔嚣（xiāo）〕杂乱，喧哗。⑰〔垢〕污秽。⑱〔盥（guàn）〕洗脸。〔涤（dí）〕洗濯。⑲〔辄（zhé）〕就。⑳〔依涧〕靠近涧边。㉑〔不丈余〕不超过一丈。㉒〔韬（tāo）光〕在灵隐山西北，北高峰下。那里有韬光寺，唐朝诗僧韬光所建。㉓〔婆娑（suō）〕舞动的样子。㉔〔渍（zì）〕浸，（泉水）旺盛。㉕〔淙（cóng）淙〕水流声。㉖〔四分五路〕分为好几股。㉗〔山厨〕山寺的厨房。

庵内望钱塘江①,浪纹可数②。余始入灵隐,疑宋之问诗不似③,意古人取景④,或亦如近代词客⑤,捃拾帮凑⑥;及登韬光,始知沧海、浙江、扪萝、刳木数语⑦,字字入画⑧,古人真不可及矣。

> 写游灵隐寺之后游韬光。描写景物,突出登高望远,所以用宋之问的诗来衬托。

宿韬光之次日,余与石篑、子公同登北高峰绝顶而下。

> 略写登北高峰,作结。

【研读参考】 一、公安派的散文,因为反复古、求率真,所以间或用些近于口语的说法,如"才一举头","欲下一语描写不得","别是一种趣味","门景尤好","是山之极胜处","减十分之七","捃拾帮凑",都是。我们要认识这种特点。

二、本篇形容景物之美,有各种手法。把性质相同的放在一起,看看可以归并成几类。

---

① 〔庵(ān)〕草屋,小寺院。这里指韬光寺。〔钱塘江〕又名浙江,浙江省的大河,由南向北,折而向东,经西湖南面流入杭州湾。 ② 〔可数(shǔ)〕形容非常清晰。 ③ 〔宋之问诗〕宋之问,字延清,唐朝汾州(今山西汾阳)人。初唐有名的诗人。诗,指《游灵隐寺》:"鹫(jiù)岭郁岧(tiáo)峣(yáo),龙宫锁寂寥。楼观沧海日,门对浙江潮。桂子月中落,天香云外飘。扪萝登塔远,刳木取泉遥。霜薄花更发,冰轻叶未凋。夙(sù)龄尚遐异,搜对涤烦嚣。待入天台路,看余度石桥。" ④ 〔意〕推测。〔取景〕摄取景物。 ⑤ 〔词客〕撰写文辞的人,文人。 ⑥ 〔捃(jùn)拾帮凑〕拾取现成的辞句,凑成篇章。捃,拾。帮,帮衬。 ⑦ 〔沧海〕青绿色的大海。〔扪(mén)萝〕攀援萝蔓。扪,抚摸。〔刳(kū)木〕挖空木头。 ⑧ 〔入画〕进入画境。能如实地描画景物。

三、本篇中有些骈（骈是词句整齐对偶的结构）散变换的句子，如："歌吹为风，粉汗为雨"对偶，是骈；"罗纨之盛，多于堤畔之草"是散。这样骈散变换，你读着有什么感觉？

四八　岱志 张岱

[解说] 本篇选自《琅（láng）嬛（huán）文集》。岱（dài）是泰山的别名；志，记。《岱志》就是泰山记，也就是游泰山记。泰山在山东泰安北，是五岳的东岳，自古以来就是朝拜、游览的胜地。这篇《岱志》由作记的旨趣、山下的地理形势、与游山有关的设施及人物活动等写起，杂写登山的见闻及个人观感，篇幅相当长，这里只选录一小部分。

选录的几段，以两件事为中心：一是写进献财物的形形色色，可鄙可笑；二是写为看绝顶的形势而两次登山。文章是写见闻，却于记事写景之中渗入个人的思想感情、爱憎取舍，处处能显示作者的个性，所以有较强的感染力。

文章的风格是继承晚明反复古的流派，用语造句求清新、峭拔，内容则着重写个人的生活琐事和感受。这与古文家的气味是不同的。

作者张岱（1597—1689），字宗子，又字石公，别号陶庵，明末清初山阴（今浙江绍兴）人。出身于富贵家庭，读书多，学问渊博，并通晓音乐、戏剧等。明亡以后，隐居著作，游览山水。他是明末清初的重要作家，散文造诣很高。著有《陶庵梦忆》《西湖梦寻》《石匮（guì）书》《琅嬛文集》等。

应劭《封禅记》①：汉武帝至泰山下②，未及上，百官为上跪拜③，置梨枣钱于道④，为帝求福。

写古代帝王登岱之前，百官的种种迷信活动。

置钱之例，其来已久，然未有盛于今时。四方香客日数百起⑤。醵钱满筐⑥，开铁栅向佛殿倾泻⑦，则以钱进⑧。元君三座⑨，左司子嗣⑩，求子得子者以银范一小儿酬之⑪，大小随其家计⑫，则以银小儿进。右司眼光⑬，以眼疾祈得光明者以银范一眼光酬之⑭，则以银眼光进。座前悬一大金钱，进香者以小银锭或以钱在栅外望金钱掷之⑮，谓得中则

----

① 〔应（yīng）劭（shào）《封禅（shàn）记》〕应劭，字仲远，东汉汝南南顿（今河南项城）人。曾任泰山太守。著有《汉官仪》《风俗通》等。《封禅记》，《汉官仪》卷下曾引马第伯著《封禅仪记》，就是这里说的《封禅记》。引文小有不同，原作："武帝封禅，至泰山下。未及上，百官为先上，跪拜，置梨枣钱于道以求福。"封，在泰山上筑土坛祭天。禅，在泰山下的小山上祭地。 ② 〔汉武帝〕西汉的皇帝刘彻。 ③ 〔百官〕一切随行的官。百，举整数，言其多。〔上〕称皇帝。 ④ 〔置〕投放。 ⑤ 〔香客〕朝山进香的人。〔起〕一批（人数多少不定）。 ⑥ 〔醵（jù）〕凑钱。 ⑦ 〔倾泻〕倒，洒。 ⑧ 〔则以钱进〕就进献钱。 ⑨ 〔元君三座〕碧霞元君祠（在泰山顶上）里有三个神像。元君，碧霞元君，传说是东岳大帝（泰山之神）的女儿。宋真宗封泰山，封她为天仙玉女碧霞元君。 ⑩ 〔左司子嗣〕（三座神像，中间是元君）左边的神像管人间生儿子的事（俗名子孙娘娘）。嗣，后代，子孙。 ⑪ 〔范〕铸造，模拟。〔酬之〕报答她。 ⑫ 〔家计〕家产，家境。意思是富户铸大的，穷户铸小的。 ⑬ 〔右司眼光〕右边的神管人的眼光的事（俗名眼光娘娘）。眼光，视力，眼睛。 ⑭ 〔祈（qí）〕求。〔光明〕视力好。 ⑮ 〔银锭（dìng）〕铸为一定形式的银块。

得福①，则以银钱进。供佛者以法锦②，以绸帛，以金珠③，以宝石，以膝裤、珠鞋、绣帨之类者④，则以锦帛、金珠、鞋、帨进。以是堆垛殿中⑤，高满数尺。山下立一军营，每夜有兵守宿⑥。一季委一官扫殿⑦，鼠雀之余⑧，岁尚数万金⑨，山东合省官⑩，自巡抚以至州吏目⑪，皆分及之。

　　写当时进献财物的形形色色，其盛远逾古时，并揭露官吏借以取利的黑幕。

　　出碧霞宫⑫，云仍缠裹不能步⑬。自念三千里来，不得一认泰山面目，此来何为？心甚懊恨⑭。谋宿顶⑮，不见人，且不见路，从人饥寒⑯，万不可住。舆人掖之⑰，竟登舆从南天门急下⑱。股速如溜⑲，疑是空坠。余意一失足则齑粉矣⑳，第合眼据舆上作齑粉观想㉑。常忆梦中有此境界，从空振落㉒，冷汗一身时也。顷刻下二十里，至朝阳洞㉓，天

----

①〔得中（zhòng）〕打中金钱。　②〔法锦〕依照良好规程织的锦，精美的锦。　③〔金珠〕金子和珍珠。　④〔膝裤〕上部不连的裤，套裤。〔珠鞋〕缀着珍珠的鞋。〔绣帨（shuì）〕绣花的手帕。　⑤〔垛（duò）〕堆积。　⑥〔守宿〕值夜班。　⑦〔一季〕每季。〔委〕委派。　⑧〔鼠雀之余〕偷窃的剩余。鼠、雀都盗窃食粮，这里比喻各种盗窃钱帛的人。　⑨〔岁尚数万金〕每年还可取得几万两银子。　⑩〔合省〕全省。　⑪〔巡抚〕明清两代省的最高行政长官。〔州吏目〕州里的小官。吏，下级官员。目，头目。　⑫〔碧霞宫〕即碧霞元君祠。　⑬〔云仍缠裹不能步〕云仍紧紧包围着，看不清路。步，迈步。　⑭〔懊（ào）〕烦恼。　⑮〔宿顶〕在山顶住宿。　⑯〔从人〕跟随来的人，指仆役。　⑰〔舆人〕抬轿的人。舆，轿。〔掖（yè）〕扶。　⑱〔南天门〕接近山顶的一处险路。　⑲〔股〕大腿。〔溜（liù）〕水向下流。　⑳〔意〕料想。〔齑（jī）粉〕粉末，常用以比喻粉身碎骨。齑，切碎的菜。　㉑〔第〕只，只管。〔作齑粉观想〕作变为齑粉的设想。　㉒〔振〕振动。　㉓〔朝（cháo）阳洞〕半山上的一个洞。

霁如故①，日犹在崖，山上只一片云。弄我如许②，惆怅山灵③。

> 写登山而不见泰山，匆匆而返。重点是写遗憾，为下文写再登作伏笔。

……

黎明④，叱苍头目山樏⑤。牙家喃喃作怪事⑥，谓余曰："朝山后无再上山法⑦，犯者有祟⑧。"余佯应之⑨。从间道走至一天门⑩，始得山樏。山中儿童妇女昨识一面者，辄指笑曰："是昨日朝顶过者⑪，今日又来，何也？"走问舆人不住口⑫。盖从来有一日一宿顶者，无两日两朝顶者。千年朝山例⑬，予卒破之⑭。

> 再登山，破朝山惯例。重点写自己的机智和不俗。

…………

登封台为泰山绝顶⑮。台上一方石，色青如蛋，与天无二。山后一望，千山万山皆驯服趾下⑯，如大海波涛，奔腾

---

① 〔霁（jì）〕雨后天晴。② 〔弄〕戏弄，开玩笑。③ 〔惆怅山灵〕为山神不作美而难过。④ 〔黎明〕天将明。黎，黑。⑤ 〔叱苍头目山樏（léi）〕命仆人去找山樏。叱，不客气地打招呼。苍头，仆役（裹着青色头巾）。目，看，寻觅。山樏，二人抬的小山轿。⑥ 〔牙家〕店家。〔喃（nán）喃〕没完没了地说。〔作〕认为。⑦ 〔法〕规矩。⑧ 〔祟（suì）〕神鬼降祸，灾祸。⑨ 〔佯（yáng）〕诈，假装。⑩ 〔间（jiàn）道〕小路。〔一天门〕泰山山路上靠下部的一处地方。⑪ 〔朝顶过者〕从这里经过往泰山顶的人。朝，拜，虔诚地去瞻仰。⑫ 〔走问舆人〕追着问轿夫。⑬ 〔例〕规矩，习惯。⑭ 〔卒〕终于，到底。⑮ 〔登封台〕山顶上行封禅礼的台，在最高点玉皇顶前。⑯ 〔趾（zhǐ）下〕脚下。趾，脚趾。

蹴踊①，砑雪惊雷②，滂薄无际③，信是大观④。

写在泰山绝顶向山后一望的奇观，与上文"不得一认泰山面目"照应。

【研读参考】一、文章是表达作者的思想感情的。表达的方法多种多样，可以明白说，也可以不明白说。以本篇第一段为例，说说取材和叙述口气可以表达作者思想感情的道理。

二、"黎明……"一段，具体描画牙家及山中儿童妇女的言行，作用是什么？

---

① 〔蹴（cù）踊〕踢跳。 ② 〔砑（yà）雪〕碾光的雪。形容波涛的颜色。〔惊雷〕形容波涛的声音。 ③ 〔滂（pāng）薄〕水涌起奔腾的样子。 ④ 〔信〕实在。〔大观〕雄伟的景象。

四九　竹 _{李渔}

【解说】本篇选自《李笠翁一家言·闲情偶寄》。据《光绪兰溪（今浙江兰溪）县志》说，作者"性极巧，凡窗牖（yǒu）床榻服饰器具饮食诸制度，悉出新意，人见之莫不喜悦"。他注意日常事物，有实践经验，并且有兴趣把士大夫看不起的一些所谓"小道"，如园艺、饮食、营造、工艺以及日常生活中的各种活动，写成文章，介绍他的经验和看法，成为《闲情偶寄》。

《闲情偶寄》有讲"种植"的部分，据作者自己说，"未经种植者不载"，可见本篇所讲移竹的方法也是由实际经验来的。作者性情不拘谨，喜欢俗文学如戏曲小说等，所以写文章也与一般古文家不同，总是比较通俗，比较放纵，有时甚至有滑稽的意味。其优点是真实，恳切，有感情，如本篇写竹，情调就与讲植物学的文章不同，值得注意。

作者李渔（1611—1680），字笠鸿、谪凡，号笠翁，明末清初兰溪人。后来移住杭州西湖。喜欢游山玩水，过名士的消闲生活。家里养戏班，通戏剧理论，并能指挥演出。著有《笠翁十种曲》（十种剧本）、《十二楼》（短篇小说集）。诗文杂著合为《李笠翁一家言》。

俗云①:"早间种树,晚上乘凉。"喻词也②。予于树木中求一物以实之③,其惟竹乎④?种树欲其成阴⑤,非十年不可。最易活者莫如杨柳,求其阴可蔽日,亦须数年。惟竹不然,移入庭中,即成高树,能令俗人之舍⑥,不转盼而成高士之庐⑦。神哉此君⑧,真医国手也⑨。

> 先写种竹的好处:竹生长最快,并能使庐舍高雅。

种竹之方,旧传有诀云⑩:"种竹无时⑪,雨过便移。多留宿土⑫,记取南枝⑬。"予悉试之⑭,乃不可尽信之书也⑮。三者之内,惟一可遵,"多留宿土"是也。移树最忌伤根;土多则根之盘曲如故,是移地而未尝移土,犹迁人者并其卧榻而迁之,其人醒后尚不自知其迁也。若俟雨过方移,则沾泥带水,有几许未便⑯。泥湿则松,水沾则濡⑰,我欲留土,其如土湿而苏⑱,随锄随散之不可留何?且雨过必

----

①〔俗云〕俗语说。 ②〔喻词〕比喻的说法。言外之意难免夸张。 ③〔实之〕证实这俗语。之,代词。 ④〔其惟竹乎〕那大概只有竹吧?其,在这里用法同"殆",表示疑问、推测的语气。 ⑤〔成阴〕长得繁茂,形成树荫,能遮蔽阳光。 ⑥〔俗人〕平常人,不文雅的人。〔舍〕住宅。 ⑦〔转盼〕转眼,转瞬。〔高士〕文才、品行都高的人。〔庐〕房舍。 ⑧〔此君〕指竹。《晋书·王徽之传》:"尝寄居空宅中,便令种竹。或问其故,但啸咏指竹曰:'何可一日无此君耶?'" ⑨〔医国手〕最高明的医生。《国语·晋语八》:"上医医国。" ⑩〔诀〕方法(多用韵语表示)。 ⑪〔时〕时令,指移栽的季节。 ⑫〔宿土〕旧土,指竹根旁边的土。 ⑬〔记取南枝〕记着向南的枝(移植以后仍然使它向南)。记取,记着。取,助词,相当于"着"。 ⑭〔悉〕都,全。 ⑮〔乃〕是。〔不可尽信之书〕不可完全相信的说法。《孟子·尽心下》:"尽信书则不如无书。" ⑯〔几许〕若干。 ⑰〔濡(rú)〕沾湿。 ⑱〔其如〕怎奈。〔苏〕松散。

晴，新移之竹晒则叶卷，一卷即非活兆矣①。予易其词曰②："未雨先移。"天甫阴而雨犹未下③，乘此急移，则宿土未湿，又复带潮，有如胶似漆之势④，我欲多留而土能随我，先据一筹之胜矣⑤。且栽移甫定而雨至，是雨为我下，坐而受之，枝叶根本无一不沾滋润之利。最忌者日而日不至，最喜者雨而雨即来，去所忌而投以喜⑥，未有不欣欣向荣者⑦。此法不止种竹⑧，是花是木皆然⑨。至于"记取南枝"一语，尤难遵奉。移竹移花，不易其向，向南者仍使向南，自是草木之幸⑩。然移草木就人，当随人便，不能尽随草木之便。无论是花是竹，皆有正面，有反面。正面向人，反面向空隙，理也。使记南枝而与人相左⑪，犹娶新妇进门，而听其终年背立⑫，有是理乎？故此语只当不说，切勿泥之⑬。

根据事理，分析旧传的移竹方法多不可信。这是本文的中心。

总之，移花种竹，只有四字当记，"宜阴忌日"是也⑭。

----

①〔活兆〕能活的迹象。兆，征兆，苗头。 ②〔易〕换，改变。 ③〔甫(fǔ)〕刚开始。 ④〔如胶似漆〕粘而不散。 ⑤〔先据一筹之胜〕得了抢先的便宜。筹，游戏赌胜负的用具。先得一筹，取胜就多一分把握。 ⑥〔投〕投赠。 ⑦〔欣欣向荣〕形容草木茂盛。 ⑧〔止〕只是，仅仅。 ⑨〔是花是木皆然〕凡是花，凡是树，都是这样。 ⑩〔幸〕幸运。 ⑪〔使〕假若。〔相左〕不协调。 ⑫〔听其终年背立〕任凭她永远不转过脸来。 ⑬〔泥(nì)之〕拘泥那种说法。之，指"记取南枝"。 ⑭〔宜阴〕适合阴天。

琐琐繁言①,徒滋疑扰②。

最后总结出种竹的四字要诀:宜阴忌日。

【研读参考】一、古人写文章,同样用文言,因为作者流派不同,文章的风格也不一样。例如本册中袁宏道、张岱的作品,以及本篇,过去不少人称它为"小品",风格同唐宋八大家等古文家的作品有明显的差异。读时要注意这种差异,以增加对文章各流派的认识。

二、古人写文章常常用典,有时候,不知道典故的本源会影响理解。如本篇称竹为"此君",为"医国手"(文中只说"能令俗人之舍""成高士之庐"),称种竹诀为"不可尽信之书"("诀"不是书册),像是措辞不当。如果知道这样说的来由,就会觉得顺理成章。读时遇到用典,要多注意。

三、"是"字早期多当"此"讲,后来"是不是"的用法渐渐多起来。看看本篇中"是"字各是哪种用法。

---

①〔琐琐繁言〕琐细的过多的话。 ②〔徒滋疑扰〕只增添疑虑和纷扰。滋,增添,加多。

五〇　与人书　顾炎武

【解说】本篇选自《亭林诗文集》。与人书（原作"与人书十八"），给某人的信。文集里有不少没有标收信人名字的信，标题都是"与人书"，本篇是第十八封。

这是一篇夹叙夹议的文章，因为体裁是书札，所以从结构方面看是以叙事为主，可是内容的重点却是议论，辩明自己不写应酬文字的理由。这两点在行文里结合得很自然，由引古语起，行云流水，迤逦而下，发了大议论而似乎并未费大力气。末尾一段举韩愈文章的得失为例，以证应酬文章之不可作，对上一段是补充性质。有了这一段，文意就显得更充畅了。

作者顾炎武（1613—1682），初名绛，字宁人，明亡后改名炎武，号亭林，明末清初昆山（今江苏昆山）人。年轻时候勤学，注重经世之学。明亡之后，立意恢复，曾参加昆山、嘉定等地的抗清起义。失败之后，誓死不做清朝的官。周游南北各地，载书以随，到处观察风土人情，搜集材料，图谋恢复。晚年隐居陕西华阴，死在那里。著作很多，主要有《日知录》《天下郡国利病书》《音学五书》《亭林诗文集》等。

《宋史》言①，刘忠肃每戒子弟曰②："士当以器识为先③，一命为文人④，无足观矣⑤。"仆自一读此言⑥，便绝应酬文字⑦，所以养其器识而不堕于文人也⑧。悬牌在室⑨，以拒来请，人所共见，足下尚不知耶？抑将谓随俗为之而无伤于器识邪⑩？中孚为其先妣求传再三⑪，终已辞之，益止为一人一家之事⑫，而无关于经术政理之大⑬，则不作也。

引古人的话，阐明士人立身处世的态度：应该做些有益于天下的大事，而不应该只是为一人一家的小事舞文弄墨。

韩文公文起八代之衰⑭，若但作《原道》《原毁》《争

---

① 〔《宋史》〕纪传体宋代史，正史的一种，元朝脱脱等撰，共四百九十六卷。　② 〔刘忠肃〕名挚，字莘老，宋朝东光（今河北东光）人。嘉祐进士。官至侍御史、右仆射（yè）。谥忠肃。〔戒〕训教。　③ 〔士〕读书明理之人。〔器识〕度量和见识。〔先〕首要的。　④ 〔一命为文人〕《宋史·刘挚传》作"一号为文人"。命，命名，称之为。文人，这里指那些空疏不学而仅仅以文为事的人。　⑤ 〔无足观〕不值得看，没价值。　⑥ 〔仆〕自称的谦词。一般是年纪大的人用。　⑦ 〔绝〕断。　⑧ 〔所以养其器识〕为的是用这来养其器识。"所以"与现在的用法不同。　⑨ 〔悬牌在室〕住屋里挂牌（上写不作应酬文字）。　⑩ 〔抑将谓〕或者是这样想。抑，抑或，还是。〔邪〕同"耶"，表示疑问的语气词。　⑪ 〔中孚〕李颙（yóng），字中孚，别号二曲，清朝盩（zhōu）厔（zhì）（今陕西周至）人。清朝初年著名学者。〔先妣（bǐ）〕死去的母亲。李颙的母亲姓彭。颙父战败死，彭氏想殉节，未成。〔传（zhuàn）〕传记。　⑫ 〔止〕只，只是。　⑬ 〔经术政理〕经学和政治，即顾氏说的"有益于天下"的学问事业。　⑭ 〔韩文公〕韩愈，谥文，世人称他韩文公。〔文起八代之衰〕改变了八朝虚浮绮靡的文风。这是苏轼《潮州韩文公庙碑》里的话。八代，东汉、魏、晋、宋、齐、梁、陈、隋。

臣论》《平淮西碑》《张中丞传后序》诸篇①，而一切铭状概为谢绝②，则诚近代之泰山北斗矣③；今犹未敢许也④。此非仆之言，当日刘叉已讥之⑤。

举韩愈著作的得失为例，进一步证明写应酬文字有伤器识，决不可作。

【研读参考】一、在顾炎武的心目中，"士"与"文人"不同。分别主要在哪里？

二、本篇中"所以""但""诚"的用法与现在有什么不同？

---

①〔但作……诸篇〕只作……各篇。《原道》等几篇文章都是顾氏认为有关经术政理的。②〔一切铭状〕所有墓志铭、传、状之类。这些都是颂扬死者生前事迹的文章。状，行状，一种文体，记述死者的世系、籍贯、生卒年月和生平事略的。③〔诚〕实在是。〔泰山北斗〕非常高大，用以比喻负有名望的人。《新唐书·韩愈传赞》："自愈没，其言大行，学者仰之如泰山北斗云。"④〔许〕许可，承认。⑤〔刘叉（chā）已讥之〕刘叉已经讽刺过他（刘叉曾经说，韩愈的钱是奉承死人而得到的，见《新唐书·韩愈传》附《刘叉传》）。刘叉，唐朝诗人。家贫，好任侠。曾投身于韩愈门下，后因争论不下而去。

五一　劳山道士　蒲松龄

【解说】本篇选自《聊斋志异》，删去篇末作者的评论。劳山，现在写作"崂（láo）山"，在山东青岛市东北崂山区，东边靠着黄海。山上有上清宫、下清宫，都是道教的庙宇。道士，在道院里修行的人。《聊斋志异》，是我国一部著名的文言小说集，通行本十六卷，共收故事四百多篇。书名"志异"，表示所记都是世间少见的事。内容大部分是根据民间传说，通过艺术加工写成的；有极少数记的是作者的见闻。故事中的主角，很多是鬼狐等精灵之类；以人为主角的，绝大多数是平民。故事篇幅都不很长，由于作者想象丰富，文笔精练、细腻，总是能够写得灵活多变，生动逼真。又因为作者一生不得意，住在农村，比较了解下层人民的苦难，所以在故事中常常表现出对封建压迫、社会邪恶的反对态度。自然，作者生在封建社会，受旧事物的感染，思想中也有不少迷信落后的成分，如信神鬼和因果报应、崇奉三纲五常之类。不过作为小说看，作者笔下的鬼狐都有血肉，通人情，这与一般志怪书相比，成就就高多了。

这里选的《劳山道士》，情节不复杂：王生不守本分，入山求道未成，反而受了玩弄。教育意义也很明显，不走正道，以娇惰而图成功，最终必致害了自己。可是写得细致委曲，入情入理。夜晚共酌一场尤其写得好，难以想象的神奇、优美，真有使人目不暇给之概。文字并不长，可是处处妥帖，有分寸。例如一开始老道士就提出"恐娇惰不能作苦"，这是后来不能坚持砍柴的伏笔；传法术，老道士叮嘱"勿逡巡"，"归宜洁持，否则不验"，这是回家后"头触硬壁，蓦然而踣"的伏笔。这些都值得注意。

作者蒲松龄（1640—1715），字留仙，又字剑臣，别号柳泉居士，清朝山东淄（zī）川（今山东淄博）人。出身商人家庭。年轻时候很聪明，读书多，能写文章，应童子试，县、府、道都考第一；可是以后考举人一直不顺利，直到七十一岁才成为贡生（比举人低）。曾一度到江苏宝应县做县官的幕客，不久辞去。一生过塾师生活，接近平民，所以喜欢作小说、俚曲之类。著作很多，有《聊斋文集》《聊斋诗集》《聊斋俚曲》等，最有名的是《聊斋志异》。

邑有王生①，行七②，故家子③。少慕道④，闻劳山多仙人，负笈往游⑤。登一顶，有观宇⑥，甚幽⑦。一道士坐蒲团上⑧，素发垂领而神观爽迈⑨。叩而与语⑩，理甚玄妙⑪。请

---

①〔邑〕县。这里指本县，即山东淄川县（今淄博市淄川区）。〔生〕泛称读书人。 ②〔行（háng）〕排行。 ③〔故家〕世代做官的人家。 ④〔慕道〕爱慕道术。道术，这里指道教的修行和法术。 ⑤〔负笈（jí）〕背着书箱。旧时士人出外求学都背着书箱。 ⑥〔观（guàn）宇〕道士住的庙宇。 ⑦〔幽〕深，静。 ⑧〔蒲团〕蒲草编的扁平坐具。 ⑨〔素发垂领〕白头发垂到衣领上。〔神观爽迈〕神情相貌清爽高超。迈，高远过人。 ⑩〔叩〕恭敬地问。 ⑪〔玄妙〕深远高妙，不易领会。

师之①,道士曰:"恐娇惰不能作苦②。"答言:"能之。"其门人甚众③,薄暮毕集④,王俱与稽首⑤。遂留观中。

> 开始写王生主动上山学道,为后面故事的展开做准备。
> "恐娇惰不能作苦"一句是下文王生怕苦要求回家的伏笔。

凌晨⑥,道士呼王去,授以斧,使随众采樵⑦。王谨受教⑧。过月余,手足重茧⑨,不堪其苦,阴有归志⑩。

> 初步写王生"不堪其苦",应上段道士的预言。

一夕归,见二人与师共酌⑪。日已暮,尚无灯烛,师乃剪纸如镜粘壁间。俄顷⑫,月明辉室⑬,光鉴毫芒⑭。诸门人环听奔走⑮。一客曰:"良宵胜乐,不可不同⑯。"乃于案上取壶酒,分赉诸徒⑰,且嘱尽醉⑱。王自思:七八人,壶酒何能遍给⑲?遂各觅盎盂⑳,竞饮先釂㉑,惟恐樽尽㉒。而往

---

① 〔师之〕以之(道士)为师。 ② 〔作苦〕服苦役,做艰苦的劳动。 ③ 〔门人〕学生,徒弟。 ④ 〔薄暮〕傍晚。薄,迫近。暮,日没。〔毕〕全,都。 ⑤ 〔稽(qǐ)首〕叩头。 ⑥ 〔凌晨〕傍天亮。凌,迫近。 ⑦ 〔采樵〕砍柴草。 ⑧ 〔谨受教〕恭敬地接受命令。 ⑨ 〔重(chóng)茧〕很厚的茧子。茧,死肉。 ⑩ 〔阴〕暗地里。〔志〕意向。 ⑪ 〔共酌(zhuó)〕一起喝酒。酌,斟(zhēn)酒。 ⑫ 〔俄顷〕一会儿。俄、顷都是一会儿的意思。 ⑬ 〔辉〕这里作动词用,照耀。 ⑭ 〔光鉴毫芒〕光亮能照出极细微的东西。鉴,镜子,这里作动词用,照。毫,毫毛。芒,草谷上的细毛。 ⑮ 〔环听奔走〕环绕着他,听他支使,为他到这里到那里地办事。 ⑯ 〔良宵胜乐,不可不同〕这样好的夜晚,这么大的乐趣,不可不和大家一同享受。 ⑰ 〔赉(lài)〕赏赐。 ⑱ 〔尽醉〕尽兴地喝,直到都喝醉。 ⑲ 〔壶酒何能遍给〕一壶酒怎么能都供给到呢?文言里数词"一"常常省略。 ⑳ 〔遂各觅盎(àng)盂〕就各自找来盛酒的器具。盎,盛饮食的瓦器。 ㉑ 〔竞饮先釂(jiào)〕争着先喝。釂,把酒喝尽。意思是先喝完以便再斟再喝。 ㉒ 〔樽〕酒器。酒瓶酒壶之类。

复挹注①，竟不少减。心奇之。俄一客曰："蒙赐月明之照，乃尔寂饮②！何不呼嫦娥来③？"乃以箸掷月中④。见一美人自光中出，初不盈尺⑤，至地，遂与人等。纤腰秀项⑥，翩翩作《霓裳舞》⑦。已而歌曰⑧："仙仙乎，而还乎？而幽我于广寒乎⑨？"其声清越⑩，烈如箫管⑪。歌毕，盘旋而起，跃登几上，惊顾之间，已复为箸⑫。三人大笑。又一客曰："今宵最乐，然不胜酒力矣⑬，其饯我于月宫可乎⑭？"三人移席，渐入月中。众视三人坐月中饮，须眉毕见⑮，如影之在镜中。移时⑯，月渐暗，门人然烛来⑰，则道士独坐而客杳矣⑱。几上肴核尚存⑲，壁上月，纸圆如镜而已。道士问众："饮足乎？"曰："足矣！""足，宜早寝，勿误樵苏⑳。"

---

①〔挹（yì）注〕从这个器物中取出注入另一个器物。挹，酌取。 ②〔乃尔寂饮〕却这样寂寞地喝酒。尔，如此。 ③〔呼嫦娥来〕招呼嫦娥来这里。呼，有命令的意思。嫦娥，传说月宫的仙女。 ④〔箸（zhù）〕筷子。 ⑤〔初不盈尺〕起初还不到一尺高。 ⑥〔纤腰秀项〕细细的腰，秀丽的颈项。 ⑦〔翩翩作《霓（ní）裳舞》〕轻盈地作霓裳羽衣的舞蹈。霓裳，用霓（白云）做的裙。羽衣，用鸟羽做的上衣。《霓裳羽衣舞》是依照《霓裳羽衣曲》的节拍编的舞蹈，曲是唐明皇编制的。传说术士叶法善引明皇入月宫听来这个曲子，所以连曲带舞都和嫦娥有关系。 ⑧〔已而〕完了以后就……。过了一会儿。已，完。 ⑨〔仙仙乎，而还乎？而幽我于广寒乎？〕仙哪，仙哪！会回来吗？为什么把我禁闭在广寒宫呢？而，虚词，有轻微转折的意思。广寒宫，传说是嫦娥住的地方。 ⑩〔清越〕清澈高扬。越，远。 ⑪〔烈〕响亮。 ⑫〔已复为箸〕已经又变成筷子。 ⑬〔不胜（shēng）酒力〕抗不过酒的力量，要醉了。 ⑭〔其〕助词，表示希望。〔饯（jiàn）〕以酒食送行。 ⑮〔须眉毕见（xiàn）〕胡子眉毛全都看得很清楚。见，呈现。 ⑯〔移时〕过了好一会儿。 ⑰〔然烛〕点蜡。然，现在写作"燃"，点着。 ⑱〔杳（yǎo）〕没有踪迹。 ⑲〔肴核〕菜肴果品。 ⑳〔悮〕同"误"。〔樵苏〕打柴。分别讲，樵是打柴，苏是打草。

众诺而退①。王窃忻慕②,归念遂息。

> 有归志而没有要求回家,是因为有此大波澜。从写法方面看,是文笔的奇妙变化。

又一月,苦不可忍,而道士并不传教一术。心不能待,辞曰③:"弟子数百里受业仙师④,纵不能得长生术⑤,或小有传习⑥,亦可慰求教之心。今阅两三月⑦,不过早樵而暮归,弟子在家,未谙此苦⑧。"道士笑曰:"我固谓不能作苦⑨,今果然。明早当遣汝行。"王曰:"弟子操作多日,师略授小技,此来为不负也⑩。"道士问:"何术之求⑪?"王曰:"每见师行处⑫,墙壁所不能隔,但得此法足矣⑬。"道士笑而允之。乃传以诀⑭,令自咒,毕,呼曰:"入之!"王面墙⑮,不敢入。又曰:"试入之。"王果从容入⑯,及墙而阻。道士曰:"俯首骤入,勿逡巡⑰!"王果去墙数步⑱,奔而入;及墙,虚若无物;回视,果在墙外矣。大喜,入谢。道士曰:"归宜洁持⑲,否则不验。"遂助资斧⑳,遣之归。

> 回到本题,又写王生不堪其苦,且生妄念,求传

---

① 〔诺(nuò)〕表示答应的声音。 ② 〔王窃忻慕〕王生私心里羡慕。窃,暗地里。忻,同"欣"。 ③ 〔辞〕告辞。 ④ 〔受业仙师〕受业于老师。仙,尊称道士。 ⑤ 〔长生术〕不死的法术。 ⑥ 〔小有传习〕略微传授给我一点(法术)。 ⑦ 〔阅〕经过。 ⑧ 〔谙(ān)〕知晓,熟知。这里"不谙"是说没受过(这种苦楚)。 ⑨ 〔固谓〕本来就说。 ⑩ 〔此来为不负也〕这次来就不算白来了。 ⑪ 〔何术之求〕求何术。之,助词。 ⑫ 〔每〕往往。 ⑬ 〔但〕只。 ⑭ 〔诀〕咒语。 ⑮ 〔面墙〕脸对着墙。 ⑯ 〔从容〕缓慢地,不慌不忙地。 ⑰ 〔逡(qūn)巡〕徘徊不进的样子。 ⑱ 〔去墙数步〕离墙几步远。 ⑲ 〔归宜洁持〕回家之后,应当洁身自守。持,遵守戒律。 ⑳ 〔资斧〕旅费。斧,清路用具。

法术。写道士明知王生动机不纯而装作不知，是下文碰壁的伏笔。

抵家，自诩遇仙①，坚壁所不能阻。妻不信。王效其作为②，去墙数尺，奔而入，头触硬壁，蓦然而踣③。妻扶视之，额上坟起④，如巨卵焉。妻揶揄之⑤。王惭忿，骂老道士之无良而已⑥。

写动机不纯的后果，结束故事。

【研读参考】 一、《聊斋志异》的故事，大多新奇而美好，宜于作青年学习文言的读本。可是全部四百多篇，数量太多，内容也还有些不健康的地方，所以青年人读它，不尽适宜。已出版的选注本不少，如人民文学出版社出版的张友鹤选注的《聊斋志异选》，就比原本合用。

二、《聊斋志异》的故事，情节离奇曲折，人物生动逼真。这种写法，纪昀写《阅微草堂笔记》（见后）时曾认为不合情理，因为故事中的许多情景，作者无从知道。你觉得纪昀的批评对吗？

三、动画片《劳山道士》是根据这个故事拍的，情节略有改动。如果你看过，说说有哪些改动，为什么要那样改？

———

① 〔自诩（xǔ）〕自夸。 ② 〔效〕学，模仿。这里有表演的意思。 ③ 〔蓦（mò）然而踣（bó）〕一下子就倒下了。蓦然，猛然。踣，摔倒。 ④ 〔坟起〕鼓起，肿起。 ⑤ 〔揶（yé）揄（yú）〕嘲弄。 ⑥ 〔无良〕不好。

五二　云翠仙　蒲松龄

【解说】本篇选自《聊斋志异》，删去了篇末作者的评论。这是以无赖汉梁有才为中心的一篇故事。思想很简单，只是坏人得坏报。但是情节很离奇——泰山相遇，相失而又相遇，忽而进展为成婚——读者读了都会觉得奇怪。但这还是小的，到归省到母家，读者才会感到更奇怪。这近于写侦探小说的手法，直到"忽仰视见星汉"，"并无屋宇"，才真相大白，原来云氏母女是狐仙，所以有以上奇妙的变化。

同前一篇一样，记事、写景、描摹人物言谈举止，都能做到文简而意细，使读者如闻其声，如见其人。又，作者笔下的人物，个性都很突出，如梁有才，从登场到结尾，一言一动都显示是无赖；而云翠仙则美丽庄重，使人生敬爱之心。就写法上说这都是值得学习的。

　　梁有才，故晋人①，流寓于济②，作小负贩③，无妻子

---

① 〔故晋人〕本来是山西人。故，旧，原先。晋，春秋时晋国，在今山西省。　② 〔流寓于济〕在外漂流，寄居在济南。　③ 〔负贩〕肩负着商品到处走的小商贩。

田产。

先简略介绍故事中主要人物的生活情况。突出无妻子田产,为后面故事的开展作伏笔。

从村人登岱①。岱四月交②,香侣杂沓③。又有优婆夷、塞④,率众男子以百十⑤,杂跪神座下,视香炷为度⑥,名曰跪香。才视众中有女郎⑦,年十七八而美,悦之,诈为香客,近女郎跪。又伪为膝困无力状⑧,故以手据女郎足⑨。女回首似嗔⑩,膝行而远之。才又膝行近之,少间⑪,又据之。女郎觉,遽起⑫,不跪,出门去。才亦起,出履其迹⑬,不知其往⑭。

写故事的缘起,即着重显示梁有才的轻薄无赖。

心无望,怏怏而行⑮。途中见女郎从媪⑯,似为女也母者⑰。才趋之⑱。媪女行且语⑲。媪云:"汝能参礼娘娘⑳,大

---

①〔岱〕泰山的别名。 ②〔四月交〕进入四月。 ③〔香侣杂沓〕朝山的香客很多。侣,同伴。杂沓,众多的样子。 ④〔优婆夷、塞〕优婆夷和优婆塞。梵(fàn)语的音译,意译为信(佛法)女和信男。 ⑤〔百十〕用百用十数。 ⑥〔视香炷(zhù)为度〕把点完一炷香作为限度,就是跪拜点完一炷香的时间。炷,量词。 ⑦〔女郎〕年轻的女子(指未出嫁的)。 ⑧〔膝困无力〕膝盖跪疼了,没力量支持身体的重量。 ⑨〔故〕故意。〔据〕按。 ⑩〔嗔(chēn)〕生气。 ⑪〔少间(jiàn)〕过了一会儿。间,隔。 ⑫〔遽(jù)〕骤然,很快地。 ⑬〔履〕践。这里是跟踪的意思。 ⑭〔不知其往〕不知其所往。 ⑮〔怏(yàng)怏〕不高兴的样子。 ⑯〔从媪(ǎo)〕跟着一个老年妇女。也,助词,没有意义。 ⑰〔似为女也母者〕好像是女郎的妈妈。 ⑱〔趋〕急行。这里是赶紧走去凑近她们。 ⑲〔行且语〕一边走一边说。 ⑳〔参礼娘娘〕参拜娘娘。娘娘,指碧霞元君。

254　文言文选读 第一册

好事。汝又无弟妹，但获娘娘冥加护①，护汝得快婿②，但能相孝顺，都不必贵公子、富王孙也③。"才窃喜，渐渍诘媪④。媪自言为云氏⑤，女名翠仙，其出也⑥；家西山四十里⑦。才曰："山路濇⑧，母如此蹜蹜⑨，妹如此纤纤⑩，何能便至⑪？"曰："日已晚，将寄舅家宿耳。"才曰："适言相婿不以贫嫌⑫，不以贱鄙⑬，我又未婚，颇当母意否⑭？"媪以问女，女不应。媪数问⑮，女曰："渠寡福⑯，又荡无行⑰，轻薄之心还易翻复⑱。儿不能为遢伎儿作妇⑲。"才闻，朴诚自表⑳，切矢皦日㉑。媪喜，竟诺之。女不乐，勃然而已㉒。母又强拍㑴之㉓。才殷勤，手于橐㉔，觅山兜㉕，舁媪及女㉖；

————

① 〔但〕只要。〔冥（míng）〕暗地里。〔护〕保佑。　② 〔快婿〕称心的丈夫。　③ 〔都〕完全。〔王孙〕王侯家的子弟。　④ 〔渐渍（zì）〕浸湿，把东西放在液体中使它慢慢湿透。这里是逐渐、一步步接近的意思。〔诘〕问。　⑤ 〔云氏〕姓云。　⑥ 〔其出也〕她（指老媪）生的。　⑦ 〔家西山四十里〕住在四十里外的西山。　⑧ 〔濇（sè）〕同"涩"，不滑溜。这里指山路难行。　⑨ 〔蹜（sù）蹜〕走路迈不开步的样子。　⑩ 〔纤（xiān）纤〕柔弱的样子。　⑪ 〔便至〕就走到。　⑫ 〔适言〕刚才说。适，才。〔相（xiàng）〕看，选。〔不以贫嫌〕不因为穷而嫌弃。　⑬ 〔不以贱鄙〕不因为地位低而看不起。　⑭ 〔颇当母意否〕可还合您的意吗？颇，略微。当，合。　⑮ 〔数（旧读 shuò）〕屡次。　⑯ 〔渠寡福〕他没福气。渠，他。寡，少。　⑰ 〔荡无行〕浪荡而没有德行。　⑱ 〔翻复〕改变。　⑲ 〔遢（tà）伎儿〕猥琐肮脏的小子。指相貌不扬、举止不大方而又心地卑劣的人。　⑳ 〔朴诚自表〕自己表白说是质朴诚实的人。　㉑ 〔切矢皦（jiǎo）日〕恳切地指着太阳发誓。切，恳切。矢，通"誓"。皦，皎洁，明亮。　㉒ 〔勃然〕生气的样子。　㉓ 〔强（qiǎng）拍㑴（xiū）之〕勉强地哄着她。㑴，同"怵"，和好，这里是劝慰的意思。　㉔ 〔手于橐（tuó）〕手放进口袋。意思是从口袋里取出钱来。橐，小囊。　㉕ 〔山兜（dōu）〕抬人登山的轿子。　㉖ 〔舁（yú）〕抬。

五二　云翠仙　255

己步从，若为仆①。过隘②，辄呵兜夫不得颠摇动③，良殷④。

　　写无赖汉花言巧语献殷勤，老母竟允了婚事。

　　俄抵村舍⑤，便邀才同入舅家。舅出，翁⑥；妗出⑦，媪也。云兄之嫂之⑧，谓："才吾婿。日适良⑨，不须别择，便取今夕⑩。"舅亦喜，出酒肴饵才⑪。既⑫，严妆翠仙出⑬，拂榻促眠⑭。女曰："我固知郎不义，迫母命，漫相随⑮。郎若人也⑯，当不须忧偕活⑰。"才唯唯听受⑱。明日早起，母谓才："宜先去，我以女继至⑲。"才归，扫户闼⑳。媪果送女至。入视室中，虚无有，便云："似此何能自给？老身速归，当小助汝辛苦㉑。"遂去。次日，有男女数辈㉒，各携服食器具，布一室满之㉓。不饭俱去，但留一婢。

　　承上段，写小人得志，一帆风顺。是下文旧病复发的伏笔。

---

①〔若为仆〕好像是仆役。②〔隘(ài)〕狭隘。这里指狭隘难走的地方。③〔呵(hē)〕大声命令。〔颠〕颠簸。④〔良殷〕很殷勤。良，很。⑤〔俄〕不久。⑥〔舅出，翁〕舅舅出来，是个老头儿。⑦〔妗(jìn)〕舅母。⑧〔云兄之嫂之〕云媪称呼他们为哥哥嫂嫂。⑨〔日适良〕日子恰恰很好。旧时迷信，婚丧大事要选吉日良辰。⑩〔取〕采用。⑪〔出酒肴(yáo)饵才〕拿出酒和肉来给梁有才吃。饵，原指食品，这里作动词用。⑫〔既〕过后。⑬〔严妆〕整妆，打扮。⑭〔拂榻促眠〕扫干净床，催（他们）睡觉。⑮〔漫相随〕姑且跟随你。漫，随便。⑯〔若〕如果。〔人〕意思是有人的品德。⑰〔忧偕活〕担心共同生活。意思是怕生活上发生困难。⑱〔唯(wěi)唯〕连声答应。〔听受〕听从接受。⑲〔以女继至〕带着姑娘接着就到。以，携带。⑳〔闼(tà)〕门。㉑〔小助汝辛苦〕略微帮助你，使你减少一些困难。㉒〔数辈〕几个人。㉓〔布〕布置。

才由此坐温饱①，惟日引里无赖②，朋饮竞赌③。渐盗女郎簪珥佐博④。女劝之不听，颇不耐之，惟严守箱奁⑤，如防寇。一日，博党款门访才⑥，窥见女，适适惊⑦，戏谓才曰："子大富贵⑧，何忧贫耶？"才问故，答曰："曩见夫人⑨，实仙人也，适与子家道不相称⑩。货为媵⑪，金可得百⑫；为妓，可得千。千金在室，而听饮博无资耶⑬？"才不言而心然之⑭，归辄向女欷歔⑮，时时言贫不可度。女不顾。才频频击卓，抛匕箸，骂婢，作诸态⑯。

　　　　　写无赖汉原形毕露，以至恩将仇报。

一夕，女沽酒与饮⑰，忽曰："郎以贫故，日焦心。我又不能御穷⑱，分郎忧，中岂不愧怍⑲？但无长物⑳，止有此婢，鬻之㉑，可稍稍佐经营㉒。"才摇首曰："其直几许㉓！"

---

①〔坐温饱〕安坐而享温饱，不用劳动就过温饱的生活。　②〔惟日引里无赖〕只是每天招引乡里间的无赖汉。　③〔朋饮竞赌〕一群人一块儿喝酒，比赛着赌博（比下大赌注）。　④〔簪（zān）珥（ěr）〕簪子和耳环。〔佐博〕帮助赌博。意思是拿来当赌本儿。　⑤〔箱奁（lián）〕箱子匣子。箱子盛衣物，匣子盛珍贵的物品。奁，原指镜匣。　⑥〔博党〕赌钱的同伙。〔款门〕叩门，敲门。　⑦〔适适〕惊视自失的样子。　⑧〔子〕你。　⑨〔曩（nǎng）〕从前。这里是刚才的意思。　⑩〔适与子家道不相称（chèn）〕只是和你的家当不能配合。　⑪〔货为媵（yìng）〕卖给人家做妾。货，卖。　⑫〔金〕这里指银一两。　⑬〔听（tìng）饮博无资〕任凭没钱喝酒赌钱。听，任凭。　⑭〔然之〕觉得它对。然，是。　⑮〔欷（xī）歔（xū）〕叹气。　⑯〔频频击卓，抛匕（bǐ）箸，骂婢，作诸态〕常常作拍桌子、扔勺筷、骂丫鬟等丑态。卓，桌。匕，羹匙。　⑰〔沽酒〕买酒。　⑱〔御穷〕对付穷困。　⑲〔中岂不愧怍（zuò）〕心里难道不惭愧？中，心。　⑳〔长（cháng，旧读 zhàng）物〕多余的东西。　㉑〔鬻（yù）〕卖。　㉒〔经营〕这里是维持生计的意思。　㉓〔其直几许〕她能值几个钱。其，她。直，同"值"。几许，多少。

又饮少时,女曰:"妾于郎有何不相承①?但力竭耳②。念一贫如此,便死相从③,不过均此百年苦④,有何发迹⑤?不如以妾鬻贵家,两所便益⑥,得直或较婢多。"才故愕⑦,言:"何得至此!"女固言之,色作庄⑧。才喜曰:"容再计之⑨。"遂缘中贵人⑩,货隶乐籍⑪。中贵人亲诣才⑫,见女大悦,恐不能即得,立券八百缗⑬。事滨就矣⑭,女曰:"母以婿家贫,常常萦念⑮。今义断矣⑯,我将暂归省⑰。且郎与妾绝,何得不告母?"才虑母阻,女曰:"我顾自乐之⑱,保无差贷⑲。"才从之。

写女言听计从,无赖汉即将如愿以偿。是下文形势大变的伏笔。

夜将半,始抵母家。挝阖入⑳,见楼舍华好,婢仆辈往

---

① 〔相承〕顺从,接受。 ② 〔但力竭耳〕只是没有力量罢了。 ③ 〔死相从〕至死跟着。 ④ 〔均此百年苦〕同受一辈子苦。均,同。百年,古人认为百年是人寿的极限,因而百年就表示终生。 ⑤ 〔发迹〕由贫穷变为富贵。 ⑥ 〔两所便益〕两方面都方便,都得到好处。 ⑦ 〔故愕〕故意装作惊讶。 ⑧ 〔色作庄〕做出郑重的表情。 ⑨ 〔容再计〕等我再想想。 ⑩ 〔缘中贵人〕通过宦官的撮合。缘,由。中贵人,宫廷里受皇帝宠信地位较高的人,到明清时专指太监。 ⑪ 〔货隶乐(yuè)籍〕卖入妓院。古时罪人的妻女都编为乐户,供官府驱遣,后来因称妓院为乐户。货,卖。隶,归属。籍,户籍。这里指登记在妓院的妓女名册上。 ⑫ 〔诣(yì)〕到,访。 ⑬ 〔立券八百缗(mín)〕立了一张八百缗钱的卖身契。缗,穿铜钱的绳索,一串一千钱。 ⑭ 〔滨就〕即将办成。滨,临近,现在多用"濒"。 ⑮ 〔萦(yíng)念〕挂念。萦,萦绕。 ⑯ 〔义〕恩情。指夫妻的恩情和名分。 ⑰ 〔归省(xǐng)〕回家看望父母。 ⑱ 〔顾〕却是。 ⑲ 〔差贷(tè)〕差错。贷,通"忒",差误。 ⑳ 〔挝(zhuā)阖(hé)〕敲门。挝,击,打。阖,门扇。

来憧憧①。才日与女居,每请诣母,女辄止之,故为甥馆年余②,曾未一临岳家。至此大骇,以其家巨,恐媵妓所不甘也③。女引才登楼上④,媪惊问夫妻何来。女怨曰:"我固道渠不义,今果然。"乃于衣底出黄金二铤,置几上⑤,曰:"幸不为小人赚脱⑥,今仍以还母。"母骇问故,女曰:"渠将鬻我,故藏金无用处。"乃指才骂曰:"豺鼠子!曩日负肩担,面沾尘如鬼。初近我,熏熏作汗腥⑦,肤垢欲倾塌⑧,足手皴一寸厚,使人终夜恶⑨。自我归汝家,安坐餐饭,鬼皮始脱。母在前,我岂诬耶?"才垂首,不敢少出气。女又曰:"自顾无倾城姿⑩,不堪奉贵人;似若辈男子⑪,我自谓犹相匹⑫。有何亏负,遂无一念香火情⑬?我岂不能起楼宇、买良沃⑭?念汝儇薄骨、乞丐相⑮,终不是白头侣⑯!"言次⑰,婢妪连衿臂⑱,旋旋围绕之,闻女责数⑲,便都唾骂,共言:"不如杀却⑳,何须复云云㉑!"才大惧,据地自投㉒,

---

① 〔憧(chōng)憧〕往来不定,形容人多而匆忙。 ② 〔甥馆〕也说"馆甥",女婿。 ③ 〔恐媵妓所不甘也〕恐怕不甘于做妾做娼。 ④ 〔引〕带着。 ⑤ 〔铤(tǐng)〕锭。古时把金银铸为一定分量的块儿,一块叫一锭。 ⑥ 〔赚脱〕骗去。脱是脱手的意思。 ⑦ 〔熏熏〕气盛的样子。 ⑧ 〔肤垢欲倾塌〕皮肤上的泥垢厚得要掉下来。 ⑨ 〔恶(wù)〕厌恶。 ⑩ 〔倾城姿〕很美的容貌。《汉书·孝武李夫人传》:"北方有佳人,绝世而独立,一顾倾人城,再顾倾人国。" ⑪ 〔若辈〕你这一类的。 ⑫ 〔相匹〕互相匹敌,配得上。 ⑬ 〔香火情〕夫妇结合时焚香盟誓的感情。 ⑭ 〔良沃〕良田沃土,肥美的土地。这里用形容词代替名词。 ⑮ 〔儇(xuān)薄骨〕轻薄骨头。 ⑯ 〔白头侣〕白头到老的伴侣。 ⑰ 〔言次〕说话的时候。次,中间。 ⑱ 〔妪(yù)〕指老年女仆。〔衿(jīn)〕同"襟",衣襟。 ⑲ 〔数(shǔ)〕说罪状。 ⑳ 〔杀却〕杀掉。 ㉑ 〔何须复云云〕何必还跟他说这说那! ㉒ 〔据地〕以手按地。〔自投〕自己倒地。表示悔恨。

但言知悔。女又盛气曰①:"鬻妻子已大恶,犹未便是剧②,何忍以同衾人赚作倡③!"言未已,众眦裂④,悉以锐簪剪刀股攒刺胁脌⑤。才号悲乞命。女止之曰:"可暂释却⑥,渠便无仁义⑦,我不忍其觳觫⑧。"乃率众下楼去。

写形势大变,无赖汉初步受到惩罚。先不交代女家的真相,为读者留想象的余地。

才坐听移时⑨,语声俱寂,思欲潜遁⑩。忽仰视见星汉⑪,东方已白。野色苍茫⑫,灯亦寻灭⑬。并无屋宇,身坐削壁上。俯瞰⑭,绝壑深无底⑮,骇绝。惧堕,身稍移,塌然一声⑯,堕石崩坠。壁半有枯横焉⑰,胃不得堕⑱。以枯受腹⑲,手足无着。下视茫茫,不知几何寻丈⑳,不敢转侧㉑。嗥怖声嘶㉒,一身尽肿,眼、耳、鼻、舌身力俱竭。日渐高,始有樵人望见之。寻绠来㉓,缒而下㉔。取置崖上,奄将溘毙㉕。舁归其家。

---

①〔盛气〕大发怒。 ②〔犹未便是剧〕还不是最厉害的。意思是还有比这更恶劣的。 ③〔衾(qīn)〕被。 ④〔眦(zì)裂〕眼眶裂开。表示气愤到极点。 ⑤〔悉以锐簪剪刀股攒刺胁脌(lěi)〕全都拿尖锐的头簪、剪刀股乱刺他的胸肋和皮肤。攒,聚。脌,皮。 ⑥〔释却〕放开。 ⑦〔便〕虽是。 ⑧〔觳(hú)觫(sù)〕战栗,发抖。《孟子·梁惠王上》:"舍之,吾不忍其觳觫。" ⑨〔移时〕过些时候。 ⑩〔潜遁〕偷跑。 ⑪〔星汉〕星辰。汉,天河。 ⑫〔苍茫〕空阔辽远,无边无际。 ⑬〔灯亦寻灭〕灯也跟着灭了。寻,旋,不久。 ⑭〔俯瞰(kàn)〕低头看。 ⑮〔绝壑〕极深的山谷。 ⑯〔塌然〕山石崩塌的声音。 ⑰〔枯〕枯树。 ⑱〔胃(juàn)〕挂。 ⑲〔以枯受腹〕用枯树顶着肚子。受,承受。 ⑳〔不知几何寻丈〕不知道有多少丈深。寻,八尺。 ㉑〔转侧〕翻身。 ㉒〔嗥(háo)〕号叫。 ㉓〔绠(gěng)〕井绳,汲水用的绳子。 ㉔〔缒(zhuì)〕用绳索系着东西往下送。 ㉕〔奄将溘(kè)毙〕气息很微弱将要死了。奄,气息微弱貌。这里是奄奄(快要断气的样子)的意思。溘毙,死。溘,忽然。

进一步写无赖汉的困境,并表明女家并非凡人。

至则门洞敞①,家荒荒如败寺②,床簏什器俱杳③,惟有绳床败案是己家旧物,零落犹存。嗒然自卧④,饥时日一乞食于邻。既而肿溃为癞⑤。里党薄其行⑥,悉唾弃之。才无计,货屋而穴居⑦。行乞于道,以刀自随。或劝以刀易饵⑧,才不肯,曰:"野居防虎狼,用自卫耳⑨。"后遇向劝鬻妻者于途⑩,近而哀语⑪,遽出刀,摮而杀之⑫,遂被收⑬。官廉得其情⑭,亦未忍酷虐之。系狱中⑮,寻瘐死⑯。

写无赖汉的下场,结束故事。

【研读参考】 一、用简短的文字给本篇写一个情节介绍。

二、用本篇的故事,改变布局,例如点明云氏是狐仙,先出场,有意惩戒无赖汉,写一个情节介绍。

三、从本篇中把所有"寻""薄""故"字都找出来,说说各是什么意义。

---

①〔洞敞〕大敞着。 ②〔败寺〕破庙。 ③〔床簏(lù)什器俱杳(yǎo)〕床、箱笼、各种器物都无影无踪了。簏,竹子编的箱笼,这里指一切盛衣物的箱子。什器,日用杂物。什,杂。杳,远得不见踪影。 ④〔嗒(tà)然〕精神懊丧的样子。 ⑤〔既而〕不久。〔溃〕烂。〔癞〕恶疮。 ⑥〔里党〕同乡,邻家。古代制度:五家为一邻,五邻为一里,五百家为一党。〔薄〕鄙视,看不起。 ⑦〔货屋而穴居〕卖掉房屋而去住窑洞。 ⑧〔以刀易饵〕用刀换食物。 ⑨〔用自卫〕用(它)保卫自己。 ⑩〔向〕从前。 ⑪〔哀语〕说悲伤动人的话。 ⑫〔摮(áo)〕击。 ⑬〔收〕逮捕。 ⑭〔廉〕察。〔情〕事实真相。 ⑮〔系狱中〕因在狱里。系,囚拘。 ⑯〔寻瘐(yǔ)死〕不久就死在狱里了。瘐死,在狱中因饥寒疾病而死掉。

五二 云翠仙 261

五三　范县署中寄舍弟墨第四书　郑燮

【解说】本篇选自《郑板桥集》。这部书共收家书十六封，本篇是乾隆九年（1744）作者在山东范县任知县时写给他弟弟（名墨）的第四封信。署（shǔ），公署，这里指县衙门。舍弟，自己家里的弟弟。在这封信里，作者提出应尊重农民、轻视读书人的主张。理由是农民勤苦劳动，养天下之人；很多读书人则钻营奔走，争取功名，做官发财，成为人民之害。在当时，这样的思想是少有的，有进步意义的。

　　文章的风格与古文家不同，接近口语，平易自然。议论、抒情、叙事、写景，都如说家常，不事雕琢，行云流水，显得真挚而朴实。这种写法也值得注意。

　　作者郑燮（xiè）（1693—1766），字克柔，号板桥，清朝兴化（今江苏兴化）人。乾隆元年（1736）进士。在山东潍县、范县做了十几年知县，能够重视民间疾苦，抑制豪绅。终于因为替百姓说话，得罪了上司，被罢了官。他写文章反对复古，主张诗文要"自出己意"，"切于日用"。他又是著名的画家（"扬州八怪"之一）、书法家。著有《郑板桥集》。

十月二十六日得家书,知新置田获秋稼五百斛①,甚喜。而今而后,堪为农夫以没世矣②。要须制碓③,制磨,制筛罗、簸箕,制大小扫帚,制升、斗、斛。家中妇女④,率诸婢妾,皆令习舂揄蹂簸之事⑤,便是一种靠田园长子孙气象⑥。天寒冰冻时,穷亲戚朋友到门,先泡一大碗炒米送手中,佐以酱姜一小碟⑦,最是暖老温贫之具⑧。暇日咽碎米饼,煮糊涂粥,双手捧碗,缩颈而啜之⑨,霜晨雪早⑩,得此周身俱暖。嗟乎,嗟乎!吾其长为农夫以没世乎⑪!

> 由接到家书想到务农为生:置办农具,勤于农事,并设想务农生活的质朴和安适。

我想天地间第一等人只有农夫,而士为四民之末⑫。农夫上者种地百亩⑬,其次七八十亩,其次五六十亩,皆苦其身,勤其力⑭,耕种收获,以养天下之人。使天下无农夫⑮,

---

①〔新置〕最近买的。〔获秋稼〕收获秋粮。〔斛(hú)〕古代量器,十斗,南宋末改为五斗。 ②〔堪〕可以。〔没世〕过完一生。 ③〔要须〕要紧的是。〔碓(duì)〕捣米的工具。一个石臼盛谷,一个杵捣去谷皮。杵用手操纵,或立木架装木杆用脚操纵。 ④〔家中妇女〕指主人的妻女,下句婢妾指女奴仆。 ⑤〔舂(chōng)〕捣谷去皮。〔揄(yóu)〕往白里放谷,从白中取米。〔蹂〕用手脱谷皮。〔簸〕簸扬,除去糠秕尘土。这四种都是收获之后谷场上的农事劳动。《诗经·大雅·生民》:"或舂或揄,或簸或蹂。" ⑥〔长(zhǎng)〕养育。 ⑦〔佐〕辅助。 ⑧〔暖老温贫〕使老者(老则怕冷)暖和,贫者(贫则衣单)温暖。〔具〕这里指食物。 ⑨〔啜(chuò)〕喝。 ⑩〔霜晨〕下霜的早晨。指秋末冬初乍冷的季节。〔雪早〕下雪的早晨。指冬季。 ⑪〔其〕助词,表示希望和推测语气。 ⑫〔四民〕士(读书人)、农、工、商。 ⑬〔上者〕能力最大的。 ⑭〔勤〕劳。 ⑮〔使〕假使。

举世皆饿死矣①。我辈读书人，入则孝，出则弟②，守先待后③，得志泽加于民，不得志修身见于世④，所以又高于农夫一等⑤。今则不然，一捧书本便想中举，中进士，作官，如何攫取金钱⑥，造大房屋，置多田产。起手便错走了路头⑦，后来越做越坏，总没有个好结果。其不能发达者⑧，乡里作恶，小头锐面⑨，更不可当⑩。夫束修自好者岂无其人⑪，经济自期、抗怀千古者亦所在多有⑫，而好人为坏人所累，遂令我辈开不得口；一开口人便笑曰："汝辈书生总是会说，他日居官便不如此说了⑬。"所以忍气吞声，只得捱人笑骂。工人制器利用⑭，贾人搬有运无⑮，皆有便民之处，而士独于民大不便，无怪乎居四民之末也，——且求居四民之末而亦不可得也。

---

①〔举〕全。 ②〔入则孝，出则弟（tì）〕在家里就孝顺父母，出门去（指离开父母）就顺从兄长。弟，同"悌"。这句话出自《论语·学而》。 ③〔守先待后〕守先贤的遗教，等待后世英俊继承发扬。 ④〔得志泽加于民，不得志修身见（xiàn）于世〕做官就给人民造福，不能做官就以德行做人民的表率。得志，指做官有施展才能的机会。泽，恩泽，恩惠。修身，修养品德。见于世，显名于当世。见，同"现"。《孟子·尽心上》："古之人，得志，泽加于民；不得志，修身见于世。穷则独善其身，达则兼善天下。" ⑤〔高于农夫一等〕指这样的读书人贡献较农民为高，所以说士农工商。 ⑥〔攫（jué）〕夺取。 ⑦〔起手〕开始。指动机。 ⑧〔发达〕指取得功名并做官。 ⑨〔小头锐面〕头面小而尖利，形容专门钻营奔走的猥琐形状。 ⑩〔更不可当〕（凶恶劲儿）更使人没法抵挡。 ⑪〔夫〕助词，引起议论。〔束修自好（hào）〕洁身自爱。束，约束。修，修整。自好，自爱。 ⑫〔经济自期〕以经世济民的伟大事业要求自己。经，治理。济，救。期，期许，希望。〔抗怀千古〕高举抱负于千载之上，和千古以来的圣贤具有同样崇高的抱负。抗，举。怀，抱负。〔所在多有〕到处都有。 ⑬〔居官〕做官。 ⑭〔利用〕有利于使用。 ⑮〔贾（gǔ）人〕商人。

承上段，深入一层，论述农民可贵而读书人应为四民之末的理由。

愚兄平生最重农夫①。新招佃地人②，必须待之以礼。彼称我为主人，我称彼为客户。主客原是对待之义③，我何贵而彼何贱乎？要礼貌他，要怜悯他；有所借贷，要周全他④；不能偿还，要宽让他。尝笑唐人"七夕"诗⑤，咏牛郎织女皆作会别可怜之语⑥，殊失命名本旨⑦。织女，衣之源也，牵牛，食之本也，在天星为最贵，天顾重之⑧，而人反不重乎？其务本勤民⑨，呈象昭昭可鉴矣⑩。吾邑妇人不能织绸织布⑪，然而主中馈⑫，习针线，犹不失为勤谨。近日颇听鼓儿词⑬，以斗叶为戏者⑭，风俗荡轶⑮，亟宜戒之⑯。

叮嘱家人要尊重农民，重视农事，妇女更要勤劳朴厚。

吾家业地虽有三百亩⑰，总是典产⑱，不可久恃。将来

---

① 〔愚兄〕谦称。② 〔佃（diàn）地人〕佃户，租种土地的农民。③ 〔对待〕对当，处于相匹敌的地位。④ 〔周全〕成全，帮助解决困难。⑤ 〔"七夕"诗〕以七夕为题的诗。七夕，阴历七月初七的夜晚。古代传说，每年七夕牛郎和织女由鹊桥渡天河相会。⑥ 〔会别〕会合一夕，分别终年。会短别长。⑦ 〔殊〕很。〔命名本旨〕起名的原本意图。原本意图是牵牛主耕，织女主织。就是下文"织女，衣之源也，牵牛，食之本也"的意思。⑧ 〔顾〕却，尚且。〔之〕指耕织。⑨ 〔务本勤民〕重视农业，使人民习惯于劳动。本，根本。古代把农业作为立国的根本。⑩ 〔呈象昭昭可鉴〕呈现的形象清清楚楚地可以看明白。呈象，指天上牛女二星表示重耕织的形象。⑪ 〔邑〕县。⑫ 〔主中馈（kuì）〕主持饮食之类的事。馈，向地位高的人（包括长辈亲属）进食。⑬ 〔鼓儿词〕大鼓书。⑭ 〔斗叶〕玩纸牌。叶，叶子，即纸牌。⑮ 〔荡轶〕放浪越轨。⑯ 〔亟（jí）〕急迫地。⑰ 〔业地〕耕种的土地。⑱ 〔典产〕花钱典得的土地。这种地原主人可以赎回，所以不是永久可靠的田产。

须买田二百亩,予兄弟二人各得百亩足矣,亦古者一夫受田百亩之义也①;若再求多,便是占人产业,莫大罪过。天下无田无业者多矣,我独何人,贪求无厌②,穷民将何所措足乎③?或曰:"世上连阡越陌④,数百顷有余者,子将奈何⑤?"应之曰:"他自做他家事,我自做我家事。世道盛则一德遵王⑥,风俗偷则不同为恶⑦,亦板桥之家法也⑧。"哥哥字⑨。

最后论述不求富贵、独善其身的道理。

【研读参考】 一、写信同说话一样,要针对不同的收信人或听话人,用不同的辞令和口气(内容可以千变万化),才算得体。比较本册所选的书札(包括《遗疏二篇》),说说这种情况。

二、作者对农民、读书人和妇女的看法各是什么?你觉得都可取吗?哪些可取?哪些不全对?为什么?

---

① 〔一夫受田百亩〕一个成年男子领受一百亩地。《孟子·万章下》:"耕者之所获,一夫百亩。"〔义〕意义,本旨。 ② 〔厌〕满足。 ③ 〔措足〕安放脚,立脚。 ④ 〔连阡越陌〕土地一片连一片。阡陌,田地间区分田亩的小路,南北向的叫阡,东西向的叫陌。越,过。 ⑤ 〔子将奈何〕你又怎么办呢? ⑥ 〔世道盛〕社会平定,一切合理。〔一德遵王〕大家同心同德,奉行明王的政令。 ⑦ 〔偷〕浇薄,败坏。〔不同为恶〕不跟着做坏事。 ⑧ 〔家法〕一家的行事准则。 ⑨ 〔字〕书写。

五四　书鲁亮侪事　袁枚

【解说】本篇选自《小仓山房文集》。书，记，叙述……事。鲁亮侪（chái），名之裕，字亮侪，清朝麻城（今湖北麻城）人。康熙举人。官至直隶清河道，署布政使。学问很好，尤精水利。著作很多，有《长芦盐法志》《趣陶园文集》等。本文着重写鲁亮侪一件突出的事迹，不是叙述他的生平，所以不称为"传"而称为"书……事"。

文章布局巧妙而自然。由见到鲁亮侪老年的印象写起，然后转到听别人讲说鲁亮侪的故事，这样写，既显得毫不费力，又显得真实亲切。全文叙事简练，平易而生动，写鲁亮侪的性格、举止、言谈，能使读者感到如闻其声，如见其人。

作者袁枚（1716—1798），字子才，号简斋，别号随园，清朝钱塘（今浙江杭州）人。乾隆四年（1739）进士，选庶吉士。做过溧（lì）水、江浦、沭（shù）阳、江宁等地知县。四十岁就辞官，住在南京，过吟咏著作的生活。他博学能文，古文、骈文都写得好。诗尤其有名，著《随园诗话》，论诗主张抒写性情，标榜"性灵"说，在文学批评史上有较大影响。著作很多，后人辑为《随园全集》。

己未冬①,余谒孙文定公于保定制府②。坐甫定③,阍启清河道鲁之裕白事④。余避东厢,窥伟丈夫年七十许⑤,高眶大颡⑥,白须彪彪然⑦,口析水利数万言⑧。心异之,不能忘。

由昔年亲见鲁亮侪的印象写起。

后二十年,鲁公卒已久,予奠于白下沈氏⑨,纵论至于鲁⑩。坐客葛闻桥先生曰⑪:

以下将转入正文,先总说所记事迹的来由。

鲁,字亮侪,奇男子也。田文镜督河南,严⑫,提、镇、司、道以下受署惟谨⑬,无游目视者⑭。鲁效力麾下⑮,

---

① 〔己未〕乾隆四年(1739)。 ② 〔孙文定公〕孙嘉淦(gàn),字锡公,山西太原人。乾隆初年任直隶总督。〔保定制府〕保定的直隶总督衙门。清朝直隶省(今河北)省会在保定,总督是一省的军政最高长官,也称制军,驻保定。制府,制军的公署。 ③ 〔甫(fǔ)〕才,刚刚。 ④ 〔阍(hūn)〕看门的人。〔启〕报告。〔清河道〕清河道的道员,驻保定,管辖保定府、正定府及易、定、深、冀、赵五州,兼管河务。〔白事〕禀告事情。 ⑤ 〔窥〕这里是从旁边看的意思。〔伟丈夫〕身材高大的人。〔许〕表约数,上下。 ⑥ 〔高眶(kuàng)〕眉目显露。眶,眼圈。〔大颡(sǎng)〕额头宽大。 ⑦ 〔彪(biāo)彪然〕威武的样子。 ⑧ 〔口析水利〕口头分析治水的方法。〔言〕字。 ⑨ 〔奠(diàn)〕祭奠(死者)。〔白下〕南京的别称。〔沈氏〕姓沈的人家。 ⑩ 〔纵论〕无拘无束地谈论。 ⑪ 〔葛闻桥〕生平不详。 ⑫ 〔田文镜〕汉军正黄旗人,雍正初年任河南总督,行政非常严酷。 ⑬ 〔提、镇、司、道〕提,提督,省的军事长官,下设镇、协、营、汛四级。镇,镇台,总兵的俗称。协,协台,副将的俗称。司,两司,即布政使司(管一省的行政,俗称藩司)和按察使司〔管一省的司法,俗称臬(niè)司〕。道,道员,道(一省分为若干道)的行政长官。以上都是总督属下的高级文武官吏。〔受署〕接受命令。署,部署。〔惟谨〕十分谨慎。 ⑭ 〔游目〕眼睛转来转去。 ⑮ 〔麾(huī)下〕部下。麾,古代用来指挥军队的旗子。

一日，命摘中牟李令印①，即摄中牟②。鲁为微行③，大布之衣④，草冠，骑驴入境。父老数百扶而道苦之⑤，再拜问讯曰⑥："闻有鲁公来代吾令，客在开封，知否？"鲁谩曰⑦："若问云何⑧？"曰："吾令贤，不忍其去故也。"又数里，见儒衣冠者簇簇然谋曰⑨："好官去可惜！伺鲁公来⑩，盍诉之⑪？"或摇手曰："咄⑫！田督有令，虽十鲁公奚能为⑬？且鲁方取其官而代之⑭，宁肯舍己从人耶⑮？"鲁心敬之而无言。

写鲁亮侪早年在河南，受命摄中牟令，微行听取士民的舆论。

至县，见李貌温温奇雅⑯。揖鲁入曰⑰："印待公久矣。"鲁拱手曰⑱："观公状貌、被服⑲，非豪纵者⑳，且贤称噪于士民㉑，甫下车而库亏㉒，何耶？"李曰："某滇南万里外人

---

① 〔摘中牟（móu）李令印〕撤中牟县姓李的知县的职务。清朝各省总督、巡抚对所属县官可以一面奏参，一面派人摘印（收回官印，即撤销职务）。中牟县属河南省，离开封不远。 ② 〔即〕就。〔摄（shè）中牟〕做中牟县的代理知县。 ③ 〔微行〕穿平民的衣服出去走（为了保密，好做调查）。 ④ 〔大布〕粗布。 ⑤ 〔扶而道苦之〕搀扶着他，慰劳他辛苦。道，述说，请问。 ⑥ 〔再拜〕表示十分恭敬。〔问讯〕打听消息。 ⑦ 〔谩（màn）〕欺诳。 ⑧ 〔若〕你。〔云何〕干什么。 ⑨ 〔儒衣冠〕读书人的穿戴。〔簇簇然〕一群群地。 ⑩ 〔伺（sì）〕等待。 ⑪ 〔盍（hé）〕何不。 ⑫ 〔咄（duō）〕叱斥声。 ⑬ 〔奚〕何。 ⑭ 〔方〕正要。 ⑮ 〔宁（nìng）〕岂。 ⑯ 〔温温〕气度温和。〔奇雅〕非常文雅。 ⑰ 〔揖鲁入〕作揖请鲁亮侪进去。 ⑱ 〔拱手〕两手在胸前相抱。表示恭敬。 ⑲ 〔被服〕衣装。 ⑳ 〔豪纵〕奢华放荡。 ㉑ 〔贤称〕美好的声誉。〔噪〕喧噪，这里指众口共传。 ㉒ 〔甫下车〕才到任。〔库亏〕钱库亏损，钱库实际存款不够应有的数目。

也①，别母游京师②，十年，得中牟，借俸迎母③。母至，被劾④，命也！"言未毕，泣。鲁曰："吾暍甚⑤，具汤浴我⑥。"径诣别室⑦，且浴且思，意不能无动⑧。良久，击盆水誓曰⑨："依凡而行者⑩，非夫也⑪！"具衣冠辞李⑫。李大惊，曰："公何之⑬？"曰："之省。"与之印，不受。强之曰⑭："毋累公⑮。"鲁掷印铿然⑯，厉声曰⑰："君非知鲁亮侪者！"竟怒马驰去⑱。合邑士民焚香送之⑲。

写鲁亮侪的反常行事，不接印而驰回省城。这是全文的重点，用事实表现鲁亮侪是奇人，是贤人。

至省，先谒两司，告之故⑳。皆曰："汝病丧心耶㉑？以若所为，他督抚犹不可㉒，况田公耶？"明早诣辕㉓，则两司先在。名纸未投㉔，合辕传呼鲁令入㉕。田公南面坐，面铁色㉖，盛气迎之㉗；旁列司、道下文武十余人。睨鲁曰㉘：

---

①〔某〕我。〔滇（diān）〕云南。滇南也是云南。 ②〔游〕游宦，谋求做官。〔京师〕北京。 ③〔借俸〕预支官俸。 ④〔劾（hé）〕弹劾，揭发罪行。 ⑤〔暍（yē）〕受暑。 ⑥〔汤〕热水。〔浴我〕让我洗澡。 ⑦〔径〕一直。〔诣（yì）〕往。 ⑧〔意不能无动〕心里不能不波动。意思是还犹疑不定。 ⑨〔良久〕很长时间。 ⑩〔凡〕世俗的做法。 ⑪〔夫〕大丈夫。 ⑫〔具衣冠〕穿戴整齐。 ⑬〔何之〕到哪里去。 ⑭〔强（qiǎng）〕勉强。 ⑮〔毋累公〕不要因不接印而连累您。 ⑯〔铿（kēng）然〕金属撞击的声音。 ⑰〔厉声曰〕严肃而用力地说。 ⑱〔怒马〕纵马。 ⑲〔合邑〕全县城。 ⑳〔故〕（回省的）原因。 ㉑〔病丧心〕得了精神病。 ㉒〔抚〕巡抚，省的最高军政长官。清朝有的省设总督，有的省设巡抚。〔犹〕尚且，还。 ㉓〔辕〕辕门。指总督衙门。 ㉔〔名纸〕古代谒见，先递进名刺（竹板上刻名字），听候接见。后来改用纸写，叫名纸。〔投〕递上。 ㉕〔传呼〕长官发令，侍从依次向外传达。 ㉖〔铁色〕铁青的颜色。是大怒的表情。 ㉗〔盛气〕极怒的样子。 ㉘〔睨（nì）〕（田文镜）斜着眼看。

"汝不理县事而来①,何也?"曰:"有所启②。"曰:"印何在?"曰:"在中牟。"曰:"交何人?"曰:"李令。"田公干笑③,左右顾曰④:"天下摘印者宁有是耶?"皆曰:"无之。"两司起立谢曰⑤:"某等教饬亡素⑥,至有狂悖之员⑦,请公并劾⑧。鲁付某等严讯朋党情弊⑨,以惩余官⑩。"鲁免冠⑪,前叩首,大言曰⑫:"固也⑬,待裕言之。裕一寒士,以求官故来河南,得官中牟,喜甚,恨不连夜排衙视事⑭。不意入境时⑮,李令之民心如是,士心如是;见其人,知亏帑故又如是⑯。若明公已知其然而令裕往⑰,裕沽名誉⑱,空手归,裕之罪也;若明公未知其然而令裕往,裕归陈明⑲,请公意旨⑳,庶不负大君子爱才之心与圣上孝治天下之意㉑。公若以为无可哀怜,则再往取印未迟;不然,公辕外官数十,皆求印不得者也,裕何人,敢逆公意耶㉒?"田公默

---

①〔理〕治理。 ②〔启〕陈说,报告。 ③〔干笑〕冷笑。 ④〔左右顾〕向两旁看。 ⑤〔谢〕请罪。 ⑥〔教饬(chì)亡(wú)素〕平素教训不好。饬,训诫。亡,同"无"。素,旧,平素。 ⑦〔至〕至于。〔狂悖(bèi)〕疯狂悖逆。 ⑧〔并劾〕(连我们)一起弹劾。 ⑨〔朋党〕小集团。〔情弊〕实情和弊病。 ⑩〔惩〕警戒。〔余官〕其余的官员。 ⑪〔免冠〕摘下帽子(表示请罪)。 ⑫〔大言〕大声说。 ⑬〔固也〕本来是啊(表示承认总督和两司的话)。 ⑭〔排衙〕长官升堂,吏卒按规则各就其位,两排伺候。〔视事〕治事,办公事。 ⑮〔不意〕想不到。〔境〕边境,这里指中牟县地。 ⑯〔帑(tǎng)〕公款。 ⑰〔明公〕对上司的尊称。〔其然〕情况如此。 ⑱〔沽名誉〕买名誉,做些不平常的举动骗取好名声。 ⑲〔陈明〕陈述清楚。 ⑳〔意旨〕意向,主张。 ㉑〔大君子〕赞颂的称呼。〔圣上〕称皇帝。〔孝治天下〕勉励全国人孝敬父母尊长。 ㉒〔逆〕违抗。

然①。两司目之退②。鲁不谢③,走出。至屋霤外④,田公变色⑤,下阶呼曰:"来!"鲁入,跪。又招曰:"前!"取所戴珊瑚冠覆鲁头⑥,叹曰:"奇男子!此冠宜汝戴也。微汝⑦,吾几误劾贤员⑧。但疏去矣⑨,奈何⑩?"鲁曰:"几日?"曰:"五日,快马不能追也。"鲁曰:"公有恩,裕能追之。裕少时,能日行三百里,公果欲追疏,请赐契箭一枝以为信⑪。"公许之,遂行。五日而疏还。中牟令竟无恙⑫。以此鲁名闻天下。

承上段,写奇人奇事的圆满结果。

先是⑬,亮侪父某为广东提督,与三藩要盟⑭。亮侪年七岁,为质子于吴⑮。吴王坐朝,亮侪黄夹衫,戴貂蝉侍侧⑯。年少豪甚,读书毕,日与吴王帐下健儿学嬴越勾卒、掷涂赌跳之法⑰,故武艺尤绝人云⑱。

----

①〔默然〕不说话(表示考虑是非)。 ②〔目之〕向他递眼色。 ③〔不谢〕不告辞。 ④〔屋霤(liù)〕屋檐。霤,屋檐下承接雨水的设备。 ⑤〔变色〕这里指面色由铁青变为和蔼。 ⑥〔珊瑚冠〕清朝总督的常服,帽顶用镂花珊瑚。 ⑦〔微〕(如果)没有。 ⑧〔几(jī)〕几乎,差点儿。 ⑨〔疏(旧读 shù)〕奏章。 ⑩〔奈何〕怎么办。 ⑪〔赐〕赏给。〔契箭〕令箭。契,证。〔信〕凭证。 ⑫〔无恙〕没有受到处分。原意是没有疾病。 ⑬〔先是〕文言追叙以前事情的用语。 ⑭〔与三藩要(yāo)盟〕因三藩强力威胁而订盟约。三藩:吴三桂镇云南,封平西王;尚可喜镇广东,封平南王;耿精忠镇福建,封靖南王。这三人都是明朝降将。康熙时准备撤掉藩镇,三人一齐造反,不久被削平。要盟,谓以强力胁迫别人盟誓。 ⑮〔质子〕当作抵押的儿子。古代诸侯订盟,往往各派一个儿子到对方(或弱者一方派遣)做抵押。〔吴〕吴三桂。 ⑯〔貂蝉〕冠名。正方形,前有银花,上缀玳(dài)瑁(mào)蝉,左插貂尾。 ⑰〔嬴越〕秦国和越国。秦国国君姓嬴。〔勾卒〕越国创造的一种战术。〔掷涂赌跳〕用泥互相投掷的游戏。涂,泥。赌,比。 ⑱〔绝人〕超过他人。〔云〕语气助词。

补写鲁亮侪的幼年经历，本意仍在突出"奇"字。

【研读参考】一、"传"着重叙述一个人的生平，凡大事，不管善恶，都要记。"书……事"（题目有种种标法）这类文章则着重叙述一个人的部分可传之事。两种写法各有什么好处？

二、"予奠于白下沈氏，纵论至于鲁"，看这两句，可知受祭的人不是鲁亮侪。你能说说这样推断的理由吗？

三、指出本篇中所有作代词的"之"字，并说明各指代什么。

五五　笔记小说三则　纪昀

【解说】本篇分别选自《阅微草堂笔记》卷十六、卷十八、卷二十三。《阅微草堂笔记》包括《滦阳消夏录》《如是我闻》《槐西杂志》《姑妄听之》《滦阳续录》五种，共二十四卷，是作者老年在他的书斋阅微草堂（在今北京市虎坊桥略东）记他的见闻，仿六朝的笔记小说，写成的一部书。内容绝大部分是记鬼狐神怪故事，宣扬封建道德、因果报应；但是也有一部分，对于伪道学以及社会上一些不合理的现象持批判态度，还是可取的。所记内容丰富，东西南北，上下古今，三教九流，几乎无所不谈，又因为文笔质朴流利，能够引人入胜，所以二百多年来一直是各阶层都喜欢读的书。

这里选的三则，篇幅都不长，可是写得相当生动。虽然还有迷信成分，立意却是好的。文字浅显简洁也是个优点。

作者纪（旧读 jǐ）昀（yún）（1724—1805），字晓岚，清朝献县（今河北献县）人。乾隆十九年（1754）进士，任翰林院编修。曾犯罪被充军乌鲁木齐。官至礼部尚书、协办大学士。曾主编《四库全书》，作《四库全书总目提要》，这是我国目录学上一部重要典籍。传世著作还有《纪文达公遗集》等。

刘东堂言①

　　刘东堂言：狂生某者，性悖妄②，诋訾今古③，高自位置④。有指摘其诗文一字者⑤，衔之次骨⑥，或至相殴。值河间岁试⑦，同寓十数人⑧，或相识，或不相识，夏夜散坐庭院纳凉。狂生纵意高谈⑨。众畏其唇吻⑩，皆缄口不答⑪；惟树后坐一人抗词与辩⑫，连抵其隙⑬。理屈词穷，怒问："子为谁⑭?"暗中应曰⑮："仆焦王相也⑯。"（河间之宿儒⑰。）骇问："子不久死耶?"笑应曰："仆如不死，敢捋虎须耶⑱?"狂生跳掷叫号⑲，绕墙寻觅。惟闻笑声吃吃⑳，或在木杪㉑，或在檐端而已㉒。

　　讽刺狂妄自大的人作风恶劣，连鬼都厌恶他。

---

①〔刘东堂〕生平不详。 ②〔悖（bèi）妄〕荒谬狂妄。 ③〔诋（dǐ）訾（zǐ）今古〕对今人古人都看不起。诋，毁谤。訾，骂。 ④〔高自位置〕抬高自己的地位。 ⑤〔指摘〕挑出毛病。 ⑥〔衔之次骨〕恨极了。衔，含，心里记住。次，入，到。 ⑦〔值河间岁试〕正赶上河间府（府治在今河北河间）举行岁考。岁试，秀才考举人前的一种考试，三年举行一次。 ⑧〔同寓〕应岁试住在一起的。 ⑨〔纵意高谈〕随心所欲地高谈阔论。 ⑩〔唇吻〕（放肆的）口锋。 ⑪〔缄（jiān）口〕闭着嘴（不说话）。 ⑫〔抗词〕直言。 ⑬〔连抵其隙〕连续攻击他谈话中的漏洞。 ⑭〔子〕你（客气称呼）。 ⑮〔暗中〕表示别人看不见。 ⑯〔仆〕我（谦称）。〔焦王相（xiàng）〕姓焦，名王相。 ⑰〔宿儒〕有学问的老儒生。宿，素来。 ⑱〔捋（luō）虎须〕比喻舍命干什么事。 ⑲〔掷〕跳跃。 ⑳〔吃吃〕笑的声音。 ㉑〔木杪（miǎo）〕树梢。 ㉒〔檐端〕屋檐上。

奴子傅显①

奴子傅显，喜读书，颇知文义；亦稍知医药。性情迂缓②，望之如偃蹇老儒③。一日，雅步行市上④，逢人辄问⑤："见魏三兄否？"（奴子魏藻行三也。）或指所在。比相见⑥，喘息良久⑦。魏问相见何意。曰："适在苦水井前⑧，遇见三嫂在树下作针黹⑨，倦而假寐⑩，小儿嬉戏井旁，相距三五尺耳，似乎可虑⑪。男女有别，不便呼三嫂使醒，故走觅兄。"魏大骇，奔往，则妇已俯井哭子矣⑫。夫僮仆读书⑬，可云佳事。然读书以明理，明理以致用也⑭。食而不化，至昏愦僻谬⑮，贻害无穷⑯，亦何贵此儒者哉！

讽刺封建时代有些读书人，迷信道学而不通事理，不近人情，以致受害而仍自以为是。

戴东原言⑰

戴东原言：其族祖某⑱，尝僦僻巷一空宅⑲，久无人居。

---

①〔奴子傅显〕仆人名傅显。 ②〔迂缓〕拘泥，不爽快。 ③〔偃（yǎn）蹇（jiǎn）〕困顿，有气无力的样子。 ④〔雅步〕迈四方步慢走。 ⑤〔辄（zhé）〕就。 ⑥〔比〕及，到。 ⑦〔良久〕好久，好长时间。 ⑧〔适〕方才。 ⑨〔针黹（zhǐ）〕针线活。 ⑩〔假寐〕打盹（dǔn）儿。 ⑪〔可虑〕值得担心。 ⑫〔俯井〕俯在井旁。 ⑬〔僮〕年幼的仆人。 ⑭〔以致用〕借明理而得到好处。用，功用。 ⑮〔昏愦（kuì）〕糊涂。〔僻谬〕偏邪错误。 ⑯〔贻〕留。 ⑰〔戴东原〕戴震，字东原，清朝著名的学者。 ⑱〔族祖〕同族的祖父辈。 ⑲〔僦（jiù）〕租。

或言有鬼，某厉声曰①："吾不畏也。"入夜，果灯下见形，阴惨之气砭人肌骨②。一巨鬼怒叱曰③："汝果不畏耶？"某应曰："然④。"遂作种种恶状。良久，又问曰："仍不畏耶？"又应曰："然。"鬼色稍和⑤，曰："吾亦不必定驱汝，怪汝大言耳⑥。汝但言一'畏'字⑦，吾即去矣。"某怒曰："实不畏汝，安可诈言畏⑧？任汝所为可矣！"鬼言之再四⑨，某终不答。鬼乃太息曰⑩："吾住此三十余年，从未见强项似汝者⑪。如此蠢物⑫，岂可与同居？"奄然灭矣⑬。或咎之曰⑭："畏鬼者常情，非辱也，谬答以畏⑮，可息事宁人⑯。彼此相激⑰，伊于胡底乎⑱？"某曰："道力深者⑲，以定静祛魔⑳，吾非其人也。以气凌之㉑，则气盛而鬼不逼；稍有牵就，则气馁而鬼乘之矣。彼多方以饵吾㉒，幸未中其机械也㉓。"论者以其说为然。

　　对恶势力决不可迁就、退让；必须针锋相对，才能制服它。

------

①〔厉声〕严厉的声音（表示郑重其事）。②〔砭（biān）〕刺。原是指古代治病的石针。③〔叱（chì）〕大声责骂。④〔然〕正是。⑤〔色稍和〕面容渐转温和。⑥〔大言〕说大话，吹牛。⑦〔但〕文言多是"只"的意思。⑧〔诈言〕说假话。⑨〔再四〕很多次。再，两次。⑩〔太息〕长声叹气。⑪〔强项〕脖子硬，不肯低头（形容刚正不屈）。⑫〔蠢物〕蠢人（表示毫不随和）。⑬〔奄（yǎn）然〕很快地。⑭〔咎（jiù）〕责备。⑮〔谬〕假装。⑯〔息事宁人〕使事端平息，使敌方消气。⑰〔相激〕互相对抗。⑱〔伊于胡底〕到哪里为止呢？伊，助词。于，到。胡，何。底，尽头。《诗经·小雅·小旻（mín）》："我视谋犹（谋划为政之道），伊于胡底。"⑲〔道力〕指不受外力影响的修养。⑳〔定静〕心志坚定。〔祛（qū）魔〕除去邪魔。㉑〔以气凌之〕用正气压倒它。㉒〔饵〕引诱。㉓〔未中（zhòng）其机械〕没有中他的圈套。机械，害人的计谋。

【研读参考】古人的著作，因为受时代的局限，或者作者本人有这样那样的偏见，其中所记之事，所发表的议论，我们不可尽信。信什么，不信什么，为什么这样取舍，都要有个明确的认识。试以本篇为例证，说说你的认识。

五六　《鸣机夜课图》记　蒋士铨

【解说】本篇选自《忠雅堂文集》。鸣机,使织布机响,也就是正在织布。夜课,夜里教子女读书。《鸣机夜课图》是以蒋士铨母亲为主体的一幅行乐图。在旧时代,士大夫常常喜欢画行乐图,以表示自己的生活乐趣;妇女画行乐图的不多。这幅图也是遵守当时的习俗,以妇女为主体,主旨不在表示想如何行乐,而在表示有哪些超出常人的美德。蒋士铨的母亲安贫、耐苦、勤劳,对父母孝,对子女慈,相夫教子,终于使蒋士铨成为有成就的文学家,这些行事虽然都不出旧道德的范围,但历史地看,总是值得赞扬的。

记是图的说明,说明要有重点。重点是颂扬母德,所以文章布局不是先说图,而是以时间先后为纲,写母亲的事迹。母亲一生事迹很多,材料要有剪裁,办法是突出一个"贤"字。写母亲的事迹,不作概括说明,多用形象描写,所以能够生动而感人。

作者蒋士铨(1725—1785),字心余,又字苕(tiáo)生,号清容,别号藏园,清朝铅山(今江西铅山)人。乾隆二十二年(1757)进士,曾任翰林院编修。工古文。诗也很有名,与袁枚、赵翼合称"江右三大家"。兼精南北曲,作杂剧和传奇十六种,其中《临川梦》等九种合称《藏园九种曲》。戏曲、诗、文等合为《忠雅堂全集》。

吾母姓钟氏①,名令嘉,字守箴,出南昌名族②,行九③。幼与诸兄从先外祖滋生公读书④。十八归先府君⑤。时府君年四十余,任侠好客⑥,乐施与⑦,散数千金⑧,囊箧萧然⑨,宾从辄满座⑩。吾母脱簪珥⑪,治酒浆⑫,盘罍间未尝有俭色⑬。越二载,生铨,家益落⑭,历困苦穷乏人所不能堪者,吾母怡然无愁蹙状⑮,戚党人争贤之⑯。府君由是计复游燕赵间⑰,而归吾母及铨寄食外祖家⑱。

先介绍母亲的为人:姓名,家世,婚后的概括经

---

①〔钟氏〕晚年号甘荼(tú)老人。著有《柴车倦游集》。②〔出〕出身于。〔南昌〕今江西南昌。〔名族〕大族。③〔行(háng)九〕排行第九。古代常常把同曾祖父或同祖父的兄弟或姐妹按年岁大小统一排行。④〔先外祖滋生公〕(蒋士铨的)外祖父字滋生。先,称已经不在世的长辈或同辈。"公"是尊称。⑤〔归〕嫁。《诗经》里有"之子于归"的话。〔府君〕原是汉朝对太守的称呼,后来作为对死去的父、祖辈的敬称。蒋士铨的父亲名坚,字非磷,号适园。精于法家的学问。著有《律断》等。⑥〔任侠〕以行侠义事自任,喜好侠义的行为。⑦〔施与〕以财物帮助别人。⑧〔千金〕一千两银子。⑨〔箧(qiè)〕小箱子。〔萧然〕稀少,冷落。这里是说没有钱。⑩〔宾从〕宾客和伴随的人。〔辄〕总是。⑪〔脱簪珥(ěr)〕摘下首饰(卖掉)。珥,耳环。⑫〔浆〕原指淡酒,也可称一般酒。⑬〔盘罍(léi)间〕菜和酒的方面。罍,一种像坛子的酒器。〔俭色〕不丰满的情况。⑭〔益落〕更衰落了,更穷了。⑮〔怡然〕和悦的样子。〔蹙(cù)〕皱眉头。⑯〔戚党人〕亲戚们。〔贤之〕以她为贤,说她贤惠。⑰〔计〕计划。〔燕(yān)赵〕今北京、河北一带。⑱〔寄食〕依靠别人过活。

历。一起笔已经突出一个"贤"字。

铨四龄,母日授四子书数句①。苦儿幼不能执笔②,乃镂竹枝为丝断之③,诘屈作波磔点画④,合而成字,抱铨坐膝上教之。既识,即拆去。日训十字,明日令铨持竹丝合所识字,无误乃已。至六龄,始令执笔学书⑤。

从这一段起转入具体写。大致是以时间先后为经,以记行事之可歌可泣者为纬,用工笔描画。此段暗示己身之成就皆母亲一人之力。

先外祖家素不润⑥,历年饥⑦,大凶⑧,益窭乏⑨。时铨及小奴衣服冠履⑩,皆出于母。母工篹绣组织⑪,凡所为女红⑫,令小奴携于市,人辄争购之。以是⑬,铨及小奴无褴褛状⑭。

以勤苦度荒年,以勤苦养弱小。

先外祖长身白髯⑮,喜饮酒,酒酣⑯,辄大声吟所作诗,令吾母指其疵⑰。母每指一字,先外祖则满引一觥⑱,数指

---

①〔四子书〕宋朝淳熙年间,《论语》《孟子》和从《礼记》中抽出的《大学》《中庸》,合称四书,也称四子书。以后科举列为考试科目。 ②〔苦〕以……为苦,以……为困难。 ③〔镂(lòu)〕雕刻,这里是劈开的意思。 ④〔诘屈〕曲折。〔波磔(zhé)点画〕都是字的笔画。波,撇。磔,捺。画,横笔。 ⑤〔学书〕学写字。 ⑥〔素〕向来。〔润〕丰裕。 ⑦〔历年饥〕经过荒年。 ⑧〔凶〕五谷不收。 ⑨〔益〕更加。 ⑩〔小奴〕年岁小的仆人。 ⑪〔工篹(zuǎn)绣组织〕长于编织刺绣等女工。篹,编织。组,织带。织,织布。 ⑫〔红(gōng)〕这里同"工"。 ⑬〔以是〕因此。 ⑭〔褴(lán)褛(lǚ)〕衣服破旧。 ⑮〔髯(rán)〕胡须。原指生在两颊的。 ⑯〔酒酣(hān)〕饮酒足量。 ⑰〔疵(cī)〕毛病,缺点。 ⑱〔引〕取饮。〔觥(gōng)〕古代的一种酒器。

之后①，乃陶然捋须大笑②，举觞自呼曰③："不意阿丈乃有此女④！"既而摩铨顶曰："好儿子！尔他日何以报尔母？"铨稚，不能答，投母怀，泪涔涔下⑤。母亦抱儿而悲。檐风几烛⑥，若愀然助人以哀者⑦。

> 从外祖眼里看母亲，孝而有才学。诗酒中忽而转写泪，是母亲忧患一生的照应写法。

记母教铨时，组绣绩纺之具毕陈左右⑧，膝置书，令铨坐膝下读之。母手任操作，口授句读⑨，咿唔之声与轧轧相间⑩。儿怠，则少加夏楚⑪。旋复持儿泣曰⑫："儿及此不学，我何以见汝父？"至夜分，寒甚⑬，母坐于床，拥被覆双足，解衣以胸温儿背，共铨朗诵之。读倦，睡母怀。俄而母摇铨曰⑭："可以醒矣。"铨张目视母面，泪方纵横落。铨亦泣。少间⑮，复令读。鸡鸣卧焉。诸姨尝谓母曰："妹一儿也，何苦乃尔⑯？"对曰："子众可矣，儿一不肖⑰，妹何

---

① 〔数（旧读 shuò）〕屡次，几次。② 〔陶然〕醉醺醺的样子。③ 〔觞（shāng）〕酒杯。④ 〔不意〕想不到。〔阿丈〕老夫。〔乃〕竟。⑤ 〔涔（cén）涔〕连续流下的样子。⑥ 〔檐风几烛〕从檐下吹入的风和几上的烛火。这里指风摇烛火。⑦ 〔愀（qiǎo）然〕悲凉的样子。⑧ 〔组绣绩纺之具〕做女工的器具。绩，纺麻。纺，纺纱。〔毕〕都。〔陈〕放在。⑨ 〔句读（dòu）〕文句的停顿之处。读，比句短的停顿，相当于现在点逗号的地方。⑩ 〔咿（yī）唔（wú）〕读书的声音。〔轧轧〕纺车的声音。〔相间（jiàn）〕互相夹杂。⑪ 〔加夏（jiǎ）楚〕用棍子处罚。夏，通"榎"，即榎木；楚，荆木。此二物都是旧时学校的体罚用具。⑫ 〔旋〕不久，随后。〔持〕抱。⑬ 〔夜分〕半夜。⑭ 〔俄〕俄顷，不久。⑮ 〔少间（jiàn）〕稍过一会儿。间，隔开。⑯ 〔乃尔〕竟如此，竟这样。⑰ 〔不肖〕不好，不成材。肖，相似。

托焉①?"

> 兼写勤苦与教子。就母亲的一生说,这并非突出的事;然而是本文的重点,因为这是《鸣机夜课图》的张本。

庚戌②,外祖母病且笃③,母侍之,凡汤药饮食④,必亲尝之而后进,历四十昼夜无倦容。外祖母濒危⑤,泣曰:"女本弱⑥,今劳瘁过诸兄,惫矣⑦。他日婿归⑧,为言我死无恨,恨不见女子成立。其善诱之⑨!"语讫而卒⑩。母哀毁骨立⑪,水浆不入口者七日,闾党姻亚⑫,一时咸以孝女称⑬,至今弗衰也。

> 前面已写过其母如何侍奉外祖父,这里写如何侍奉外祖母,仍是借孝亲之事突出"贤"字。

铨九龄,母授以《礼记》《周易》《毛诗》⑭,皆成诵⑮。暇更录唐宋人诗,教之为吟哦声。母与铨皆弱而多病。铨每病,母即抱铨行一室中,未尝寝;少瘥,辄指壁间诗歌,教儿低吟之以为戏。母有病,铨则坐枕侧不去⑯。母视铨,

---

①〔托〕依托,依靠。 ②〔庚戌〕雍正八年(1730)。 ③〔病且笃〕病很重。笃,病重到危险的程度。 ④〔汤药〕药的汤剂。 ⑤〔濒(bīn)危〕将死的时候。濒,临近。 ⑥〔女〕这里同"汝"。下文"女子"的"女"同。 ⑦〔惫〕很疲乏。 ⑧〔他日〕以后。 ⑨〔其〕表示希望语气,意思近于"当"。〔诱〕教导。 ⑩〔讫(qì)〕完毕。 ⑪〔骨立〕只有骨架子支持着。形容过于消瘦。 ⑫〔闾(lú)党姻亚〕同乡和亲戚。闾,乡里。原指里巷的大门。姻亚,有通婚关系的亲戚。姻,儿女亲家相称。亚,即"娅",姐妹之夫相称。 ⑬〔咸〕都,全。 ⑭〔《礼记》〕汉朝戴圣辑的讲古代礼法的书。〔《周易》〕《易经》。因为是周朝占卜的书,所以又名《周易》。〔《毛诗》〕《诗经》。因为是汉朝毛亨传下来的,所以又名《毛诗》。 ⑮〔成诵〕能背过。 ⑯〔不去〕不离开。

辄无言而悲,铨亦凄楚依恋之①。尝问曰:"母有忧乎?"曰:"然②。""然则何以解忧?"曰:"儿能背诵所读书,斯解也③。"铨诵声琅琅然④,与药鼎沸声相乱⑤,母微笑曰:"病少差矣⑥。"由是母有病,铨即持书诵于侧,而病辄能愈。

进一步写教子读书。子年渐长,因而教材教法都与过去有别。

十岁,父归。越一载,复携母及铨,偕游燕、秦、赵、魏、齐、梁、吴、楚间⑦。先府君苟有过,母必正色婉言规⑧。或怒不听,则屏息⑨,俟怒少解,复力争之,听而后止。先府君每决大狱⑩,母辄携儿立席前⑪,曰:"幸以此儿为念⑫!"府君数颔之⑬。先府君在客邸⑭,督铨学甚急,稍息,即怒而弃之⑮,数日不及一言⑯。吾母垂涕扑之,令跪读至熟乃已,未尝倦也。铨故不能荒于嬉⑰,而母教由是益以严。

──────

① 〔凄楚〕悲伤的样子。 ② 〔然〕是这样。 ③ 〔斯〕此,这样。 ④ 〔琅(láng)琅〕清朗的(读书)声。 ⑤ 〔药鼎〕煎药的锅。〔相乱〕搅在一起。 ⑥ 〔病少差(chài)〕病好一些。差,同"瘥",病愈。 ⑦ 〔燕、秦、赵、魏、齐、梁、吴、楚〕都是春秋战国时国名。梁即魏,这里说重了。以上这些古地名,指今河北、陕西、河南、山东、江苏、湖北、湖南等地。 ⑧ 〔规〕劝。 ⑨ 〔屏(bǐng)息〕收敛呼吸(形容恭谨)。屏,抑制。 ⑩ 〔决大狱〕判决死刑的案件。 ⑪ 〔席〕座位。 ⑫ 〔幸以此儿为念〕意思是,务必要宽大,积阴德,以求儿子将来能够前程远大。这是迷信的说法。幸,热切盼望。 ⑬ 〔数颔(hàn)之〕屡次点头。表示同意这句话。 ⑭ 〔客邸(dǐ)〕旅居在外的住宅。 ⑮ 〔弃之〕不理他。 ⑯ 〔不及一言〕不说一句话。及,牵涉。 ⑰ 〔荒于嬉〕荒废于游戏。

垂短发,持羽扇,煮茶石上者,则奴子阿同,小婢阿昭也。图成,母视之而欢。

> 扣紧本题,写《鸣机夜课图》的具体景象。"母视之而欢",再一次叙明母志,照应"贤"字。

铨谨按吾母生平勤劳①,为之略②,以进求诸大人先生之立言而与人为善者③。

> 结尾写明作此文的目的:征大人先生题词,以更广泛地宣扬母亲的美德。

【研读参考】一、我们常说,写文章,形式要为内容服务,就是说,不管你怎样写,关键是要把你想表达的思想感情恰如其分地表达出来。体裁不拘,字数可多可少。同样体裁,甚至同一题目,写法也可以千变万化。本篇就题目看是记一幅图,可是说明图的话却不占主要地位,说说所以这样写的道理。

二、母亲才学高,你读本篇时是怎样看出来的?表现最突出的是哪件事?这样写有什么好处?

三、"吾母垂涕扑之"是写母亲打孩子,"略无离别可怜之色"是写母亲不在乎离别,这是想表现母亲的什么思想感情?

四、"贤之",意思是以她为贤。像这样,形容词(贤)带宾语(之),一般称为"意动用法"。这是文言中常见的一种特殊用法。看看本篇还有这种用法没有,如有,指出来。

---

① 〔按〕察,根据。 ② 〔略〕事略,简单的传记。 ③ 〔诸〕之于。〔大人先生〕有地位有声望的人。〔立言而与人为善者〕写文章表扬好事的。立言,著书立说。与,赞助。《孟子·公孙丑上》有"故君子莫大乎与人为善"的话。

五七　弈喻 钱大昕

【解说】 本篇选自《潜研堂文集》。弈喻，用下棋打比方，借下棋的事来讲道理。弈，棋，这里指围棋。这是一篇用比喻来讲道理的文章，性质是议论文。借故事（主角可以是人，也可以是各种动物）来讲道理，是古人常用的方法。又大致可以分为两类：一种是只讲故事而不点明所要阐明的道理，我们读的寓言常常是这样；一种是先讲故事而接着发挥由故事悟出的道理。本篇是后一种写法。

　　文章简明。布局有剪裁，意思一层比一层深。主旨在警诫主观臆断、骄傲自大、强不知以为知的人，而不是说并没有真理。这同我们现在推崇的虚心求知的治学态度是有相通之处的。

　　作者钱大昕（xīn）（1728—1804），字晓徵，号辛楣（méi），又号竹汀，清朝嘉定（今上海市嘉定区）人。乾隆十九年（1754）进士。官至少詹事。学问很渊博，在考证方面，尤其声韵方面贡献很大。一生多在各书院讲学。著有《廿二史考异》《十驾斋养新录》《恒言录》《潜研堂文集》等。

予观弈于友人所①。一客数败②,嗤其失算③,辄欲易置之④,以为不逮己也⑤。顷之⑥,客请与予对局⑦,予颇易之⑧。甫下数子⑨,客已得先手⑩。局将半,予思益苦⑪,而客之智尚有余。竟局数之⑫,客胜予十三子。予赧甚⑬,不能出一言。后有招予观弈者,终日默坐而已。

先写自己下棋,眼高手低的事实,为下文的议论做准备。

今之学者读古人书⑭,多訾古人之失⑮;与今人居⑯,亦乐称人失。人固不能无失⑰,然试易地以处⑱,平心而度之⑲,吾果无一失乎⑳?吾能知人之失而不能见吾之失,吾能指人之小失而不能见吾之大失,吾求吾失且不暇㉑,何暇论人哉!

承上文,联想到治学明理,亦应多考虑自己的失误。

弈之优劣㉒,有定也㉓,一着之失㉔,人皆见之,虽护前

---

①〔所〕处所,住的地方。 ②〔数(旧读 shuò)〕屡次。 ③〔嗤(chī)〕讥笑。〔失算〕算计得不好。 ④〔辄欲易置之〕就想换个地方放棋子。意思是替人下。 ⑤〔逮(dài)〕及,赶上。 ⑥〔顷之〕过一会儿。 ⑦〔对局〕比赛下棋。局,棋盘。下棋一次叫一局。 ⑧〔易之〕轻视他。 ⑨〔甫〕刚刚。 ⑩〔先手〕下棋时主动的形势。 ⑪〔益苦〕更加辛苦,意思是难以想出招数。 ⑫〔竟〕完了。〔数(shǔ)之〕计算棋子(以定胜负情况)。 ⑬〔赧(nǎn)甚〕很惭愧。赧,脸红。 ⑭〔学者〕求学的人。 ⑮〔訾(zǐ)〕挑毛病,说坏话。〔失〕(学问上的)缺欠,错误。 ⑯〔居〕相处。 ⑰〔固〕本来。 ⑱〔易地〕彼此交换地位。 ⑲〔平心〕心平气和地,冷静地。〔度(旧读 duó)〕推测,估计。 ⑳〔果〕真。 ㉑〔不暇〕没时间,忙不过来。 ㉒〔优劣〕(棋艺)高低。 ㉓〔定〕定准,公认的准则。 ㉔〔一着(zhāo)〕走一步棋。

者不能讳也①。理之所在，各是其所是，各非其所非②，世无孔子③，谁能定是非之真④？然则人之失者未必非得也⑤，吾之无失者未必非大失也，而彼此相嗤，无有已时⑥，曾观弈者之不若已⑦。

更进一步，说明事理方面的是非不像下棋那样明显，不能自省就更糟。

【研读参考】一、借故事来讲道理的文章，你还读过哪些？用这种形式发表议论有什么好处？
二、讲解本篇的"易""是""非""已"四字。

---

①〔护前〕回护以前的失误。《三国志·朱桓传》："桓性护前，耻为人下。"〔讳（huì）〕隐瞒不说。 ②〔各是其所是，各非其所非〕赞成自以为正确的，反对自以为不正确的。 ③〔无孔子〕意思是没有大智的圣人。 ④〔是非之真〕真正的是非。 ⑤〔失〕意思是表面看来是错误。〔得〕意思是道理正确。 ⑥〔无有已时〕没完没了。 ⑦〔曾（zēng）观弈者之不若已〕简直连看棋的人都赶不上了。曾，乃，竟。不若，不如。已，同"矣"。

五八　《遣戍伊犁日记》选　洪亮吉

【解说】本篇节选自《遣戍（shù）伊犁日记》。戍，戍边，在边疆驻守。伊犁，在新疆西部。洪亮吉于乾隆末年起任翰林院编修，嘉庆四年（1799）八月二十四日上书批评时政，内有"视朝稍宴（晚），小人荧惑"等句，触犯了嘉庆皇帝，被抓进刑部监狱。两天之后判处死刑，皇帝假慈悲，装模作样，减为充军。二十七日就起程，共行一百六十多天才到伊犁戍所。行路期间，将军保宁曾上奏本，说"该员（指洪亮吉）如蹈故辙，即一面正法（杀），一面入奏"，幸而皇帝批了个"此等迂腐之人，不必与之计较"，才算活了命。第二年（1800）四月，皇帝因为求雨不灵，又因为感到不再有人敢议论时政，于是沽名钓誉，下诏求直言，并说洪亮吉的奏本"实无违碍之句，仍有爱君之诚"，"所论实足启沃朕心，故铭诸座右，时常观览"，洪亮吉才获释还乡。可是一直在家乡住闲，没有再被任用。在往戍所的路上，他每天记日记。文字有长有短，都写得简练而翔实，有血有肉。这里选了十天的，我们可以从中领悟日记的写法。

作者洪亮吉（1746—1809），字君直，又字稚存，号北江，遣戍赦还后号更生居士，清朝阳湖（今江苏常州）人。乾隆五十五年（1790）一甲第二名进士。任翰林院编修，充国史馆纂修官。学问渊博，思想通达。经学、史学，尤其地理学，都很精。诗、古文、骈文也都写得很好。著作很多，合为《洪北江全集》。

  （嘉庆四年八月）二十六日①——五更上刑具②，复车押至内西华门外都御史衙门③，听候军机王大臣会同刑部严审④。未刻讯毕入奏⑤，照大不敬律拟斩立决⑥。次日恩旨⑦，从宽免死，改发伊犁⑧，交将军保宁严加管束⑨。
  写明遣戍伊犁的来由，并暗示刑罚的严酷。
  （九月）初四日——未刻抵保定⑩，稍补缀衣履⑪。日夕，清苑令李君来访⑫。李君，上蔡人⑬，由举人入官⑭。初不相知⑮，慰劳甚至，并致赆及食物⑯，却之不得⑰。谈次⑱，

----

① 〔嘉庆〕清仁宗的年号。〔四年〕公元 1799 年。〔八月〕阴历八月。② 〔上刑具〕戴上刑具。指手铐（kào）脚镣（liào）之类。③ 〔复〕又。〔车押〕用囚车押送。〔内西华门〕指紫禁城的西门。〔都御史〕都察院的长官。都察院是最高监察机关。④ 〔军机王大臣〕军机处的亲王和大臣。军机处是雍正年间设置的，由亲王（历代宗室的封号，一般是皇帝的兄弟和皇子）、大学士、尚书、侍郎等高级官员组成，处理军国要务、官员任免等大事。〔刑部〕最高的司法机关。⑤ 〔未刻〕下午一时至三时。〔入奏〕进入朝廷，奏明皇帝。⑥ 〔大不敬〕不敬皇帝的重罪。〔拟〕判处。〔斩立决〕判死刑并立刻（不等秋后）处决。斩，杀头。⑦ 〔恩旨〕皇帝宽大的命令。⑧ 〔改〕改变判决。〔发〕遣送。⑨ 〔将军〕清朝在边疆地区特设的高级武官。⑩ 〔保定〕今河北保定。⑪ 〔缀（zhuì）〕缝。〔履〕鞋。⑫ 〔清苑令〕清苑县的知县（驻保定）。⑬ 〔上蔡〕今河南上蔡。⑭ 〔由举人入官〕以举人的身份入仕途。⑮ 〔不相知〕不认识。⑯ 〔致〕送给。〔赆（jìn）〕送行的钱财。⑰ 〔却〕推辞。⑱ 〔谈次〕谈话之间。次，中间。

表弟赵孝廉钟书、江宁陈上舍淳继至[①],各持说部书一二种相赠[②],备道中流览。

路过保定的情况,着重写官绅的盛谊。

十六日——行七十里,宿榆次县城外西关[③]。知县仁和陈君日寿来访[④],询之,庚子同年也[⑤]。剧谈至夜[⑥],为料理一切甚好,并馈赆乃去[⑦]。夜半,教谕朔平崔君登云率诸生何郁曾等来谒[⑧],家人辞以久睡,乃坐门外待曙[⑨]。余知之,急起延入[⑩]。崔君选拔贡[⑪],何生年已七十,各携酒果来饷[⑫]。余嘉其意[⑬],受之。濒行[⑭],各袖出赆金以馈[⑮]。余不得已,受崔君二金[⑯],余并却之[⑰]。送客出,复偃卧[⑱],半晌方晓[⑲]。

记榆次知县、教谕等的殷勤。

(十月)十一日——晴。行五十里,渡渭河[⑳],宿咸阳

---

① 〔孝廉〕举人的别称。〔江宁〕今江苏南京。〔上舍〕监生的别称。〔继至〕接着来到。 ② 〔说部书〕小说一类的书。 ③ 〔榆次县〕在山西省。 ④ 〔仁和〕县名,在今浙江杭州。 ⑤ 〔庚子同年〕乾隆四十五年(庚子,1780)顺天府乡试同榜考中举人。旧时代,同榜考中举人、进士的人互称"同年"。 ⑥ 〔剧谈〕畅谈。 ⑦ 〔馈(kuì)〕赠送。 ⑧ 〔教谕〕县学的学官,主持文庙(孔庙)祭祀,教诲所属生徒。〔朔平〕今山西右玉。〔诸生〕县学生员,也就是秀才。〔谒(yè)〕进见长者或位高的人。 ⑨ 〔待曙〕等天亮。 ⑩ 〔延入〕请进来。 ⑪ 〔拔贡〕国子监肄业的五种生员之一。清朝制度,每十二年由各省学政(管考试的官)考选品学兼优的生员保送国子监,称为拔贡。选拔贡,被选为拔贡。 ⑫ 〔饷〕赠送食物。 ⑬ 〔嘉〕赞赏。 ⑭ 〔濒(bīn)〕临。 ⑮ 〔袖出〕从袖中取出。 ⑯ 〔二金〕二两银子。 ⑰ 〔余〕其他。〔却〕辞掉。 ⑱ 〔偃(yǎn)卧〕仰面而卧,睡。 ⑲ 〔半晌〕好一会儿。〔晓〕天亮。 ⑳ 〔渭河〕陕西省中部的大河,向东流入黄河。

城内客馆①。馆甚幽敞②,月光亦倍皎洁。因忆壬寅年冬与孙兵备星衍同宿此③,已十八年矣,不胜今昔之感④。

记行经旧游之地。

(十一月)初三日——行一百二十里,宿。迂道至金县⑤,新月已上。县僻无逆旅⑥,寄宿野人家⑦。见禾黍满阶⑧,纺车盈侧⑨,觉田庐之乐矣⑩。卧,甚适。

记宿野人家,向往田园生活。

(十二月)二十六日——平明入南山⑪。一路老柳如门⑫,飞桥无数,青松万树,碧涧千层⑬,云影日辉⑭,助其奇丽,忘其为塞外矣⑮。过岭,风色顿殊⑯,雪飘如掌⑰。阑干千尺⑱,直下难停,岭头一外委率十余兵助挽始下⑲。至晚,雪已盈丈。是日行七十里,宿松树塘,已无径路,望夹道松株方克前进⑳。抵旅舍,已定更矣㉑。

---

① 〔咸阳〕县名,在渭河北岸,西安以西四十里。〔客馆〕县内招待宾客的地方。 ② 〔幽敞〕幽静宽敞。 ③ 〔壬寅年〕乾隆四十七年(1782)。〔兵备〕加兵备衔的道员。〔孙星衍〕字渊如,阳湖人。乾隆进士。官至山东督粮道。早年文辞华美,后则专攻经史。著作很多。 ④ 〔不胜(shēng)〕禁不住。 ⑤ 〔迂道〕绕道。〔金县〕在兰州东九十里,今已撤销。 ⑥ 〔僻〕偏僻。〔逆旅〕旅店。逆,迎。旅,旅客。 ⑦ 〔野人家〕百姓家。 ⑧ 〔禾黍满阶〕收的禾黍放在院里,压上台阶。 ⑨ 〔盈侧〕旁边放着不少。盈,满。 ⑩ 〔田庐〕农家。 ⑪ 〔平明〕天亮。〔南山〕这里指天山。 ⑫ 〔老柳如门〕高大的柳树排在两旁。 ⑬ 〔碧涧〕碧绿的山涧。 ⑭ 〔日辉〕日光。 ⑮ 〔塞外〕远离内地的地方。 ⑯ 〔风色〕风光。 ⑰ 〔如掌〕形容雪花大。 ⑱ 〔阑干〕横斜,形容路陡蒙雪的样子。 ⑲ 〔外委〕额外的低级武官,如外委千总、外委把总。 ⑳ 〔方〕才。〔克〕能。 ㉑ 〔已定更〕已入更,一更之后。

记过南山遇大雪,景物的美丽及路途的惊险。

(嘉庆五年一月)十五日——五鼓行①。四十里过阜康县②。又七十里抵黑沟,日平西。重车至定更方到③,因分饷酒肉。是日寒不可耐,篝火亦不温④。然饭后尚南北行各半里许,山光四面扑人,冰雪中爆竹一两声⑤,惟见山禽桀桀、村犬狺狺而已⑥。是夕,寒不能寐。

记元宵节过黑沟,酷寒中散步所见。

二十三日——平明行。早日晴和,觉塞上春光艳如吴越⑦。元宵灯火,社日鸡豚⑧,欹枕车箱⑨,忽然念及⑩,可云遐想矣⑪。是日行八十里,抵乌兰乌素口宿⑫,日欲西。

记边地风光引起思念故乡的遐想。

(二月)初六日——稍晴复雪。待重车至,日晡方到⑬。是日仅食炒米数撮。屋前后左右皆松涛声⑭。吴越中得此一二株即以为佳树,至此则断作槽⑮,析为薪⑯,铺作道,皆

————

① 〔五鼓〕五更,天快亮的时候。 ② 〔阜康县〕在乌鲁木齐北六十里。 ③ 〔重车〕载行李的车。 ④ 〔篝(gōu)火〕放在笼中取暖的火。〔篝〕笼。 ⑤ 〔爆竹〕鞭炮。旧俗元宵节张灯,放鞭炮。 ⑥ 〔桀(jié)桀〕鸟叫声。〔狺(yín)狺〕狗叫声。 ⑦ 〔吴越〕江苏、浙江。泛指苏杭一带。 ⑧ 〔社日鸡豚(tún)〕社日祭地,杀鸡杀猪,乡里人集在一起宴会。一年两次,日期各朝不一致,大致春分前后是春社,秋分前后是秋社。豚,小猪。韩愈《南溪始泛》:"愿为同社人,鸡豚宴春秋。" ⑨ 〔欹(qī)枕〕斜卧。〔车箱〕车厢,车里。 ⑩ 〔念及〕想到吴越的节日。 ⑪ 〔遐(xiá)想〕遥远的思念,空想。 ⑫ 〔乌兰乌素口〕在石河子附近。 ⑬ 〔晡(bū)〕傍晚。 ⑭ 〔松涛〕风吹松林,声如波涛,称为松涛。 ⑮ 〔断作槽〕砍断制为马槽。 ⑯ 〔析为薪〕劈开做柴。

百丈青松也，又不止屈作屋材而已①。

记松林，有怀才不遇的感慨。

初十日——破曙②，行六十里，至绥定城同里赵君处早饭③。又行三十里抵大城④，泥泞难行。因下车步入城，泥没靴及膝⑤。至将军衙门报到。

记到达戍所。

【研读参考】 一、日记是一种非常自由的文体。记自己一天的经历，内容有个范围，却又可以千变万化，可长可短——有话多说，无话少说。写自己的活动，活动多种多样，因而题材也就多种多样。可以写见闻，也可以写思想感情。自己活动不能离开外界，因而也就可以写别人，写景物。布局也可随意，按时间顺序，不按时间顺序，以叙事为主，以议论为主，都可以。因此，写日记是练习写作的一种好方法。如果你过去没有写日记的习惯，最好从现在起每天写日记。

二、本篇是充军往戍所时写的日记，当然不敢明白写自己的思想感情。可是间或也表示出一点点，你能指出是哪些地方吗？

---

① 〔不止〕不只。〔屈作屋材〕委屈它做盖屋的材料。意思是它有更大的用处，盖普通房屋已经是可惜了。 ② 〔破曙〕太阳刚出来。 ③ 〔绥定〕今新疆维吾尔自治区霍城县。〔同里〕同乡。 ④ 〔大城〕指伊宁城。伊犁道的首府。 ⑤ 〔没靴及膝〕没过靴子，直到膝部。

五九　说钓　吴敏树

【解说】本篇选自《桕（pán）湖文录》。题目"说钓"，看文章内容，知道意义是双关的：由表面看是说钓鱼的情况和道理，深入一步看是议论追求功名利禄的无谓。"钓"字的本义是用钩取鱼，引申义是诱取其他东西，题目是兼用这两个意义。

文章的本意是反对追求功名利禄，因为想说得浅显易解，所以引钓鱼的事为比喻。比喻的话说得比较详，这样，转到正题就可以轻轻一点而把道理说得十分明白。最后笔锋一转，说是宁可安于钓鱼而不求其他，由文字看是退让一步，由生活旨趣看是安于淡泊之心更加坚定，这在写法上是很巧妙的。

作者吴敏树（1805—1873），字本深，号南屏，清朝巴陵（今湖南岳阳）人。道光举人。曾任浏阳县教谕。能古文，风格接近桐城派。诗学黄庭坚。为人不求名利，晚年过读书写作生活。著有《桕湖文录》《桕湖诗录》等。

余村居无事，喜钓游[1]。钓之道未善也[2]，亦知其趣

---

[1]〔钓游〕出去钓鱼。　[2]〔道〕方法。〔未善〕不高明。

焉①。当初夏、中秋之月②,早食后,出门而望,见村中塘水,晴碧泛然③,疾理竿丝④,持篮而往。至乎塘岸⑤,择水草空处,投食其中,饵钩而下之⑥。蹲而视其浮子⑦,思其动而掣之⑧,则得大鱼焉⑨。无何⑩,浮子寂然⑪;则徐牵引之⑫,仍自寂然⑬。已而手倦足疲⑭,倚竿于岸,游目而观之⑮,其寂然者如故。盖逾时始得一动⑯,动而掣之则无有。余曰:"是小鱼之窃食者也⑰,鱼将至矣。"又逾时,动者稍异,掣之得鲫,长可四五寸许⑱。余曰:"大者可得矣。"起立而伺之⑲,注意以取之,间乃一得⑳,率如前之鱼㉑,无有大者。日方午㉒,腹饥,思食甚,余忍而不归以钓㉓。是村人之田者皆毕食以出㉔,乃收竿持鱼以归。归而妻子劳问㉕:"有鱼乎?"余示以篮而一相笑也㉖。及饭后仍出,更诣别塘求钓处㉗。逮暮而归㉘,其得鱼与午前比㉙。或一日得鱼稍大

————

① 〔趣〕旨趣,其中的关节。 ② 〔初夏〕阴历四月。〔中秋之月〕阴历八月。 ③ 〔晴碧泛然〕晴空下绿水荡漾。泛,水广。 ④ 〔疾〕急忙。〔理〕整治。〔竿丝〕钓竿和钓丝。 ⑤ 〔乎〕于。 ⑥ 〔饵钩〕把饵放在鱼钩上。饵,引诱鱼的食物。 ⑦ 〔浮子〕鱼漂儿。系于钓丝而浮在水面的小竹木片。 ⑧ 〔掣(chè)〕拉。 ⑨ 〔则得大鱼〕这也是想象的,并未真得。 ⑩ 〔无何〕过一会儿,没多久。 ⑪ 〔寂然〕没有动静。 ⑫ 〔徐〕缓慢。 ⑬ 〔仍自〕仍然原来那样。 ⑭ 〔已而〕不久之后。 ⑮ 〔游目〕放眼。 ⑯ 〔逾时〕过些时候。 ⑰ 〔是〕此,这。下文"是村人""是望而往"的"是"同。 ⑱ 〔可〕大约。〔许〕表约数的词。 ⑲ 〔伺(sì)〕观察,守候。 ⑳ 〔间(jiàn)〕隔些时。 ㉑ 〔率〕大抵。 ㉒ 〔方午〕刚刚中午。方,正当。 ㉓ 〔以钓〕而钓。 ㉔ 〔田者〕种田的,做农活的。〔毕食〕吃完饭。 ㉕ 〔劳(旧读 lào)〕慰劳。 ㉖ 〔一相笑〕相互一笑。 ㉗ 〔诣(yì)〕往,到。〔求〕寻找。 ㉘ 〔逮〕到。 ㉙ 〔比〕相同。

者某所①,必数数往焉②,卒未尝多得③,且或无一得者。余疑钓之不善,问之常钓家④,率如是。嘻⑤,此可以观矣⑥!

> 由钓鱼的感受写起,着重表示求得心之切,获得之难。

吾尝试求科第官禄于时矣⑦,与吾之此钓有以异乎哉⑧?其始之就试有司也⑨,是望而往、蹲而视焉者也;其数试而不遇也⑩,是久未得鱼者也;其幸而获于学官、乡举也⑪,是得鱼小小者也;若其进于礼部⑫,吏于天官⑬,是得鱼之大,吾方数数钓而又未能有之者也。然而大之上有大焉⑭,得之后有得焉⑮,劳神侥幸之门⑯,忍苦风尘之路⑰,终身无满意时,老死而不知休止,求如此之日暮归来,而博妻孥之一笑⑱,岂可得耶?

> 由钓鱼的小事而联想到求功名利禄,也是费力多而获得少。

----

① 〔或一日〕有那样一天。② 〔数(旧读 shuò)数〕多次。③ 〔卒〕到底,终于。④ 〔常钓家〕时常钓鱼的人。⑤ 〔嘻(xī)〕惊叹的声音。⑥ 〔此可以观〕由此事可以看出些道理来。⑦ 〔科第〕考取功名。旧时代科举考试分科录取,每科按成绩排列等第,叫科第。〔官禄〕指官位。〔时〕现时。⑧ 〔有以异乎哉〕有什么差别吗?⑨ 〔其始之就试有司〕指在府、州、县应试(考秀才)。其,那。有司,管考试的学官。⑩ 〔不遇〕不遇时,指不获录取。⑪ 〔获于学官〕考中秀才。〔乡举〕乡试(全省考试)中举,即考中举人。⑫ 〔进于礼部〕指参加会试(全国考试),考中进士。这一级考试由礼部掌管。⑬ 〔吏于天官〕由吏部铨选当官。天官,吏部的别名。⑭ 〔大之上有大〕指高官之上还有更高的官。⑮ 〔得之后有得〕指升迁之后仍有可升的级。⑯ 〔侥(jiǎo)幸之门〕指高升要靠运气。⑰ 〔风尘之路〕指高升免不了到处奔走。⑱ 〔博〕取得。〔妻孥(nú)〕妻子和儿女。

夫钓，适事也①，隐者之所游也②，其趣或类于求得③，终焉少系于人之心者④，不足可欲故也⑤。吾将唯鱼之求⑥，而无他钓焉⑦，其可哉⑧。

　　最后表明自己的志趣，宁可寄心于钓而不热衷于利禄。

【研读参考】一、作者在科举和仕途上是很不得意的人，所以对渴求其成而终于失望有比较深的感受，本篇以"钓"为题材写了这种感受。对应的态度可以是怨天尤人，也可以是淡泊自守。作者是如何选择的？这样好吗？为什么？

　　二、本篇第一段是叙事。叙事标明时间，所叙之事才能够排列清楚。把本篇表明时间的用语都指出来。

----

① 〔适事〕适合性情的事，乐事。 ② 〔隐者〕隐居不求功名富贵的人。〔游〕从事，寄兴。 ③ 〔类〕相似。〔得〕指功名富贵。 ④ 〔终焉少系于人之心者〕说到底不多挂在人们心上的。系，牵挂。 ⑤ 〔不足可欲故也〕所希求的不很多的缘故。足，值得。 ⑥ 〔唯鱼之求〕唯求鱼。变换次序（用"之"）说，有加重语气的意味。 ⑦ 〔无他钓〕不求其他（功名富贵）。 ⑧ 〔其可哉〕那就可以了吧。

六〇　随笔二则　俞樾

【解说】本篇选自《春在堂随笔》,题目都是编者加的。《春在堂随笔》十卷,是作者晚年住在江南写自己见闻(包括掌故、名胜、人物、诗文等)的一部笔记。名"春在堂",是因为他考进士作诗,诗句"花落春仍在"受到主考官的赏识,因而得高第。随笔,意思是想到什么就写什么,随笔所之。

这里选的两则,前一则记游西湖九溪十八涧的情况。九溪十八涧在西湖以西的群山里,溪水曲曲折折由山上流入钱塘江,现在还是著名的风景区。作者记这次游览的情况,文字不多,能够表现作者有特殊的见地,不随俗俯仰;写九溪十八涧,更能够稍事点染就描画出景物的神态。后一则写旧社会有才能的一位妇女的不幸遭遇,虽然没有明白指斥封建制度的不合理,可是褒贬的态度却意在言外。

作者俞樾(yuè)(1821—1907),字荫甫,号曲园,清朝德清(今浙江德清)人。道光三十年(1850)进士。官翰林院编修、河南学政。晚年住在苏州、杭州,在杭州诂(gǔ)经精舍讲学。学问渊博,通经史,精文字学,并研究小说、戏曲等。诗文也很有名。著作很多,有《群经平议》《诸子平议》《古书疑义举例》《春在堂随笔》《右台仙馆笔记》等，合为《春在堂全书》。

九溪十八涧

凡至杭州者，无不知游西湖。然城中来游者，出涌金门①，日加午矣②；至三潭印月③、湖心亭小坐④，再至岳王坟、林处士祠略一瞻眺⑤，暮色苍然⑥，榜人促归棹矣⑦。入城语人曰⑧："今日游湖甚乐。"其实谓之湖舫雅集则可⑨，谓之游湖则未也⑩。

先由反面写，评论一般人不会游西湖，引起下文。

西湖之胜⑪，不在湖而在山。白乐天谓冷泉一亭最余杭

---

① 〔涌金门〕杭州城西面中间的一个城门，靠近西湖东岸。 ② 〔加〕过。 ③ 〔三潭印月〕西湖外湖中最大的岛。岛前建有三个石塔，每当皓月当空，就可以看到"天上月一轮，湖中影成三"的奇景，因此称为"三潭印月"。 ④ 〔湖心亭〕西湖外湖中心的一个小岛，在三潭印月的西北面。 ⑤ 〔岳王坟〕宋代民族英雄岳飞的墓，在西湖西北岸。〔林处士祠〕为纪念林逋（bū）而建的祠堂，在西湖北面孤山下。林处士，北宋诗人林逋，字君复，钱塘（今浙江杭州）人。终身隐居在西湖孤山。宋真宗认为他品格高尚，赐号和靖居士。处士，隐居不仕的人。〔瞻（zhān）眺〕远望。 ⑥ 〔暮色苍然〕太阳落山，天快黑了。 ⑦ 〔榜（bàng）人〕摇船的人。榜，船橹。〔归棹（zhào）〕回船。棹，摇船的工具，也指船。 ⑧ 〔语（旧读 yù）〕告诉。 ⑨ 〔湖舫（fǎng）〕湖船上。舫，小船。〔雅集〕高雅的聚会。 ⑩ 〔未也〕没有说对。 ⑪ 〔胜〕佳妙，优美。

而甲灵隐①,而余则谓九溪十八涧乃西湖最胜处,尤在冷泉之上也。余自己巳岁闻理安寺僧言其胜②,心向往之,而卒未克一游③。

癸酉暮春④,陈竹川、沈兰舫两广文招作虎跑、龙井之游⑤。先至龙井,余即问九溪十八涧,舆丁不知⑥。问山农乃知之,而舆者又颇不愿往⑦。盖自龙井至理安可自翁家山⑧,不必取道九溪十八涧,溪涧曲折,厉涉为难⑨,非所便也。余强之而后可⑩,逾杨梅岭而至⑪。其地清流一线,曲折下注,潊潊作琴筑声⑫。四山环抱,苍翠万状⑬,愈转愈深,亦愈幽秀⑭。余诗所谓"重重叠叠山,曲曲环环路,

---

① 〔白乐天谓冷泉一亭最余杭而甲灵隐〕白居易《冷泉亭记》:"东南山水,余杭郡为最。就郡言,灵隐寺为尤。由寺观,冷泉亭为甲。"白居易,字乐天,曾任杭州刺史三年,写过许多吟咏西湖景物的诗文。冷泉亭,原在灵隐寺前水里,后来移至溪涧旁。最余杭,在余杭是数第一的。余杭,县名,这里指杭州。甲灵隐,在灵隐寺一带数第一。灵隐寺,在西湖西面灵隐山麓。
② 〔己巳〕清穆宗同治八年(1869)。〔理安寺〕古涌泉禅院,又名法雨寺,在西湖的西边。 ③ 〔卒〕终于。〔克〕能够。 ④ 〔癸酉〕同治十二年(1873)。〔暮春〕春季的末期,指阴历三月。 ⑤ 〔广文〕唐天宝九年在国子监增设广文馆,置博士、助教等官,教国子监的学生中修进士业的人。明清两代泛指儒学教官(教谕、训导)。〔虎跑、龙井〕都是西湖的名胜,在西湖西南的山中。 ⑥ 〔舆丁〕轿夫。 ⑦ 〔舆者〕抬轿的人,即轿夫。 ⑧ 〔盖〕原来。〔翁家山〕在龙井的东边。 ⑨ 〔厉涉〕渡水。厉,穿着衣服蹚水。《诗经·邶风·匏有苦叶》:"深则厉,浅则揭。"涉,徒步渡水。
⑩ 〔强(qiǎng)之而后可〕勉强他(轿夫)才答应了。 ⑪ 〔逾〕越过。〔杨梅岭〕是九溪水的发源地。 ⑫ 〔潊(guó)潊〕水流声。〔琴〕一种弦乐器,俗称古琴。〔筑(旧读 zhú)〕一种打击的弦乐器,形似筝,有十三弦,用竹棒击奏。 ⑬ 〔苍翠〕深绿。 ⑭ 〔幽秀〕僻静秀美。

丁丁东东泉，高高下下树"，数语尽之矣。

转到正面，写游九溪十八涧的来由和感受。

张贞竹

张贞竹，字碧筠，慈溪女子也①。其祖客湖北②，工会计③，颇有居积④，遂于汉口开药材行。其祖死，其父不能嗣其业⑤，久之，大折阅⑥，遂踉跄而归⑦。归而故乡亲友皆责夙负⑧，不得已，至杭州投其所亲⑨。而所亲死矣，赁居一草棚⑩。有县役欲为子求娶其女⑪，不可。役大怒，买其所赁草棚而焚之，遂无栖止，寄居尼庵⑫。

先简略介绍张贞竹的出身和不幸遭遇。

贞竹当祖在时，家固温饱⑬，延师课其兄⑭，贞竹亦从之读⑮。师能为大字⑯，贞竹兄妹日观其用笔之法，遂亦能书⑰。至是，兄前死矣⑱，独贞竹在，既穷困甚，乃于路旁

---

①〔慈溪〕县名，在浙江东北部。②〔祖〕祖父。〔客〕客居，旅居他乡。③〔工会（kuài）计〕善于管理财物和出纳等事。④〔居积〕积存财物。⑤〔嗣（sì）〕继承，接续。⑥〔折（shé）阅〕亏本。阅，本钱。⑦〔踉（liàng）跄（qiàng）〕跌跌撞撞地走路。〔归〕回老家。⑧〔皆责夙（sù）负〕都（向他）讨旧债。责，索取。夙，素来。负，欠债。⑨〔所亲〕亲戚。⑩〔赁（lìn）〕租。⑪〔县役〕县衙的差役。⑫〔尼庵〕尼姑住的寺院。⑬〔固〕本来。⑭〔延〕请。〔课〕教人读书。⑮〔从〕跟着。⑯〔为大字〕写大字。⑰〔书〕写字。⑱〔前死〕先死。

卖字。今处州太守陈君六笙时在省垣①，其仆出行于市，见而异之②，言于陈君。陈君召而试之，大悦③，为之延誉④，稍稍有所得⑤。陈君旋赴处州⑥，贞竹失所依⑦，母又病，遂又大困。闻余至杭州，诣右台仙馆求见⑧。余言于当事诸公⑨，稍润色之⑩。已而又至吴下⑪，余屋后适有小屋数间⑫，即使居焉。吴中求书者颇众⑬，得洋钱三百枚⑭。辞余入京，依其亲串⑮。后闻其亲串又前死，京中不能久居，仍复南归。今不知所往。

  正面写张贞竹有才能，长于书法，可是生活困顿，各处流离。

  此女颇有朴茂之意⑯，所书字有大至一丈者。曾书一"鹤"字见赠⑰，长八尺许⑱，笔力雄伟，似不出女子之手，亦可异也。

---

①〔处州太守〕处州府的知府。处州，旧府名，辖今浙江丽水、缙云、青田等市县。太守是古名。〔陈君六笙〕名璚（jué），又字鹿笙。〔省垣〕省城，即杭州。 ②〔异之〕意思是，见女子卖字，很惊讶。 ③〔大悦〕非常喜欢，这里含有钦佩的意思。 ④〔延誉〕向人称道。 ⑤〔稍稍有所得〕渐渐卖得一些钱。 ⑥〔旋〕不久。 ⑦〔所依〕依靠之人。指陈六笙。 ⑧〔诣〕到。〔右台仙馆〕作者西湖住所的书斋名。 ⑨〔当事诸公〕（杭州）有权势的一些人。"公"是客气的称呼。 ⑩〔润色〕修饰，指赠送一些钱。〔之〕代张贞竹。 ⑪〔已而〕不久。〔吴下〕指苏州。 ⑫〔余屋〕作者在苏州城内有住宅。 ⑬〔吴中〕苏州。〔颇众〕相当多。 ⑭〔洋钱〕银圆。最初在中国流通的银币是墨西哥铸造的，所以俗名"洋钱"。 ⑮〔亲串（guàn）〕亲近的人，亲戚。 ⑯〔朴茂之意〕朴实厚重的意味。韩愈《答吕毉（yī）山人书》："吾子始自山出，有朴茂之美意。" ⑰〔见赠〕相赠。这里"见赠"意即赠给我。 ⑱〔八尺许〕八尺上下。

补说张贞竹书法之精,以着重表现痛惜"怀才不遇"的心情。

【研读参考】 一、用散文把"重重叠叠山……"四句诗改写一下。也可以据文中写的九溪十八涧的状貌,加以想象,写一篇描写景物的小品文。

二、用尽量简短的现代汉语,为张贞竹写一篇小传。